바울은 회심 후 14년간 어디에서 무엇을 하고 있었는가? 성경을 이해하는 데 별로 필요 없어 보이고, 자칫 신학적으로 위험할 수도 있는 이 질문에 대해서 저명한 신약학자인 벤 위더링턴 3세는 아주 재치 있으면서도 도움이 되는 답을 제공한다. 『아라비아로 간 바울』은 풍부한 상상력과 전문적인 지식에 근거하여, 성경에 기록되지 않은 바울의 회심 후의 생애를 재구성한다. 이 책의 줄거리는 분명히 창작물이지만, 바울과 함께 다메섹, 나바테아, 예루살렘, 다소, 안디옥 등을 여행하고 나면 독자는 바울 서신의 역사적, 사회적, 문화적 배경을 실제적으로 이해할 뿐만 아니라, 신약의 사도행전과 바울의 편지들이 더욱 빈틈없이 촘촘하게 메꿔지는 시원함을 느낄 수 있을 것이다. 바울과 성경에 대해서 알고 싶은 독자들에게 부담 없이 이 책을 기쁘게 추천한다.

김의창 | 햇불트리니티신학대학원대학교 신약학 교수

이 책은 바울서신에 나타난 바울의 공적 사역 전에 있었던 바울의 사적인 이야기를 다룬 프리퀄이다. 벤 위더링턴 3세의 독특한 관점과 상상력으로 빚어진 역사소설이라는 점을 고려하고 읽는다면, 바울의 사적인 인생의 무대가 되었던 역사적 상황들을 입체적으로 느낄 좋은 기회가 될 것이다.

박장훈 | 세인트앤드루스 대학교 신약학(Ph.D.)

두 저자는 바울의 일생 중 가장 베일에 싸인 시기를 탐험한다. 그리스도를 만난 후 바울은 어디서 무엇을 했을까? 안디옥교회가 바울을 파송하기 전까지 10년이 넘는 시간 동안 바울은 도대체 무엇을 하고 있었을까? 이 책에 따르면, 바울은 일상을 살았다. 바울은 대화하고 토

론하고 노동하고 사랑하고 미소 짓는다. 또 때론 고뇌하며 여행하고 방황하고 두려워하고 슬퍼하고 인내한다. 식사하며 이웃과 사귀고 동역자를 만들어 가기도 한다. 이사야서를 천천히 읽으며 자신이 만난 메시아를 묵상하는 모습도, 이방인 선교에 대해 격렬하게 논쟁하는 모습도, 회당과 예수 따름이의 모임에서 가르치는 모습도, 처연하게 기도하는 모습도 당연히 빼놓을 수 없다. 이 책은 그렇게 평범하고 일상적인 삶을 위대한 이방인 선교사의 성스러운 삶에 자연스럽게 잇댄다. 이런 이웃집 바울에 대한 묘사는 독자가 충만한 상상력으로 사도행전과 바울 서신을 더욱 생동감 있고 친밀하게 읽도록, 더 나아가 소소하게 빛나는 일상을 이해하도록 도울 것이다. 재능 넘치는 두 저자가 아니었다면 완성하지 못했을 책이다.

이런 묘사는 바울을 지나치게 신성시하는 사람에게는 성육신한 바울의 모습을 보여 줄 것이며, 그를 지나치게 냉혈한이나 비인간적으로 생각하는 사람에게는 이웃집 바울의 모습을 보여 줄 것이다.

정은찬 | 장로회신학대학교 신약학 교수

바울의 연대기에서 '감춰진 시간'은 가장 파악하기 어려운 것 중 하나이다. 몇 개의 뼛조각으로 거대한 공룡의 모습을 형성하여 많은 이들의 탄성을 자아내듯이, 신약 학자인 저자들은 그 당시의 문화적, 지리적 배경과 함께, 사도행전과 고린도전후서 및 갈라디아서에 흩어진 몇 구절로 난맥처럼 여겨진 그 기간을 소설로 재현하여 독자들의 상상력을 자극한다. 이 소설은 단순히 개연성의 영역에 멈추지 않고, 독자들이 1세기 당시의 여행과 일상뿐만 아니라 나바테아 왕국의 페트라 도시를 간접적으로 경험케 만든다는 점에서 많은 유익을 주고 있다. 이러한 여러 이유로, 나는 본서를 적극적으로 추천하는 바이다.

조호형 | 총신대학교 신학대학원 신약학 교수

벤 위더링턴 3세는 많은 정보를 제공하는 상상력 넘치는 여정을 통해 바울의 '감춰진 시간'은 물론 성경 역사의 궤적에서 가장 다채로우면서도 낯선 곳으로 손꼽히는 지역인 페트라로 우리를 안내한다. 제이슨 마이어는 이 여정에 숨어 있는 기회들을 놓치지 않고 신약 시대 세계의 현실 속으로 우리를 더 깊이 데려간다. 이 소설이 특히 소중한 이유는, 1세기 로마 제국 사람들은 멀리 있는 길을 어떻게 오갔는지, 장인들의 일상생활은 어떠했는지, 가정생활은 어떻게 변천했는지, 희생양을 찾는 것은 얼마나 위험한 현실이었는지 들여다볼 수 있는 창을 열어 준다는 것이다.

데이비드 A. 드실바 | 에슐랜드 신학교 신약학 명예교수,
『에베소에서 보낸 일주일』 저자

벤 위더링턴 3세가 다시 한번 그 생동감 있는 상상력을 발휘해, 바울의 '감춰진 시간'에 어떤 일이 있었을지를 재현해낸다. 나바테아의 화려한 도시 페트라로 담대히 모험을 떠나고자 하는 독자들 앞에는 복잡다단한 음모와 낭만적 이야기가 기다리고 있다. 제이슨 마이어가 집필한 '자세히 들여다보기'는 바울 시대 사람들의 일상생활을 들여다보는 흥미로운 통찰을 제공하여 소설의 줄거리를 보완한다. 자, 가상의 낙타에 올라타 여행을 시작해 보자!

마크 윌슨 | 튀르키예 안탈랴 소재 소아시아 연구 센터

북오븐
히스토리컬
픽션

03

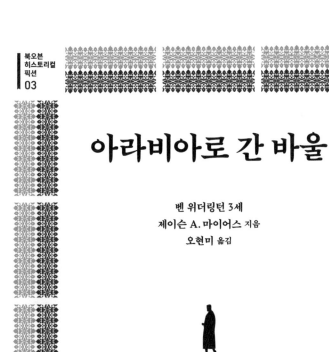

아라비아로 간 바울

벤 위더링턴 3세
제이슨 A. 마이어스 지음

오현미 옮김

회심 후 이방인의 사도가 되기까지,
감춰진 시간을 찾아서

PAUL OF ARABIA
THE HIDDEN YEARS OF THE
APOSTLE TO THE GENTILES

북오븐

아라비아로 간 바울

회심 후 이방인의 사도가 되기까지, 감춰진 시간을 찾아서

초판 1쇄 인쇄 2025년 3월 17일 | 초판 1쇄 발행 2025년 3월 24일

지은이 벤 위더링턴 3세, 제이슨 A. 마이어스 | 옮긴이 오현미
디자인 김진성
펴낸곳 북오븐 | 펴낸이 이혜성 | 등록번호 제2020-000093호
이메일 bookoven@bookoven.co.kr
페이스북 facebook.com/bookoven | 인스타그램 instagram.com/book_oven
유튜브 youtube.com/@bookoven | 블로그 blog.naver.com/bookoven
총판 비전북 주문전화 031-907-3927 | 주문팩스 031-905-3927

ISBN 979-11-93766-01-9 (03230)

나를 시종 즐겁게 해준 페트리의 낙타 몰이꾼들에게
이 책을 바친다. 다음번에는 낙타 몰이꾼들이
마이클 잭슨이라고 부르는 낙타를 타보고 싶다.
아마 스릴러가 되겠지

– 벤 위더링턴 3세

영원한 내 사랑 리사와 어거스틴 매튜에게.

– 제이슨 A. 마이어스

차례

자세히 들여다보기 목록

위키피디아에 보면 이런 내용이 있다. "1917년 10월, 제3차 가자 전투에 앞서 오토만 제국의 군사 자원을 교란하여 영국군이 진격할 수 있게 하려는 전반적인 노력의 한 부분으로, 페트라(Petra)에서 영국 육군 장교 T. E. 로렌스(아라비아의 로렌스)가 오토만 체제에 대항하는 아랍인들의 반란을 주도했다. 페트라 부근에 사는 베두인 여자들은 셰이크 칼릴(Sheik Khallil)의 아내의 지도 아래, 이 도시의 반란 때 모여 싸웠다. 반란은 영국군의 지원을 받아 오토만 세력을 궤멸시킬 수 있었다"(https://en.wikipedia.org/wiki/Petra, 2018년 12월 12일 검색).

바울이 고린도 교회에 보내는 두 번째 편지에는 이런 대목이 있다. "다메섹에서 아레다 왕의 고관이 나를 잡으려고 다메섹 성을 지켰으나 나는 광주리를 타고 들창문으로 성벽을 내려가 그 손에서 벗어났노라…내가 그리스도 안에 있는 한 사람을 아노니 그는 십사 년 전에 셋째 하늘에 이끌려 간 자라(그가 몸 안에 있었는지 몸 밖에 있었는지 나는 모르거니와 하나님은 아시느니라) 내가 이런 사람을 아노니(그가 몸 안에 있었는지 몸 밖에 있었는지 나는 모르거니와 하나님은 아시느니라) 그가 낙원으로 이끌려 가서 말로 표현할 수 없는 말을 들었으니 사람이 가히 이르지 못할 말이로다 내가 이런 사람을 위하여 자랑하겠으나 나를 위하여는 약한 것들 외에 자랑하지 아니하리라 내가 만일 자랑하고자 하여도 어리석은 자가 되지 아니할 것은 내가 참말을 함이라 그러나 누가 나를 보는 바와 내게 듣는 바에 지나치게 생각할까 두려워하여 그만두노라 여러 계시를 받은 것이 지극히 크므로 너무 자만하지 않게 하시려고 내 육체에 가시 곧 사탄의 사자를 주셨으니 이는 나를 쳐서 너무 자만하지 않게 하려 하심이라 이것이 내게서 떠나가게 하기 위하여 내가 세 번 주께 간구하였더니 나에게 이르시기를 내 은혜가 네게 족하도다 이는 내 능력이 약한 데서 온전하여짐이라 하신지라 그러므로 도리어 크게 기뻐함으로 나의 여러 약한 것들에 대하여 자랑하리니 이는 그리스도의 능력이 내게 머물게 하려 함이라 그러므로 내가 그리스도를 위하여 약한 것들과 능욕과 궁핍과 박해와 곤고를 기뻐하노니 이는 내가 약한 그 때에 강함이라"(고후 11:32-12:10).

책머리에

다소(타르수스)의 사울이 다메섹(다마스쿠스) 도상 체험을 하고 난 후 구브로 복음화를 위해 바나바와 함께 안디옥교회가 파송하는 선교사로 재등장하기까지 그에게 무슨 일이 있었는지는 밝혀내기 어렵기로 악명 높은 작업이다. 그 한 가지 이유는, 우리가 아는 한 바울은 자신이 전한 복음으로 실제 회심자가 생기기 전까지는 회심자들에게 단 한 통의 편지도 쓰지 않았기 때문이다. 다시 말해 갈라디아 선교 이후에야 편지를 쓰기 시작했다는 뜻이다. 하지만 이는 바울이 그리스도인으로 살기 시작한 지 최소한 14년이 지난 후의 일이다. 안디옥 서쪽으로 "첫 번째 선교 여정"에 나서기 전 그 세월 동안 바울은 무엇을 하고 있었을까? 바울 생애의 이 시절에 관해서는 유익한 학문적 연구가 매우 드물지만, 다음 두 가지는 언급하고 넘어갈 만한 가치가 있다. 하나는 R. 리스너(Riesner)의 『바울의 초기 시절』

아라비아로 간 바울

(*Paul's Early Period*, Eerdmans, 1998)이고, 또 하나는 그 전에 나온 M. 헹엘(Hengel)과 A. M. 슈베머(Schwemer)의 『다메섹과 안디옥 사이의 바울: 알려지지 않은 세월』(*Paul between Damascus and Antioch: The Unknown Years*, Eerdmans, 1997)이다.

또 한 가지 어려움은, 누가가 기록한 사도행전이 별 도움이 안 된다는 점이다. 왜냐하면 1) 누가는 바울이 복음 전도자로서 입으로 선포하는 내용에 치중하느라 바울의 선교 편지를 단 한 번도 언급하지 않으며, 2) 바울의 다메섹 시절에서부터 바나바가 바울을 다소에서 안디옥으로 데려올 때까지의 초기 시절을 건너뛰기 때문이다. 그래서 우리는 바울의 초기 편지, 특히 갈라디아서와 고린도전후서에서 얻을 수 있는 암시와 실마리에 의지할 수밖에 없다. 내가 생각하기에 이 편지들에는 그리스도를 따르는 사람으로서 바울의 초기 시절 초상을 타당성 있게 꿰어 맞출 수 있는 단서들이 충분하다. 물론 이 역사소설에는 창의적 사고와 상상을 수단으로 그 공백을 상당 부분 메우는 이야기들이 이어지지만, 내가 지극히 모험적으로 이야기를 풀어갈 때도 바울 서신이나 사도행전에는 그런 사고 실험을 뒷받침해 주는 근거가 있다.

한 가지 예를 들자면, 바울이 어느 시점에 결혼했을 것이라고 생각할 만한 이유가 있는가? 그렇게 생각할 만한 몇 가지 타당한 이유가 있다. 1) 다소의 사울은 이미 유대교 신앙에 진보를 보인 후에 회심했을 뿐만 아니라 이름난 바리새인이었다. 유대인들은 보통 다메섹 도상 체험 당시 사울의 나이가 되기 전에 결혼했다. 2) 그 외에도 다른 사소한 암시들이 있는데, 예를 들어 고린도전서 7장에서 바울은 과부나 홀아비가 어떤 일을 겪는지에 대해 현실적 이해를 보여 주는 듯하며, "주 안에서 결혼하기만 한다면" 재혼도 반대하지 않는다. 어떤 학자들은 이를 바울이 결혼했다가 어느 시점에 배우자를 잃었다는 암시로 본다. 3) 고린도전서 9장 5절에도 또 하나의 작은 암시가 있는데, 여기서 바울은 "내가 다른 사도들처럼 그리스도인 자매를 아내로 데리고 다닐 권리가 없겠느냐?"고 수사학적으로 묻는다. 이 질문에 암시된 답변은, 그럴 권리가 있다는 것이다. 비록 고린도전서를 쓸 당시 바울에게는 아내가 없지만 말이다. 만약 바울이 결혼한 적이 없다면 이런 이야기를 왜 하겠는가? 따지고 보면 바울은 고린도전서 7장에서 결혼 이야기를 끝내고 고린도전서 9장에서는 자신이 포기한 권리 이야기를 한다. 더 많은 이야기를 할 수도 있지만, 이 소설이 스스로 이야기하게 놔두겠다. 내가 이 소설을 써나가면서 즐거웠던 것처럼 여러분도 이런 사고 실험을 즐길 수 있기를 바란다.

옛 격언에 이런 말이 있다. "과거는 낯선 나라 같아서, 그곳 사람들은 다르게 산다." 이런 금언은 이 책 전체에 전략적으로 배치된 항목들을 좀 더 자세히 들여다볼 수 있게 영감을 준다. 이런 항목들은 고대 세계의 다양한 문화적 요소들을 조명하고 설명하게 도와주는, 고대 관광 가이드의 안내 양식이다. 여기에는 시간과 공간을 가로질러 인간을 하나로 묶어 주는 측면도 있지만, 시대나 문화에 따라 달라지는 것도 많다. 우리는 의미를 추구하는 피조물이며, 그래서 우리 두뇌는 종종 우리 자신의 체험을 바탕으로 우리가 모르는 것들의 여백을 채운다. 이는 유익할 때도 있고 그렇지 않을 때도 있다. 자세히 들여다보기 항목이 다양한 문화적 배경 문제에 관심을 불러일으켜서, 이야기 전개도 거들고 독자들이 고대 세계와 현대 세계 사이의 틈을 메우는 데도 도움이 되기를 바란다. 집필은 벤이 이야기 부분을 쓰고 제이슨은 자세히 들여다보기 항목을 쓰는 식으로 분업했다.

2019년 부활절에
벤 위더링턴 3세와 제이슨 A. 마이어스

감사의 말

이 작업이 열매 맺는 것을 보게 되어서 매우 행복합니다. 이 프로젝트를 위해 열심히 수고해 주었고 자세히 들여다보기 항목을 집필해 줘서 독자들을 신약성경의 세계로 끌어들여 준 제이슨 마이어스에게 감사드립니다. 우리 두 사람의 친구로서 이 프로젝트를 추진해 주고 이것이 어떤 열매를 맺을 수 있는지 지켜봐 준 마이클 톰슨에게도 큰 감사를 전합니다. -벤 위더링턴 3세

고대 역사에 사랑과 관심을 품을 수 있게 된 것은 내 선생님들 덕분이었습니다. 저의 박사 과정 지도교수인 벤 위더링턴과 크레이그 키너 두 분 모두 제게 신약성경의 사회상에 대한 사랑을 심어 주었습니다. 이 책은 두 분이 내 연구에 어떤 영향을 끼쳤는지를 보여 주는 증거로서, 저는 두 분에게 큰 신세를 졌습니다.

아내 리사와 아들 어거스틴 매튜에게도 감사를 전합니다. 두 사람은 이 프로젝트에 한없는 지지를 보내 주었습니다. 현장을 찾아가서 연구할 수 있게 해주었고, 사무실에서 시간외 연구를 하는 것도 이해해 주었습니다. 오직 이 프로젝트가 열매 맺도록 돕기 위해서였지요. 두 사람의 이해와 지지가 없었다면 이 작업을 해낼 수 없었을 것입니다.

잉글랜드 캠브리지 틴덜 하우스가 보여 준 따뜻한 동료애와 방대한 자료 지원에도 큰 감사를 드립니다. 틴덜의 자료라는 보화가 있었기에 자세히 들여다보기 항목을 매우 효율적으로 집필하는 특권을 누렸습니다. -제이슨 A. 마이어스

약어표

OCD *Oxford Classical Dictionary*, 3rd edition. Simon Hornblower and Antony Spawforth, eds. New York: Oxford University Press, 1999.

NTPG N. T. Wright. *The New Testament and the People of God*. Christian Origins and the Question of God, vol. 1. Minneapolis: Fortress, 1992. 『신약성서와 하나님의 백성』(크리스챤다이제스트).

옮긴이 일러두기

1. 본문의 인명과 지명은 성경의 표기와 현대어 표기를 혼용했으며 필요에 따라 괄호 속에 함께 적었다.
2. 본문에 인용된 성경 구절은 문맥에 따라 개역개정, 새번역, 저자 사역을 사용하였다.

○ 1 ○

사막 폭풍

페트라까지 가는 길은 지독히 멀고도 멀어, 로마식 계산으로 300마일이 넘었다.[1] 상황이 좋을 때도 다메섹에서 적어도 열흘은 걸리는 여정이었지만, 사울과 그의 유일한 동행이자 길라잡이 아브람은 다메섹을 벗어난 지 겨우 이십 마일 지점에서 사막 폭풍 함신(hamsin: 사막 지방에서 봄철에 부는 남풍으로, 캄신[khamsin]이라고도 한다 - 옮긴이)을 만났다. 걸음을 옮길 수 없을 정도로 심한 폭풍이었지만, 사울은 이 정도 폭풍에 여정을 중단하고 싶지는 않았다. 아브람은 시끄럽게 울기만 하고 움직이려 하지 않는 나귀를 끌어당기며 투덜투덜 욕설을 퍼부었다. 향신료를 나르는 길인 남북 주 도로를 택한 것이 그나마 다행이어서, 이 도로에는 폭풍에도 불구하고 양방향으로 오가는 여행자들이 많았다. 오가는 사람이 많으니 안전하다고 할 수도 있고, 다행히 아브람은 남쪽으로 5마일쯤 되는 곳에 밤을 지낼 수 있는 '카라반세라이'(caravanserai: 이슬람 문화권에서 볼 수 있는 여행자 숙소의 한 종류. 페르시아어로 '상인들의 여관'이라는 뜻이다-옮긴이)를 알고 있었다. 이미 두 사람은 북쪽으로 향하는 한 무리의 대상(caravan)을 지나쳤는데, 낙타들은 기름과 다양한 향신료가 든 커다란 암포라(양쪽에 손잡이가 달린 항아리-옮긴이)를 잔뜩 걸머지고 있었다. 소매 없는 겉옷으로 얼굴을 감싼 아브람은 바람을 뚫고 끈덕지게 걸음을 내디뎠지만, 모래는 그런 그의 눈을 자꾸 찔러댔다. 사울은 아무 말 없이 거센 바람 속으로 상체를 숙인 채 거침없이 한 발 한 발 내딛기만 했다. 사울은 산헤드린의 '조사관들'이 들이닥치기 전에 서둘러 다메섹을 떠나왔다. 조사관들은 사울이 시온 산을 떠날 때 약속한 대로 그리스도 따름이(Christ-follower)들을 사로잡아서 예루살렘으로 데려가지 않은 이유를 추궁할 터였다. 사울은 도피자 신세였다. 게다가 그의 주변에는 아무도 없었다. 산헤드린은 사울을 잡으려고 혈안이었고, 유대 땅의 그리스도 따름이들은 사울을 죽을 만큼 무서워했다.

하지만 사울은 한 가지 사명을 짊어진 사람이기도 했다. 사울은 하늘로부터 온 환상에 불순종하고 싶지 않았다. 그 환상에서 사울은 유대인 아닌 사람들에게 가서 예수가 유대인의 메시아일 뿐만 아니라 열방의 빛이시라고 선포하라는 임무를 부여받았다. 예루살렘에서 다메섹까지 사울과 동행한 사람들 중 그런 환상을 보고 하늘에서 들리는 목소리로부터 특정한 전언을 받은 이는 하나도 없었지만, 이들은 빛과 소리는 보고 들었고 다소의 사울에게 무언가 이상한 일이 일어나고 있다는 것을 알아차렸다. 사울의 눈에 비늘이 덮인 것을 보았을 때, 그리고 다메섹까지 그의 손을 잡아 이끌고 가야 했을 때 특히 그랬다. 이들은 사울이 하나님에게 저주를 받았다고 생각했다. 그도 그럴 것이 눈이 머는 것은 죄에 대한 징벌로 알려져 있었기 때문이다.[2] 다메섹에서 이들은 사울을 자기 운명에 맡기는 것이 적절하다고 의견을 모았고, 그래서 일단 그를 유대인 숙박소에 남겨 두고 떠나갔다.

며칠 후 아나니아가 찾아왔을 때 사울은 "아나니아로 인해 하나님께 감사드린다"고 말했다. 아나니아는 사울처럼 환상을 보고 두려움에 휩싸인 유대인으로, 그 환상은 실로 위로부터 오는 최후통첩이었다. 자기 동족인 그리스도 따름이들을 맹렬히 박해한 장본인, 그래서 재앙 같은 인물이라는 평판을 얻었을 뿐만 아니라 유대인들 틈에서 은밀히 그리스도를 따르는 사람이라면 어떻게든 피해야 할 바로 그 사람에게 가서 안수하라는 것이었다. 하지만 그건 이제 몇 주 전의 일이었고, 사울은 다메섹에 함께 왔던 이들이 예루살렘으로 돌아가서 산헤드린에 무언가를 보고했다는 소식을 들었다. 산헤드린에서는 즉시 사람을 보내, 예수의 제자들을 박해하는 데 앞장섰던 사람 사울에게 무슨 일이 일어난 것인지 조사하라고 했다. 아나니아를 통해 이 사실을 알게 된 사울은 그런 종류의 조사에 응하고 싶지 않았다. 그리고 그 사람들과 함께 예루살렘에 돌아가면 자신은 그리스도 따름이들뿐만 아니라 산헤드린의 동료들, 그리고 비느아스를 바르고 열심있는 신앙의 모델로 여기는 비교적 강경 노선의 바리새인들에게까지 기피 인물이 되리라는 것을 알고 있었다.

그렇다, 사울은 이제 그 어떤 집단에도 속하지 않은 사람이었다. 적어도 예루살렘에서는 그랬다. 하지만 다메섹 가는 길에 자신을 눈멀게 만든 그 천상의 환상에는 감히 불순종할 수 없었다. 자신의 존재 자체를 꿰뚫고 들어와 떠날 줄 모르는 그 목소리를 사울은 절대 잊을 수 없을 듯했다.

"사울아 사울아 왜 나를 박해하느냐?" "왜 내 백성을 박해하느냐?"가 아니라 "왜 나를 박해하느냐?"였다. 친히 하늘에 계신 분, 신분상 천상의 존재이신 분에게서 그런 이상한 질문이 나오다니. 그 환상을 통해 사울은 자신에게 말씀하는 이가 나사렛 예수임을 깨달았다. 그건 완전 충격이었다. 나사렛 예수가 하늘에 있다면, 나사렛 예수가 정말로 하나님 우편에 앉아 계신 하나님의 아들이라면, 사울은 유대인과 이방인 모두를 위한 하나님의 구원 계획을 이행하는 게 아니라 오히려 그 계획을 대적하고 있었던 셈이다. 알 만큼 아는 사람이, 유대인의 메시아가 누구인가 하는 중요한 문제에 관해 자신이 얼마나 잘못 알고 있었는지를, 아니 완전히 잘못 알고 있었음을 깨닫는다는 것은 정말 끔찍한 일이다. 게다가 참으로 누가 메시아인지 자신보다 더 잘 알아차린 신실한 유대인들을 괴롭혀 왔다는 것을 깨닫자 사울의 내면에서는 더할 수 없는 죄책감이 솟구쳐 올라왔다. 이에 대한 수치감도 깊었다.

"가말리엘의 말을 귀담아들었어야 했는데." 사울이 혼잣말을 했지만, 카라반세라이를 향해 힘겹게 발걸음을 옮기고 있는 아브람의 귀에는 거의 들리지 않았다. 천상의 존재와 만났다고 하면 사람들은 마냥 큰 복으로 여길지 모르지만, 이 만남으로

아라비아로 간 바울

사울에게는 눈에 말썽이 생겼고 이는 평생 그를 괴롭히는 문제가 된다. 하나님의 사자와 씨름을 벌인 뒤 다리를 절게 된 야곱처럼, 사울은 과거에 자신이 예수에 관해 영적으로 눈먼 상태였음을 계속 상기시켜 주는 흔적을 자기 육체에 지니게 되었으며, 이는 하나님께서 결코 없애 주시지 않을 육체의 가시였다. 이 때문에 한 명민한 사람은 평생 자신의 통찰과 능력이 아니라 하나님의 은혜에 계속 의지할 수밖에 없게 되었다.

"하나님께 감사하게도 가장 가까운 숙박소가 이제 멀지 않았어요." 아브람이 말했다. 아브람은 아나니아의 친구로, 그리스도 따름이였다. 또 아브람은 다메섹에서 정기적으로 남쪽으로 가서 이런저런 상품과 물자를 사 가지고 다메섹으로 돌아와서 이익을 붙여 판매하는 일종의 순회 상인이었다. 아브람은 좋은 일을 알아보는 안목이 있는 사람인지라 정상적인 상황에서라면 이번 여정을 꺼리지 않았을 것이다. 하지만 때는 겨울이었고, 다메섹 사막 지역의 겨울은 춥고 가혹했으며, 습기는 말할 것도 없었다. 지금까지는 바람이 셀 뿐이었지만, 앞으로는 상황이 달라질 터였다. 아브람은 다메섹 직가(Straight Street)에 있는 집에서 모닥불 피워 놓고 음식이나 만들어 먹고 싶은 마음이 간절했다. 대상 숙박소에서 파는 음식은 맛도 없고 비싸기만 했다. 하지만 사울에게는 돈이 있었고 그래서 이 여행에 드는 비용을 다 부담하고 있었다.

"저기 보세요." 아브람이 말했다. "저 앞에 횃불이 보여요." 해는 이미 떠오르기 시작했고, 횃불들이 움직이지 않는 거로 봐서 아마 이들이 지금 찾아가고 있는 여행자 숙박소 벽에 고

26

아라비아로 간 바울아라비아로 간 바울

정된 듯했다. 느릿느릿 걸은 거리가 이날 벌써 이십 마일이 넘었지만, 사울은 별로 신경 쓰지 않는 것 같았다. 사울의 다리는 튼튼하고 단단했으며, 그의 몸에는 군살이라고는 없었다. 또한 그는 아직 꽤 젊은 사람이라는 장점이 있었다.[3]

카라반세라이가 시야에 들어올 때 무엇보다 인상적인 것은 육중한 출입문이다. 이 출입문을 지나면 그에 걸맞게 넓은 안마당이 나오고, 여행자들은 짐을 싣고 온 말과 동물들을 이 안마당에 묶어 두고 밤을 지낸다. 두 번째로 인상적인 것은 코를 찌르는 동물들의 똥 냄새인데, 안마당 곳곳은 특히 김이 모락모락 나는 낙타 똥 더미 천지였다. 감사하게도 사람이 묵는 곳은 안마당이 아니라 요새(fortress) 같은 건물 안쪽에 있었다.

아브람이 보니 사울은 카라반세라이의 그 어떤 풍경이나 소리에도 놀라워하거나 충격을 받지 않는 것 같았다. 사실 사울은 혼자 생각에 빠져 있어서 그 무엇도 그를 바깥세상으로 끌어낼 수 없을 듯했다. 길을 나선 첫 날, 사울은 온종일 깊은 생각에 잠겨 있었고, 아브람은 그런 그를 방해하고 싶지 않았다. 이 사람이 다메섹의 아나니아 집에 모인 그리스도 따름이들에게 설교하는 말과 그곳 회당에서 설교하는 말도 다 들어본 아브람은 사울이 많이 배운 사람이고 열정도 있으며, 조상들의 하나님을 향한 자신의 열심에 대해서도 아주 똑 부러지게 말할 수 있는 사람이라는 것을 곧장 알아보았다.[4] 아브람은 배운 것 없는 장사꾼으로, 세상 물정에 밝고 경험은 많지만 아람어나 그리스어를 읽을 줄도 모르고 계약서와 영수증에 서명하는 것 말고는 무언가를 쓸 줄도 몰랐다. 하지만 사울은 그렇지 않았다. 사울은 파피루스 두루마리를 가죽 통에 넣고 다녔는데, 두루마리는 신성한 문서 특히 이사야 예언자의 글 일부였다. 카라반세라이의 구석방 하나에 자리를 잡은 아브람과 사울은 따뜻한 수프와 납작한 빵 약간을 사들고 와서 화로를 가운데 두고 마주 앉았다. 화로에서 타오르는 잉걸불(ember) 불빛에 두 사람의 그림자가 벽면에 어룽거렸다. 아브람은 사울의 몽상을 중단시키며 물었다.

"한 가지 물어도 될까요? 페트라에는 왜 가십니까? 나바테아 땅 내륙으로 그 먼 길을 왜 가시는 겁니까? 그러니까 제 말은, 가는 길에 다른 성읍들도 있다는 뜻이지요. 불평하는 건 아닙니다. 저도 페트라에 가서 그곳 상인들과 거래하는 걸 좋아하거든요."

수프를 마저 다 마시느라 잠시 뜸을 들이던 사울이 대답했다. "당연한 질문입니다. 아나니아도 나처럼 환상을 봤다고 하더군요. '가라! 이 사람은(그러니까 저 말입니다) 유대인 아닌 사람들과 그 왕들에게 내 이름을 선포하려고 내가 택한 그릇이다'라고 하는 목소리도 들었다고 하고요. 예수의 그 목소리가 내게는 그저 열방으로 가라고만 했는데, 아나니아의 환상에서는 비유대인 왕들에게 증언하라는 훨씬 구체적인 말씀이었다고 합니다"

"아시다시피," 바울이 이야기를 이어갔다. "유대교는 대체로 선교하는 종교나 전도하는 종교라고 할 만한 종교가 아니지요. 개별적으로 찾아와서 우리의 믿음과 관계를 따르고 하나님을 두려워하는 사람이나 개종자가 되려고만 한다면 아주 기꺼이 열방들에게 우리 신앙을 전하기는 하지만 말입니다. 하지만 내 환상이나 아나니아의 환상에서 예수께서 내게 주신 사명은, 십자가에서 죽으시고 부활하신 예수에 관해 역설적인 좋은 소식을 가서 전하라는 것이었어요. 그분은 단순히 유대인의 메시아가 아니라 온 세상의 구주와 주님이시라고 말입니다."

아브람은 장황한 설명을 참을성 있게 듣지 못하고 불쑥 끼어들었다. "네, 그런데 나바테아 아라비아, 특히 페트라에는 왜 가시느냐고요. 거긴 왜 가십니까?"

"이제 그 말을 하려던 참이었습니다, 친구. 아시다시피 유대 당국자들이 나를 예루살렘으로 송환하려고 다메섹으로 오고 있어서 거기 더는 머물 수 없었어요. 그냥 예루살렘으로 돌아가 봤자 그리스도 따름이들은 물론 유대 당국자들에게도 환영받지 못할 게 뻔해서 그럴 수도 없었고요. 게다가 다메섹은 이미 나바테아의 손에 들어갔어요. 아레다(아레타스) 왕의 고관이나 장관이 자기 왕을 위해 다메섹을 주시하는 것을 보세요. 간단히 말하자면, 나는 유대인 아닌 사람들, 그러면서도 유대인들과 오랫동안 무역 관계가 있어서 유대인과 유대인 종교에 정통한 사람들을 접할 수 있는 어딘가로 가고 싶었습니다. 그러니까 나바테아와 이두매 같은 근방의 셈족 이웃들이 있는 곳 말이지요.[5] 그 사람들은 그리스인도, 로마인도 아니고, 형제 셈족입니다. 어떤 의미에서 그 사람들은 예수에 관해 아직 들어보지 못한 이들 중 우리와 가장 가까운 민족입니다.

거기다가, 페트라에 가면 가죽 제품 만들어 파는 일을 계속해서 생계를 이어갈 수 있고요, 그리고 네, 어쩌면 거기 사는 비유대인 왕에게 언젠가는 복음을 전할 수 있을지도 모르지요.”

“그러니까… 제가 정리해서 말해 볼게요. 아레다 왕에게까지 복음을 증언할 수 있기를 기대한다는 겁니까? 최근 소식 못 들으셨습니까? 갈릴리의 헤롯 안디바가 아레다 왕의 딸 파사엘리스와 이혼하고 이복형제의 아내와 재혼한 뒤 지금 왕과 불화를 겪고 있고, 아레다 왕은 세례 요한이 처형당한 마케루스 땅을 포함해서 요단 근처 베뢰아에 있는 헤롯의 땅을 몰수했다는데요? 게다가 로마가 아레다에게 보복할 궁리를 하고 있답니다.[6] 아마 지금은 아레다 왕에게 유대인의 새 종교를 소개하기 좋은 시점이 아닐 겁니다!”

헤롯의 마케루스 요새는 요단강 동쪽에 있었다.

“그 말이 맞을 수도 있어요.” 바울은 한숨을 내쉬었다. “하지만 하늘에서 온 환상과 그 환상이 내게 준 임무에 불순종할 수는 없습니다. 페트라의 보통 사람들과 이야기 나누는 일부터 시작할 겁니다. 그러고 나서 어떻게 되는지 지켜봐야죠.”

“네, 저도 작게 시작하라고 조언 드립니다.” 아브람은 사울의 그 담대함과 결단력에 고개를 가로저으며 말했다. “어쨌든 페트라에 닿기까지 날씨 조건이 더 나빠지지 않는다고 해도 앞으로 적어도 9일은 더 가야 합니다. 목적지에 가까워질수록 아마 하나님께서 형제님에게 점점 더 확실한 계획을 보여 주실 겁니다.”

“아마도요.” 바울이 말했다. “그리고 어쨌든 나는 이사야의 시적(poetic) 예언을 자세히 살피는 중입니다. 많은 이들이 이 예언을 하나님 백성의 미래를 여는 열쇠로 보고 있거든요. 하

아라비아로 간 바울

나님께서 그 예언을 통해 미래를 충분히 계시하셔서 우리에게 소망을 주시기는 하지만, 우리가 하루하루 믿음으로 살 필요가 없을 정도로 많이 계시하시지는 않는다는 것을 아십니까?"

아브람이 투덜대듯 말했다. "그 예언들은 복잡해서 내 능력으로는 이해할 수가 없어요. 하지만 네, 우리는 믿음으로 길을 가지요. 특히 자기 얼굴 바로 앞에 자기 손도 안 보일 정도의 모래 폭풍을 뚫고 말입니다!"

사울은 코를 찡긋하더니 결국 슬그머니 미소를 지었다. "맞아요, 내 새 친구, 맞아요. 내일도 긴 하루가 될 테니 이제 좀 쉽시다."

"좋습니다, 하지만 그 전에 나바테아 사람들에 관해 형제님에게 조금 말씀드려 두는 게 좋겠어요. 포도주 한 잔씩 하면서 이야기해 드리지요."

사울은 웃어 보이며 고개를 끄덕였다. 사실 나바테아 사람들과 이들의 역사에 관해 별로 아는 게 없었기 때문이다.

나바테아 왕국

우리의 이야기는 다수의 독자들에게 익숙하지 않은 지역을 배경으로 전개된다.[7] '아라비아'의 바울. 아라비아는 정확히 세상 어디쯤에 있는가? 위치를 제대로 모르거나 의미가 규정되지 않으면 이런 용어는 우리를 혼란스럽게 할 수 있다. 우리들 대부분은 지리에 관한 한 건망증이 있으며, 익숙하지 않은 지역이나 고대 땅의 경우에는 특히 더 그렇다. 아라비아는 로마인들이 로마령 팔레스타인 바로 남서부에 있는 땅을 가리키는 말로 쓴 용어다. 이 땅은 이집트와 시리아 사이에 자리 잡고 있었다. 구약성경을 잘 아는 사람을 위해 말한다면, 아라비아 땅에는 에돔과 모압, 네게브 지역이 포함되었다. 오늘날 지명으로 표기한다면 남부 시리아, 요르단, 그리고 사우디아라비아 북서쪽 모퉁이가 아라비아에 포함되었다.[8] 항구에서부터 반건조 사막 지역에 이르기까지 이 땅은 지리적 위치로 보든 문화적 측면으로 보든 다양성이 있는 지역이었다. 언어는 아람어 방언인 나바테아어를 쓴 것으로 보인다. 지금까지 남아 있는 수많은 그래피티(graffiti)는 나바테아어가 다수의 언어로 널리 쓰였음을 증명한다. 이 지역이 아라비아라고 불리기는 했지만, 이 시기에 고대어 형태의 아랍어가 쓰인 것 같지는 않다.[9] 마찬가지로, 기원(origin)은 헬레니즘 시대(Hellenistic period)에 있기는 해도 거의 모든 비명(inscription)과 동전에는 나바테아어가 쓰여 있다. 그리스어나 이중 언어로 기록된 비명은 아주 드물다.[10]

나바테아인들은 어떤 사람들이었는가? 대다수 학자들은 왕국의 존속 기간을 기원전 168년 첫 번째 왕 아레타스 1세 때부터 기원후 106년 라벨 2세 시절 로마 황제 트라야누스가 나바테아를 로마 속주로 공식 합병할 때까지로 본다. 나바테아는 헬레니즘 시대 말에 생겨나 2세기 넘게 지속된 강력한 왕조였다. 나바테아가 역사의 장에 최초로 등장한 것은 알렉산드로스가 죽은 직후 과거 그의 장군이었던 안티고누스(Antigonus)가 자신의 제국을 확장하면서 나바테아를 거기 포함시키려 했을 때였다. 기원전 312년, 안티고누스는 군대를 보내 나바테아를 손에 넣으려 했지만 성공하지 못했다. 이 지역이 그 광활하고 건조한 풍경 속에서 지니는 한 가지 큰 강점은 먼 거리를 보는 능력이 있었다는 점이다. 그래서 군대가 출격하면 그 소식이 삽시간에 퍼졌고, 나바테아인들은 이에 대비할 수 있었다. 이

아라비아로 간 바울

들은 자기들 땅에는 그리스인들이 갖고자 하는 자원이 전혀 없으므로 자신들의 왕국을 손에 넣으려고 할 이유가 없다고 그리스인들을 설득했다.[11] 전성기인 기원전 1세기 말, 왕국의 주요 도시로는 페트라, 보스트라, 다마스쿠스(다메섹)가 있었다. 로마 시대에 이들은 어느 정도 자율권을 누렸던 것 같다. 이들은 기원전 64년 폼페이우스의 출정 때 로마를 처음 맞닥뜨렸으며, 폼페이우스는 시리아(수리아)를 합병하고 나바테아를 유대처럼 종속 왕국으로 만들었다. 파르티아를 두려워하던 로마는 아마도 나바테아를 로마와 파르티아 사이의 완충지대로 생각했을 것이며, 그런 로마에게 이런 합병은 큰 도움이 되었다.[12] 나바테아 영토와 로마 관련 역사는 다양하게 전개된다. 어느 시점에서 안토니우스는 유대와 아라비아를 클레오파트라에게 선물로 준다.[13] 헤롯은 클레오파트라의 강요로 안토니우스를 통해 나바테아 왕국을 침략하고 공격한다. 하지만 기원후 14년 유대가 합병됨에 따라 나바테아는 아레타스 4세 치하에서 "황금기"로 들어간다. 가장 유명한 왕인 그의 주화에는 "백성을 사랑하는 자"라는 글귀가 새겨져 있는데, 아마도 이는 그의 통치 아래 왕국이 성장을 구가한 것을 나타낸 듯하다.[14]

나바테아인의 기원은 확실히 파악하기 어렵지만, 이들은 이 지역에 정착한 유목민으로 맨 처음 등장한 뒤 향신료 길을 따라 교역을 펼쳐 엄청난 부를 축적했다. 나바테아인들은 방대한 무역망을 통해 명예와 부를 얻은 사람들로 국제적인 명성을 얻었다. 이들은 "근동의 위대한 교역인"으로 손꼽혔다.[15] 이들은 기름, 향유, 유향과 몰약 같은 향 그리고 상아, 설탕, 보석과 석재, 심지어 이국적인 야생 생물에 이르기까지 수많은 상품들을 거래했던 것 같다. 또한 이들은 그리스와 로마의 부유한 엘리트 계층 사람들의 욕구 충족을 도와 준 상인들이기도 하다.[16] 이 왕국은 홍해의 항구 및 남쪽의 시나이(시내)반도와 연결되는 사막의 다양한 전진 기지를 포함하는 무역 전초 기지들로 연결되어 있었다. 북쪽으로는 다마스쿠스에서 시작해 지중해로 다가갔다. 이들의 명성이 얼마나 자자한지 중국의 한 왕조에게까지 알려질 정도였다.

왕국은 인구가 저마다 다른 마을과 도시로 이뤄졌다. 원래 유목민의 생활양식을 가진 이들이었기에 사람들은 여전히 도시보다는 마을을 좋아했다. 하지만 페트라(고대의 라크무[Raqmu])와 보스트라 같은 큰 도시들은 그 자체로 만만치 않은 세력이었다. 페트라는 1세기 무렵에 시설물들이 축조되기 시작한 것으로 보인다. 페트라는 카즈네(Khazneh: 아레타스 3세의 무덤으로 추정되는 건축물로, 보물창고라는 뜻 - 옮긴이)가 유명하며, 바위를 깎아 만든 그 눈부신 파사드(façade: 건물의 정면, 혹은 건물의 외관을 형성하는 주요 부분 - 옮긴이)는 예나 지금이나 방문객들 앞에 서서히 모습을 드러내며 위압감을 느끼게 하는 코린트(고린도) 양식 기둥으로 마무리되어 있다. 이 유적지에는 대극장도 있고 1세기 초에 카즈네 건축을 시작했을 아레타스 4세의 조각상도 있다.[17] 흔히 "보물창고"로 알려진 이곳은 도시 내부로 들어가는 전통적인 출입구였으며, 오늘날과 마찬가지로 당시 사람들에게도 매우 인상적으로 다가왔을 것이 틀림없다. 보물창고라고 불리기는 하지만, 이곳은 사원이나 모종의 무덤이었을 가능성이 크다. 이 건축물의 실제 목적은 여전히 미스터리로 남아 있다. 또한 이곳에는 법적 관할 구역도 있었다.[18] 이 도시는 와디 무사(Wadi Musa), 즉 모세의 골짜기에 자리 잡고 있으며, 아랍 전설에 따르면 이곳에서 모세가 바위를 쳐서 물이 솟게 했다고 한다.[19] 완벽에 가까운 자연 방벽, 그리고 두 개의 샘을 통해 신선한 물을 구할 수 있었다는 점(고대 세계에서 이는 생존의 필수 요소였다) 덕분에 이곳은 당대 세계에 이름을 떨치며 오래 존속할 수 있었다.

° 2 °

유목 생활을 하는 나바테아인

아브람은 나뭇가지 몇 개를 화로에 더 던져 넣으면서 사울에게 넓적한 포도주잔을 건넸다. 잔에는 아브람이 늘 지니고 다니는 포도주 부대에서 방금 따라낸 포도주가 담겨 있었다.

"다메섹의 우리 집 뒤편에 포도나무가 있는데, 거기서 나는 포도로 빚으면 정말 맛있는 포도주가 된답니다. 우리가 지금 그 덕을 보네요."

"인생을 위하여(l'chaim)", 아브람이 건배사를 한 뒤 두 사람은 몇 모금을 꿀꺽꿀꺽 들이켰다. 포도주 맛은 사울이 지금까지 마셔본 포도주 중 최고였다.

"예루살렘 포도주보다 훨씬 맛있군요. 어쩌면 다소에서 우리 가족이 즐겨 마시던 유명한 팔레르노 산 포도주 못지않아요." 사울이 입술을 핥으며 말했다.

"자, 나바테아 사람들에 대해 말해 볼까요. 이 사람들은 역사가 긴데, 어떻게 수를 썼는지 우리 경전에는 이 사람들 이야기가 없답니다. 사무엘과 다윗이 나오는 역사서에도 없다니까요."

"이유가 뭐라고 생각하세요?" 사울이 물었다.

"글쎄요, 이 사람들은 유목민, 그러니까 일종의 베두인족으로, 아라비아반도 남쪽 먼 곳에서 왔지요. 처음에는 그저 유목민일 뿐이었는데, 나중에 수도 페트라 같은 멋진 도시들을 세웠어요.[1] 어떤 사람들은 이들이 솔로몬을 찾아왔던 그 유명한 여왕의 나라 시바에서 왔다고도 하는데, 아마 그건 아닐 거예요. 이들이 쓰는 말은 히브리어처럼 일종의 셈족 언어인 게 분명한데, 글씨를 쓸 때는 오른쪽에서 왼쪽으로 쓰고 히브리어와 달리 점과 획이 없답니다."

"이상하군요. 그럼 해독하기가 어렵겠어요." 바울이 말했다.

"글씨 해독에 관해서는 제가 뭐라 말하기 어렵지만, 듣기에는 아람어나 히브리어처럼 들리고 뜻도 비슷한 단어가 많아요. 예를 들어 '살림'(salim) 같은 단어는 우리 말 '샬롬'(shalom)처럼 화평이란 뜻이랍니다. 어쨌든, 베두인족인 이들은 원래 양떼를 돌보는 이들이었고, 그래서 사막을 돌아다니면서 양떼를 위해 오아시스와 풀밭을 찾아다녔지요. 제가 아는 한, 이 사람들이 눈에 띄기 시작한 건 바사(페르시아) 제국이 융성할 때, 그리고 고레스 왕 때쯤부터였어요. 달리 말하자면, 이 사람들이 우리가 알고 있는 역사의 무대에서 이름을 얻기 시작할 때 유대인들은 여전히 포로 생활 중이었다는 뜻이지요. 이들이 섬기는 신은(네, 이 사람들은 우리 유대인 빼고 거의 모두들 그런 것처럼 여러 신을 믿어요) 남부 아라비아의 신인 것 같아요. 남신과 여신이 짝을 이루는 건 이시스와 세라피스 같은 애굽(이집트) 신들하고 비슷하지만요."

"이 사람들 아마 하스몬 왕조 전 몇 세기 동안 애굽의 교역 상대였지요?"

"아마 그럴 겁니다. 확실하다고는 할 수 없지만요. 제가 말씀드릴 수 있는 것은, 이 사람들에게도 아타르가티스(Atargatis) 같은 아주 독특한 신이 있다는 겁니다. 페트라에 가면 틀림없이 이 신의 신전을 보게 될 거예요. 나바테아 사람들은 아주 종교성이 강해서 자기들 신앙을 비판하는 사람들에게는 친절하지 않습니다. 먼저 정중하게 경고를 하지요."

"유념해야겠군요." 사울이 말했다. 하지만 아브람은 자신이 이렇게 말해도 사울이 선교 계획을 단념하지 않으리라는 것을 알 수 있었다. "상대를 설득하는 기술을 최대한 발휘하면서 성령께 의지해야 저들을 일깨울 수 있겠어요."

아브람이 다시 이야기를 이어나갔다. "그러셔야 할 겁니다. 나바테아 사람들은 현재 온갖 사람들하고 교역합니다. 극동(far east)에서 출발해 나바테아인들이 홍해에 소유하고 있는 항구까지 오는 사람들, 육로로 비단길(silk road)을 따라 바사에서 오는 사람들, 애굽과 수리아에서 오는 사람들은 물론이고요. 이 사람들은 번창하는 대형 사업체를 가지고 있어서 주요 도시와 요새를 지을 수 있었지요. 가사(가자) 남쪽 사막에까지 도시를 지었다니까요. 하지만 그건 나중에 좀 더 이야기하기로

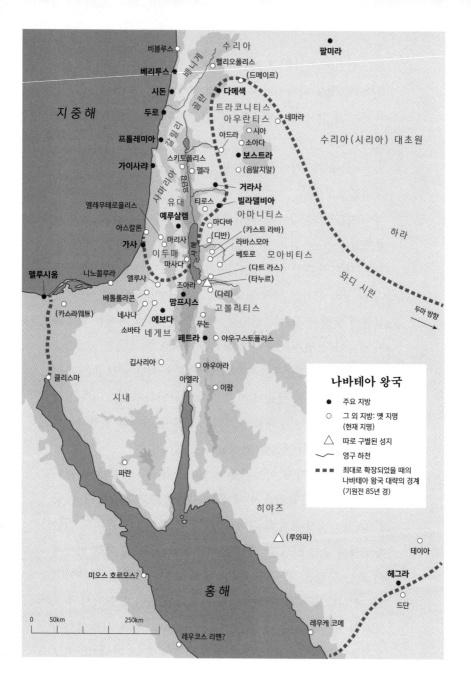

지 중 해

수 리 아

비블루스
베리투스
시돈
두로
프톨레미아
가이사랴

헬리오폴리스
(드메이르)
다메섹
트라코니티스
아우란티스
네마라
아드라
시아
소아다
보스트라
스키토폴리스
(움말지말)
펠라
거라사
빌라델비아
티로스
아마니티스
마다바
(카스트 라바)
(디반)
라바스모아
베토로
모아비티스
(다트 라스)
(타누르)
(다리)

팔미라

수리아(시리아) 대초원

하 라

와 디 시 란

두마 방향

엘레우테로폴리스
예루살렘
아스칼론
가사
마리사
이두매
마사다
엘루사
조아라
맘프시스
고볼리티스
네사나
에보다
푸논
소바타
네게브
페트라
아우구스토폴리스

펠루시옴
니노콜루라

베톨롤라콘

(카스라웨트)

갑사리아
아우아라
아엘라
이람

시 내

나바테아 왕국

● 주요 지방

○ 그 외 지방: 옛 지명
　　(현재 지명)

△ 따로 구별된 성지

〰 영구 하천

▬▬▬ 최대로 확장되었을 때의
　　나바테아 왕국 대략의 경계
　　(기원전 85년 경)

파란

히 야 즈

△ (루와파)

테이아

헤그라

드단

클리스마

0　50km　　250km

미오스 호르모스?

홍 해

레우케 코메

레우코스 리멘?

아라비아로 간 바울

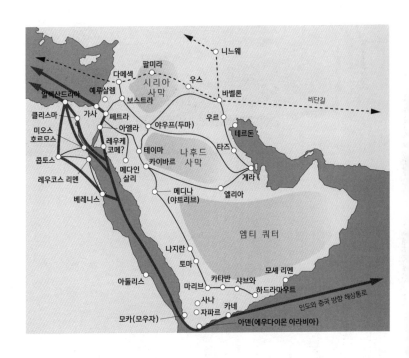

아라비아로 간 바울

하고, 이제 나바테아 땅 지도를 대략이나마 좀 그려서 보여드리고, 이곳 사막의 통상로도 알려드릴게요."

아브람은 이야기를 이어나갔다. "현재 수도 페트라는 주민수 20,000명에 수많은 사람들이 정기적으로 지나다니는 교통과 사업의 요충지로 점점 번창하고 있습니다. 하지만 아레다 왕이야기를 해두는 게 더 좋겠군요. 아레다는 왕명(throne name)이고요. 그리스어 '아레테'(arete)에서 온 말인데, 물론 탁월하다 (excellence)는 말이니까 '각하'(His excellency)라는 뜻이겠지요. 나바테아에서 이 칭호를 가진 네 번째 왕입니다. 나바테아인들은 일찍이 오보다스 1세 때부터 지역에서 중요한 역할을 하게 되었는데, 이 왕은 하스몬 일가가 요단(요르단) 동쪽으로 영토를 넓히려는 꿈을 꾸었을 때 이를 진압했을 뿐만 아니라, 실루기아(셀레우코스) 왕조와 싸워 이들을 물리치는 데도 성공했어요. 나바테아인들은 만만찮은 전사들이기 때문에 절대 얕봐서는 안 됩니다! 가자 남쪽 네게브 땅 일부를 성공적으로 장악하고 요새도시 아브다트(Avdat)를 건설한 사람도 오보다스지요."[2]

로마 세계 사람들은 어떻게 이동해 다녔는가?

사람들은 늘 한 장소에서 또 한 장소로 옮겨 다닌다. 이는 고대세계에도 어느 정도 해당하는 말이다. 멀고 외딴곳까지 가는일은 우리 시대에 들어 늘어났지만, 이동은 고대 세계 사람들에게도 삶의 한 부분이었다. 환경과 경제 사정이 이동을 명령하는 때도 있다. 전쟁이나 기근, 혹은 노예제도 때문에 어쩔 수

없이 이동하는 이들도 있다. 그런 형편과 별개로, 경제적 이유
로 해외로의 이동이 가능하지 않은 이들도 많았을 것이다. 고
대인들 대다수가 그런 것은 아니더라도, 평생을 좁은 땅에서
살다가 죽는 이들이 많았다는 것을 알아야 한다. 이런 집단과
별개로, 고대 세계에서 가장 자주 돌아다니는 집단은 아마 기
술자들과 군대였을 가능성이 크다. 고전 문학작품에서 여러 곳
을 돌아다니는 이들로 묘사되는 집단은 대개 병 고치는 이들,
극장이나 연극에 관련된 사람들, 또는 일자리를 구하는 유리
직공(glassblower)이나 금속 세공인 같은 숙련된 노동자들이
다.[3] 마찬가지로, 고대 세계에서는 전쟁과 정복 사업 때문에 군
대도 늘 이곳저곳으로 이동해 다녔을 것이다. 종교적 이유나
병 치료 때문에 이동해 다니는 이들도 있었을 것이다. 이런저
런 절기 때마다 예루살렘으로 순례를 나서는 다양한 유대인 집
단을 떠올릴 수 있다. 병을 치료하려고 먼 길을 가는 경우도 흔
해서, 사람들은 아스클레피우스 신전이나 유명한 치료사가 있
는 곳까지 찾아가곤 했다(자세히 들여다보기 '병 낫기' 항목을 보
라). 사회 경제적 수준에 따라, 교육받을 기회를 찾아 이동하는
이들도 많았으며 이들은 보통 로마, 알렉산드리아, 타르수스
(Tarsus, 다소)를 목적지로 삼았다. 정치적 계급이 높은 사람일
수록 아마 여행도 자주 했을 텐데, 특히 로마 황제들이 세상을
두루 돌아다닌 것으로 유명하다.

이동은 육로나 바다를 통해 이뤄졌으며, 두 가지 모두 나
름의 위험이 있었다. 로마 제국 시대에는 영토 확장을 위해 이
동이 필요할 때도 있었는데, 로마 시대는 그 전의 제국 시대에
비해 이동이 비교적 안전했다. 하지만 현실적 위협은 여전히
존재했고, 이는 충분히 감지할 수 있었다. 이 시기에 사람들의
통행량이 급속히 늘어남에 따라 타베르나(taverna)나 여관, 혹
은 음식을 먹을 수 있는 관련 장소도 빠르게 늘어났다(자세히 들
여다보기 중 '식사와 음식' 항목을 보라).

아라비아로 간 바울

주요 이동 통로로는 네 가지가 있었다. 에버레트 퍼거슨(Everett Ferguson)이 말한 것처럼 육로가 두 가지 있었고 해상 통로가 두 가지 있었다. 주요 해상 통로는 오스티아에서 포추올리(보디올)를 거쳐 이집트 알렉산드리아로 가는 길이었으며, 주로 상인들이 곡물을 실으러 갈 때 이 뱃길을 이용했다. 두 번째 주요 해로는 육지인 아피아가도(Appian Way)에서 시작해 선박으로 고린도를 통과하는 것으로 끝나며, 다양한 지역들을 연결해 준다. 고린도까지 갔다가 거기서 다시 에베소로 가는 길도 있었으며, 이 통로를 이용하면 육로로 소아시아의 여러 지역에 접근할 수 있었다. 마지막으로 아드리아해를 건너 에그나티아가도(Egnatian way)를 통해 마케도니아(마게도냐)를 가로질러 아시아로 갈 수도 있었다. 퍼거슨이 언급하다시피 초기 기독교 세계에서 가장 귀하게 여겨진 통상로는 고린도와 에베소를 잇는 길이었다.[4]

어떤 곳은 거리상 바닷길로 갈 수밖에 없었다. 바닷길을 택하면 다양한 크기의 선박을 이용할 수 있었다. 가장 큰 배는 "마레 노스트룸"(*Mare Nostrum*: '우리 바다'라는 뜻의 라틴어로, 지금의 지중해를 말한다-옮긴이)을 건너 알렉산드리아로 갔다가 돌아오는 곡물 수송선들이었을 것이다. 그 외 대형 선박으로는 군대 이동 때 쓰이는 노가 3단인 군용선(*trireme*)이 있었으며, 이 배는 노 젓는 이들과 돛의 힘으로 움직였다. 개인적으로 이동하거나 교역을 위해 이동할 때는 그보다 작은 배들이 쓰였으며 통상적으로 아마포나 가죽으로 만든 돛이 하나 달린 배였다.[5] 여행자들은 대개 저렴한 뱃삯으로 배를 이용할 수 있었다. 바닷길로 이동하는 이들은 한 장소에서 다른 장소로 가는 길을 어떻게 알았을까? 바닷길을 통한 이동 방법은 대개 해안선을 따라가거나 육지의 어떤 고정된 지점에서 또 다른 지점으로 이동하는 것이었다. 때로는 별이나 달이 항해에 도움을 주기도 했다. 어디에 암초가 있고 어디에 얕은 모래톱이 있는지 알려면 지역 조건에 대한 전문 지식도 필요했다. 해상 이동 때는 지도가 널리 쓰이지 않았으며 빈번히 난파를 일으키는 기상 조건부터 탁 트인 바다 위에서의 해적 행위에 이르기까지 몇 가지 위협이 있었다. 겨울이 되어 바다에 폭풍우가 잦아지고 그래서 시야가 안 좋아지면 이동이 더욱 위험해지므로 해상 이동은 일년 중 특정 달로 제한되었다. 흔히 알려지기로는, 10월 15일부터 3월 15일까지는 누구도 항해에 나서서는 안 되었다고 한다. 고대 세계의 해상 이동에는 대규모 해적단도 공공연한 위협이었던 것 같다. 해적들은 흔히 경계 수역에서 작전을 펼치며 전략적으로 선박을 습격했다. 아우구스투스 치하에서는 로마가 해안선을 장악하고 있어 해적들의 활동을 비교적 광범위하게 근절할 수 있었기에 바다가 조금 안전해졌다.[6]

해상 이동이 위험해 이를 택하지 않으면 남은 것은 육로를 통한 이동뿐이었다. 육로 이동 때에는 대개 바퀴 달린 이동 수단을 이용했다. 육로 이동 때 택할 수 있는 수단은 2륜 마차와 4륜 마차였으며, 사람과 화물 모두 이런 마차에 실려 장거리를 이동했다. 말, 몸집이 큰 황소, 나귀, 노새 같은 다양한 동물이 마차를 끌었다. 로마 시대에 혼자 이동하는 사람들은 낙타나 말을 이용하기도 했다.

이동할 때는 실질적으로 로마 제국이 발전시킨 광범위한 도로 체계의 도움을 받았다. 대 아피아가도의 첫 번째 구간은 기원전 312년 무렵에 착공되었고, 기원전 147년쯤 이 도로 체계는 알프스산맥 남쪽의 골(Gaul)까지 연결되었다.[7] 원래 로마 군대 이동을 위해 만든 방대한 도로망은 다양한 로마 도시들을 연결해 주기도 했다. 전체 도로 길이의 총합은 85,000 킬로미터에 이르는 것으로 짐작된다.[8] 유명한 도로로는 아피아가도와 에그나티아가도가 있다. 로마 남쪽에서 카푸아까지 뻗어 있는 아피아가도는 이탈리아를 거쳐 아드리아해안까지 직각을 이루며 달렸다. 유명한 에그나티아가도는 그리스 서안에서 네아폴리스를 거쳐 비잔티움 방향으로 뻗어 있었다. 이 도로를 통해 아드리아해와 에게해가 연결되었다.

초기 로마 황제들은 아우구스투스와 클라우디우스 치세 때 건축된 유명한 대로와 더불어 엄청난 도로 건설 프로젝트를 계속 진행해 나갔다.[9] 광범위한 지도가 널리 쓰인 덕분에 육로 이동은 훨씬 수월했다. 로마 제국이 확장되면서 제국의 영토가 어디까지인지 알고 싶어 하는 욕구가 생겼고, 이런 욕구 때문에 지도가 만들어졌고 이를 보완하는 이정표들이 세워졌다. 도로로 이동할 때 위험한 점은 산적이나 강도가 길에 숨어 여행객들을 노린다는 것이었다. 로마는 바다에서 해적을 없앤 것처럼 육로에서도 노상강도들을 없애려고 했지만, 이런 시도가 완전히 성공하지는 못했다. 이 같은 상황은 곧 선한 사마리아인 이야기를 떠올리게 하는데(눅 10:25-37), 이 이야기는 고대에 길을 오갈 때 어떤 위험이 따르는지 사람들이 비교적 일반적으로 알고 있었음을 반영하는 듯하다. 이들은 친구와 가족 네트워크의 환대에 의지하여 육로와(행 13-15장), 바닷길을(행 20-21장) 광범위하게 이동해 다녔으며, 심지어 난파를 당했을 때도 이 네트워크가 작동했다(행 27-28장).

그때 바울이 아브람의 말을 가로막으며 말했다. "페트라에 가면 언행을 조심해야 한다고 하려는 것 같은 느낌인데요."

"그런 결론을 내리시다니 말로 다 할 수 없을 만큼 지혜로우십니다." 아브람이 씩 웃으며 대꾸했다. "저는 그리스도를 위해 형제님이 이루시려는 사명이 쓸데없는 일들로 어설프게 끝나 버리기를 바라지 않습니다. 다른 많은 통치자들과 마찬가지로 아레다 4세도 자기 얼굴과 샤카트 왕비 얼굴을 새겨 넣은 주화를 선전물로 이용하지요." 아브람은 겉옷 허리띠에 묶인 돈

주화 겉면에 쓰인 글자를 주의해서
보면 원시 히브리어처럼 보인다.
주화 전면의 이미지는 아타르가티스 같다.

이 아타르가티스 상은 원래 페트라에 있다가 암만의 새 박물관으로 옮겨졌다.

아라비아로 간 바울

주머니에서 주화를 하나 꺼내 보이며 말했다.

"아레다 4세가 북쪽 멀리까지 영토를 확장해서 지금 다메섹까지 통솔한다는 것이 사실입니까?" 사울이 물었다.

"네, 맞습니다." 아브람이 대답했다. "대표 총독을 두고 지배적 이권을 행사하는 것에 더 가깝지만요. 어쨌든 다메섹은 로마가 지배하는 도시는 아닙니다."

이때쯤 두 사람은 포도주 부대에 들었던 포도주를 다 마셨고, 슬슬 잠이 오기 시작했다. "하룻밤에 다 듣기에는 나바테아에 대해서 알아야 할 게 너무 많은 것 같습니다." 사울이 말했다. "듬성듬성 알았으니 여백을 채워야겠군요. 그곳에 가면 꼼꼼히 돌아다녀 봐야겠어요. 마지막으로 한 가지…. 페트라에 유대인들이 있나요?"

"아, 네, 있어요. 의결 정족수를 채우거나 회당을 구성할 정도는 아니지만요. 자, 낙타 울음 소리가 좀 잠잠해지면 우리도 이제 자야 합니다." 겨울 날씨 중에서도 가장 어둡고 가장 축축하고 가장 추운 날이 이 지역에 찾아들기 전에 장미 도시(Rose City: 페트라에는 바위를 깎아 만든 구조물이 많은데, 이 바위의 색깔이 장미색을 닮았다 해서 장미 도시라고도 불렸다-옮긴이)에 닿으려면 사울과 아브람은 아직 갈 길이 멀었다.

INSCRIPTIO·SEPVLCRALIS·NABATHEA
ANNVM·INDICANS·XLVI·REGIS·ARETAE
DE·QVO·MEMINIT·PAVLVS·APOSTOLVS
QVI·EODEM·ANNO·XXXVII·P·C·
AD·CHRISTVM·EST·CONVERSVS

요르단의 마다바에서 발견되어 현재 바티칸에 보관 중인 이 돌에는
나바테아 글자가 적혀 있으며, 사도 바울이 회심하기 전부터
30년대 말까지의 기간 동안 아레타스 4세가 통치하고 있었음을 암시한다.

아라비아로 간 바울

◦ 3 ◦

외인(Alien)과 동맹, 노예와 도적

험악한 날씨에도 향신료 길을 오가는 이들이 얼마나 많은지 사울은 깜짝 놀랐다. 남북을 오가는 이 길에는 로마 군인과 나바테아 군인, 상인, 그리고 낙타 등에 온갖 먹을거리와 향신료와 포도주 항아리, 그 외 일용품을 싣고 팔러 가는 대상 무리 등 온갖 사람들이 다 있었다.

사울이 한마디 했다. "바닷길을 오가는 일은 익숙한데, 이렇게 사방이 육지인 곳을 다니는 건 그렇지가 않네요. 보통 로마력으로 여덟 번째 달이 되면 크기가 작은 배들은 장거리 항해를 모두 중단합니다.[1] 그리고 마르스(Mars)라고 부르는 달 15일이 되어 봄이 시작되고 우세풍(prevailing wind)의 방향이 바뀌어야 비로소 항해를 다시 시작하지요. 그런데 겨울철에 이런 큰 도로를 오가는 이들은 전혀 그런 요인들에 신경을 안 쓰는군요."

"그렇습니다. 무엇보다 놀라운 것은 이런 조건에서도 온 가족이, 심지어 어린아이들까지 길을 나선다는 겁니다. 하지만 전쟁이나 기근 뭐 그런 것 때문에 다른 선택이 없는 사람들도 있지요." 바로 그때 피부가 검은 노예 열 명을 사슬에 묶어 북쪽으로 향하는 노예 상인 한 사람이 두 사람 곁을 지나갔다. 아마 다메섹에 가서 노예들을 팔 모양이었다.

"저 사람들은 아마 에티오피아 사람들일 겁니다. 여기까지 이미 먼 길을 왔지요. 애굽 남쪽 어딘가에서 사로잡혀서 배에 실려 홍해를 건넌 뒤 나바테아 항구에 내려, 페트라를 거쳐 북쪽으로 끌려가는 겁니다. 그게 아니면 페트라의 노예 시장에서 팔려온 사람들일 수도 있고요. 어느 쪽이 됐든 저 사람들의 태생은 에티오피아지요. 힘이 좋고 참을성도 있어서 광산에서 일 시키기 좋고 곡물 수송선의 노 젓는 일꾼 등 써먹을 데가 많아서 가치가 높습니다."

"노예라." 사울은 내뱉듯이 말했다. "애굽에서의 우리 유대인들의 역사를 생각하면 노예제도는 유대인들에게 불쾌한 제도지요. 우리 신성한 문서에서도 말합니다. 하나님의 형상으로 창조된 인간을 한낱 재산이나 소유물로 대접하면 인생이 얼마나 품격 떨어지고 힘들어지는지 말입니다."

"네, 맞아요." 아브람이 말했다. "하지만 세상이 그렇게 돌아가는걸요. 예루살렘이나 유대 땅에 살지 않는 유대인들 중에 노예를 거느린 이들이 얼마나 많은지 알면 놀라실 겁니다. 노예는 동산(movable property)이라고들 합니다. 그리고 보셨다시피 노예들에게는 낙인이 찍혀 있습니다. 가인의 표처럼 말이지요. 그래야 이 사람들이 노예인지, 혹은 과거에 노예가 아니었는지 알아볼 수 있으니까요."

아브람이 줄곧 끌고 가는 나귀는 두 사람의 걸음 속도가 너무 빠르다는 듯 거칠게 뻗대고 있었다. 그 이유는 두 사람의 식량뿐만 아니라 사울의 가죽 작업 도구들, 조리용 냄비, 필요할 경우 두 사람이 들어가서 쭈그리고 앉을 수 있는 작은 텐트, 포도주 부대, 옷 보따리, 불 피울 때 쓰는 목탄, 그 외의 여러 가지 물건들까지 짊어지고 있기 때문이었다. 충분한 식량과 중간중간의 휴식 없이는 누구도 열흘간의 고된 여정을 버텨낼 수 없었다. 더구나 겨울철에는.

사울은 튜닉을 속옷으로 입고 후드가 달린 큼직한 검정 겉옷을 그 위에 걸치고 있었고, 아브람도 비슷한 옷차림이었다. 누구도 이들을 알아보거나 특별히 유명하다거나 악명 높은 사람으로 지목할 수 없는 차림새였다. 두 사람은 그저 평범한 여행자로 보였다. 하늘을 덮은 구름 사이로 가는 햇살이 비집고 들어오려 했으나 성공하지 못했고, 공기 중에는 모래 먼지가 가득해 마치 꿈을 꾸는 것 같은 느낌이었다. 두 사람의 오른쪽으로는 뿌연 안개 속에서 사람들과 동물들이 불쑥 나타나곤 했다. 아브람이 얄궂게도 발람이라 부르는 나귀가 갑자기 걷다 말고 우뚝 멈춰 섰다.

이들 앞에 특이한 터번을 두른 두 남자가 낙타에 올라탄 채 어렴풋이 모습을 드러냈다.

"아마 바사의 점성술사들일 겁니다." 아브람이 말했다. "이른바 동방박사라고들 하고, 왕에게 자문을 해주는 이들이지요.

그런데 저 사람들이 왜 북쪽으로 가는 걸까요? 여기서 가장 가까이 있는 왕은 페트라의 아레다인데."

"어쩌면 아레다가 저 사람들에게 협상 임무를 맡겼을지 모릅니다. 내가 듣기로 헤롯 안디바가 아레다의 딸인 첫 아내와 이혼한 뒤 화평을 청하고 있는데, 펠라와 그 주변 영토 일부를 아레다의 무시무시한 군대에 빼앗겼다고 하더군요. 명예가 걸려 있는 이런 상황은 온갖 재앙으로 이어질 수 있으니, 추측하건대 헤롯은 피해를 최소화하기를 바라고 있을 겁니다."

"그 말이 맞겠어요." 아브람이 고개를 끄덕였다. "거기까지는 생각 못 했네요."

길을 나선 지 이틀째 되는 날, 사울과 아브람은 로마식 계산으로 거의 삼십 마일을 이동했다. 여행자 휴게소에 도착했을 때 두 사람은 정말 기진맥진해서 식사를 마친 뒤 곧 잠자리에 들 생각이었다.

그러나 이 휴게소에서 두 사람은 나바테아 군대가 북쪽으로 더 많은 병력을 보내고 있는 상황에 대해 어제보다 훨씬 더 오래 이야기를 나눴다. 무슨 일이 일어나고 있는 게 분명했다. 그저 갈릴리의 헤롯을 상대로 평화 협상을 벌이려는 것은 아니었다. 나바테아는 북쪽으로 영토를 넓히려는 것일까? 분명 그럴 가능성도 있었다. 나바테아 사람들은 외부인들이 무모한 짓을 하지 않는 한 대개 평화로운 사람들이고 훌륭한 교역 상대라고 알려져 있었다. 나사렛 예수 시대 약 4세기 전, 알렉산드로스 대왕의 장군이었던 안티고누스가 페트라 외곽에서 종교 축제가 벌어지고 있는 동안 나바테아를 습격했다. 안티고누스

아라비아로 간 바울

가 지휘하는 군대는 페트라에 보관된 상품들을 훔쳐내고 수많은 사람들을 납치하려고 했다. 하지만 이 작전은 실패로 끝났고, 평화로운 나바테아 사람들이 기본적으로 어떤 힘을 지녔는지를 입증하는 기회가 되었을 뿐이었다. 하지만 아레다 4세는 왕국을 확장하려는 야심이 좀 있는 것 같았다.[2]

그 후 8일간의 여정은 별일 없이 단조롭게 이어져서, 두 사람과 나귀는 터벅터벅 길을 따라 페트라로 향했다. 오가는 이들이 많아서 길은 안전했는데, 이상하게도 카라반세라이와 오아시스의 휴게소처럼 이른바 안전한 쉼터라는 곳에서 오히려 도둑들 때문에 더 신경 써서 짐을 지켜야 했다.

어느 날 밤 잠에서 깬 사울은 누군가가 나귀 발람의 안장 주머니에서 가만히 물건을 훔치려는 것을 발견하고 흠칫 놀랐다. 사울이 튕기듯 일어나 나귀 쪽으로 달려가자 도둑은 어둠 속으로 급히 달아났다. 그러는 동안에도 아브람은 세상모르는 채 코를 골고 있었다. "저 사람, 길 안내자로는 훌륭한데 파수꾼으로는 별로군. 자, 다시 잠이나 자자." 사울은 혼잣말을 했다.

노예제도와 로마 세계

인류 역사의 비극적 측면 한 가지는, 동서고금을 가리지 않고 사람을 비인간화(dehumanization)하는 현상이 만연해 있다는 것이다. 사람이 사람을 소유하는 것은 인류 역사의 재앙이며, 인간 악의 한 가지 파괴적 현실을 보여 준다. 압제와 무자비는 모든 주요 제국의 공통적 특징이며, 슬프게도 바울 시대 세계와 사람들도 다르지 않았다. 바울은 노예제사회에 살고 있었다. 좀 더 구체적으로 말하자면, 바울이 개인적으로 만나고 알던 사람들 중에는 노예들이 많았다. 초기 기독교 운동은 고대 세계의 단면을 보여 주었고, 바울의 세계에는 많은 노예들이 포함되어 있었다.[3] 노예들의 규모가 어느 정도였는지는 추정하기 어렵기로 유명하다. 영향력 있는 역사가 발터 샤이델(Walter Scheidel)은 1세기 말 제국 인구의 10퍼센트, 혹은 6천만 인구 중 6백만이 노예였을 것으로 본다. 물론 샤이델은 이 수치도 낮게 잡은 거라고 말한다. 최근의 연구들에서는 이 수치를 좀 더 높게 잡아, 지역에 따라 인구의 20-30퍼센트가 노예였을 것으로 본다.[4] 그런 수치만으로도 기괴한데, 그보다 더 기가 막힌 것은 노예 제도의 영향을 받지 않은 집단이 없을 만큼 노예제사회였던 고대 세계의 인식이다. 한 가지 어려움은, 유형의 문화 외에 지금까지 전해지는 증거 자료들은 대부분 노예소유주가 썼으며, 노예의 시각에서 기록된 자료는 거의 남아 있지 않다는 점이다.

고대 세계는 그저 노예제도가 인간 사회의 질서의 한 부분이라고 여겼다. 아리스토텔레스 시대까지 거슬러 올라가 보면, 노예는 "인간 도구"(human tools)였다.[5] 로마인들과 그리스인들은 노예제도를 서로 달리 정의했다. 아리스토텔레스 같은 그리스인들에게는 "타고난 노예" 이론이 있었다. 그러나 로마인들은 그렇지 않았다. 로마인들에게 노예제도는 "자연에 반(反)하는" 것이었으며, 노예제도는 나랏법의 한 부분이었고, 자연에 반하여 어떤 사람을 다른 어떤 사람의 힘에 복속시키는 것이 바로 노예제도였다.[6] 고대 로마법은 노예와 자유민을 구별했을 뿐만 아니라, 태어날 때부터 자유민인 사람(*ingenui*, 인게누이)과 노예 신분에서 해방되어 자유를 얻은 사람(*libertini*, 리베르티니)도 구별했다.

아라비아로 간 바울

노예제도는 한 집단 중심이었는가?

미국의 남북전쟁 이전 시대 노예들과 달리, 이 시대의 노예들은 한 집단으로만 구성되지 않았다. 비로마인 집단은 거의 다 노예가 될 수 있었다. 정복당한다는 것은 노예가 될 수 있다는 뜻이었다. 대부분은 로마에게 정복당함으로써 노예가 되었지만, 납치당해 노예 신세가 되는 사람도 있었고, 태어날 때부터 노예인 사람도 있었다. 예를 들어, 한번은 율리우스 카이사르가 골(Gaul) 지방 주민 거의 백만 명을 한꺼번에 노예로 만들어 이탈리아로 보낸 적이 있었다.[7] 1세기에 율리우스 카이사르와 아우구스투스가 로마 제국을 대대적으로 팽창시켰다는 사실로 추정해 볼 때, 엄청난 숫자의 노예들이 항구 도시 오스티아와 심지어 고린도로까지 쏟아져 들어와 노예 시장에서 팔려나갔다고 짐작할 수 있다. 노예들은 시장의 회전식 판매대에 전시되어서 구매자들이 꼼꼼히 살펴볼 수 있게 했을 것이다. 판매대에 선 노예들은 흔히 어디 태생이고, 어떤 결함이 있으며, 특유의 기술은 무엇인지를 알려 주는 표지판을 목에 걸고 있었다.

고대 로마의 노예 인구는 전쟁을 통해 늘어났을 뿐만 아니라 노예들의 출산을 통해서도 늘어났다. 즉, 노예 어머니에게서 태어나면 그 아이도 노예가 되었다. 부모가 유기한 유아들도 노예 공급원이었다. 고대 세계의 가부장적 현실을 고려할 때, 딸은 아들보다 덜 귀하게 여겨졌다.[8] 신체에 결함이 있는 아이도 등한시되었다. 이렇게 부모가 원치 않는 아이를 쓰레기 더미나 신전에 버리는 것이 유아 유기 관행이었으며, 이 아이들은 노예 상인들이 데려갔다. 남자아이들은 육체노동자가 되었고, 여자아이들은 대개 강제로 매춘부가 되었다. 초기 그리스도인들은 그렇게 부모가 원치 않는 아이들을 마지막에 구출해서 자기 자녀로 키웠다.

특히 기가 막힌 것은, 노예라는 신분이 그 사람의 개인적

정체성이 지니는 모든 의미를 다 지워 버린다는 사실이었다. 노예에게는 나라도, 조상도, 과거도 없었다. 노예는 그 사회의 국외자(outsider)였다.[9] 국외자였기에 노예들은 혹사당하고 부당하게 취급받기 쉬웠다. 노예들은 매질을 당할 수도 있었으며, 그뿐만 아니라 다쳐도 노예 자신에게 손해가 아니라 주인에게 손해였다. 남자 노예든 여자 노예든 성적으로 착취당하는 일도 흔했다. 노예에게는 마치 오늘날 사람들이 반려동물에게 이름을 지어주듯 별명을 붙였는데, 예를 들어 오네시무스 (Onesimus, 오네시모)는 "쓸모 있다"는 뜻이고, 유티쿠스(Eutychus, 유두고)는 "운 좋다"는 뜻이다.

노예는 자유를 찾을 수 있었는가?

비교적 현대적인 유형의 노예제도와 달리, 로마의 노예제도는 자유의 가능성을 허용했다. 하지만, 면천(manumission)은 해방(emancipation)과는 다르다는 점을 기억하는 게 중요하다. 그래도 일단 자유롭게 된 전직 노예에게는 더 많은 권리와 특권이 부여되었다. 예를 들면 로마 시민이 되었고, 결혼이 인정되었으며, 재산을 사고팔 수 있었고, 다른 사람을 고소할 수 있었다. 샌드라 조쉘(Sandra Joshel)은 노예 신분이 사회적 죽음이었다면 "면천은 일종의 사회적 '재탄생'이었다"고 주장한다(완전한 재탄생은 아니었을지라도).[10] 로마 제국 시대의 면천에는 공적인 면천과 사적인 면천에서부터 완전한 면천과 제한적인 면천에 이르기까지 여러 가지 형태가 있었다.

면천된 사람에게는 수치가 따라다녔다. 노예였다는 상흔 (stigma)이 이들을 떠나지 않았다. 자유롭게 된 사람은 전 주인에게 여전히 공손한 태도(obsequiem, 경의 혹은 순종)를 보여야 했으며, 전 주인은 이제 이 사람의 후견인이 되었다. 노예들은 여전히 전 주인에게 어느 정도의 노동을 빚지고 있을 수도 있었다.[11] 이 사람은 이제 노예가 아니라 후견인의 보호를 받는 피후

아라비아로 간 바울

견인이었다. 네로 시대에 원로원에서는 노예였다가 자유롭게 된 사람이 전 주인에게 합당한 경의를 표하지 않을 경우 이 사람을 다시 노예로 만들어야 할지를 논의했다. 네로는 결국 이 안건을 기각시켰다.[12] 하지만 이 같은 논의가 있었다는 것은, 고대 세계에서는 면천을 받은 후에도 여전히 예속의 위험이 존재했고 그 촉수가 뻗쳐올 수 있었음을 보여 준다.

어디에 가면 노예를 볼 수 있었을까?

고대 세계의 노예들은 광산에서부터 경작지, 거래 현장, 가정에 이르기까지 생산이 이뤄지는 곳이라면 어디에서든 볼 수 있었다. 사회의 가장 비천한 사람들이 사는 곳에서부터 카이사르 집안의 최고 계층에 이르기까지, 노예들은 어디에나 있었다. 숫자가 많아 언제 어디에서나 써먹을 수 있었기에 노예들은 경제 활동이 이뤄지는 대부분의 장소에서 볼 수 있었다. 또한 사회적 스펙트럼 그 어느 곳에든 노예가 있었다. 가장 비천하고 가장 거친 노동 환경은 광산이었는데, 노예들은 여기서 죽도록 일했다. 노예를 비교적 더 흔히 볼 수 있는 곳은 로마 제국 전역의 일반 가정과 경작지였다. 사회적 사다리의 꼭대기에는 엄청난 권력과 특권, 신분을 지닌 황제의 노예들이 있었다. 이들의 권력과 특권은 때로 자유민들을 능가했다. 엘리트 계층만 노예를 소유하지는 않았다. 엘리트 정치인 계층에 속한 사람은 수백 명의 노예를 소유할 수 있었지만, 신분이 그보다 낮은 사람은 한두 명 정도의 노예를 소유했을 것이다.

역시 근대의 노예들과 대조적으로 로마 시대의 노예들 중 교육을 받은 이들은 매우 가치가 높았다. 로마군에게 사로잡혀 노예가 된 사람들 중에는 이미 글을 읽고 쓸 줄 아는 이들도 있었고, 교육 수준이 높은 이들도 있었다. 게다가 로마 세계의 노예들은 훈련과 교육을 받고 기술공, 교사, 철학자, 의사 같은 지위를 가질 수도 있었다. 훈련을 받은 덕분에 노예들은 소액의 임금을 받을 수도 있었으며, 이런 수입은 '페큘리움'(*peculium*, 노예의 사유재산)이라고 알려져 있었다. 이런 자산은 절차상으로는 여전히 주인의 소유였지만, 해당 노예가 면천을 받는 데 쓰일 수도 있었다.[13] 고대의 노예제도는 근대 유럽과 아메리카의 노예제도와 형식은 다르지만, 어느 경우든 노예제도는 인간이 다른 인간을 소유하여 주인을 위해 온갖 일을 다 하게 만들려는 시도이다. 그 온갖 일이란 흔히 로마 엘리트 계층이 자기 손을 더럽히기 싫어서 남에게 시키는 일이었다. 이런 맥락에서, 빌레몬서 같은 바울 서신은 바울이 이 제도의 문제점들을 알고 있었음을 보여 준다. 바울이 오네시모 같은 노예의 면천을 위해 애쓴 것은 그를 "이제는 종으로 대하지 않고, 종 이상으로, 그리스도 안에서 형제로 받아들여야 하기" 때문이었다.

아라비아로 간 바울

○ 4 ○

장미 도시에 도착하다

"…아라비아로 갔다가 다시 다메섹으로 돌아갔노라 그 후
삼 년 만에 내가 … 예루살렘에 올라가서" -갈 1:17-18

여러 고대 도시들과 마찬가지로(예를 들어 히에라폴리스를 보라) 산
자들의 도시는 죽은 자들의 도시, 즉 공동묘지(necropolis)를 통
과해야 들어갈 수 있었다. 특정 도시에 커다란 공동묘지가 있
다는 사실은 그 도시에서 사람들이 여러 세대에 걸쳐 살고 죽
었다는 의미였다. 페트라가 바로 그런 곳이었는데, 페트라라는
이름 자체가 순수한 암벽을 깎아 만든 도시를 떠올리게 한다.
사실 페트라는 도시를 뜻하는 그리스어지만, 나바테아 원주민
들은 이 도시를 '라크무'(Raqmu)라고 불렀다. 하지만 이는 고대
이집트 문서에서 '세이르'(Seir)나 '셀라'(Sela)라고 언급된 도시
와 동일한 곳일 수 있다.

나바테아인들은 사막 사람들이기 때문에, 필요할 경우 혼자 힘으로 능숙하게 살아나갈 수 있었고 자기를 지킬 수 있었다. 이들은 빗물과 샘물을 모아서 저장하고, 사막의 사암(sandstone)을 깎아서 주거지와 무덤을 만들고, 양과 염소를 치고 최소한의 작물을 가꾸어 먹고 사는 데 숙련된 사람들이었다.

사울과 아브람처럼 북쪽에서 이 도시로 들어가면 좁은 통로 또는 건조한 협곡 내리막길을 로마식 계산으로 3/4 마일 정도 통과해야 눈앞에 넓은 시장 공간이 펼쳐지는 것을 볼 수 있다. 길을 따라가면서 사울과 아브람은 절벽을 깎아 만든 수많은 무덤들도 보았고, 도시 중심부로 물을 흘려보내는 수로와 아타르가티스 사당도 보았다. 순례자들은 이곳에 들러 나바테아의 이 여신에게 경의를 표해야 했다.

협곡을 지나 넓게 트인 곳에 이른 아브람과 사울은 사람들과 상점, 그리고 바닥에 앉아 있는 낙타들을 볼 수 있었다. 사울은 얼른 칸막이 노점으로 들어가 거기서 팔고 있는 가죽 제품과 천막을 보고 싶었다. 하지만 아브람이 좀 참고 기다리라고 주의시켰다. "오늘 시간 많으니까 그건 조금 있다가 하세요. 먼저 이곳을 둘러보면서 뭐가 있는지 보여드릴게요."

공동묘지의 규모만으로도 입이 떡 벌어졌다. 페트라 한가운데 말 그대로 깎아지른 듯한 절벽을 파내어 그렇게 많은 무덤을 만들어 놓은 것은 사울이 처음 보는 광경이었다. 이어서 오래전 오보다스가 만들기 시작한 거대한 신전도 보였다.

"저한테 중요한 건, 나바테아 사람들이 열렬한 다신론자들이라는 걸 알려드리는 거예요. 그게 무슨 말이냐면, 이 사람들

위_ 오늘날 시크(Siq)라고 부르는 곳 입구. 암벽에 수로가 있어서 무화과나무가 자라고 있는 것을 보라.
아래_ 물을 흘려보내던 도랑

페트라로 들어가는 입구 근처
아타르가티스 사당

오른쪽_ 시크를 지나 처음으로 얼핏 보이는 도시 모습

　　　　　　　　　　아라비아로 간 바울

아라비아로 간 바울

암벽을 깎아 만든 공동묘지

왼쪽_ 오늘날에는 이 지역이 이런 모습이지만, 학자들은 여기서 보이는 이른바 보물 창고 건물이 사실은 아레타스 4세의 무덤이라고 확신하게 되었으며, 따라서 바울이 페트라에 왔을 때는 아직 이 건물이 없었으므로 이를 보지 못했을 것이다.

4. 장미 도시에 도착하다

은 자기들 신이 진짜 신이 아니라고 한다거나 세상에는 오직
한 하나님만 계시고 하나님은 당신들이 섬기는 여러 신들 중
하나가 아니라 말하는 사람을 친절하게 대하지 않는다는 겁니
다. 여기서 복음을 전할 계획이라면, 밖에서 공개적으로 하지
말고 천막이나 가죽 제품 사러 오는 사람들에게 일대일로 증언
하시기를 권해요. 여기 페트라에서 물건을 구입한 다음 향신료
길을 오가는 사람들에게만 복음을 전하는 게 가장 안전할 겁니
다. 기억하세요, 이곳엔 회당도 없고, 아레다는 갈릴리의 유대
인 통치자 헤롯 안디바에게 이미 화가 나 있다는 것을요. 여기
계시는 동안 친구를 좀 사귀어 보도록 하시고요."

　사울은 수염을 쓰다듬으며 귀 기울여 들었다. "다시 말하
자면, 공개적으로 복음을 전했다가는 여기 오래 머물지 못하거
나, 심하면 당국에 끌려갈 수도 있다는 말이군요. 하지만 나는
로마 시민입니다. 그러면 좀 신분이 보장되고 면책이 되지 않
겠어요?"

　"여기서는 아닙니다, 형제님." 아브람이 대답했다. "지금
계신 이곳은 로마 제국이 아니에요. 바벨론(바빌론)에 유배된 것
과 다름없다고요."

　사울은 한숨을 내쉬며 말했다. "그렇군요, 한동안 여기 머
물고 싶으니 형제님 조언을 잘 생각해 보겠습니다."

　"생각만 해서는 안 될 겁니다. 똑같이 그리스도를 따르는
사람이자 친구로서 드리는 충고이니 받아들이는 게 좋을 거예
요." 그러고 나서 아브람은 또 말했다. "저기 넓은 비탈 위에 올
라가서 알 데이르(al Deir)를 구경합시다. 전하는 말에 따르면 오

보다스가 저기서 연회를 베풀고 향연을 열었다고 해요."

비탈로 오르는 길은 계단 500개를 곧장 올라가는 길이어서 이런저런 길에 단련된 사울 같은 사람도 꼭대기에 올라섰을 때는 숨이 가빴다. 마지막 모퉁이를 돌면서 사울이 아브람에게 말했다. "이렇게 힘들게 올라왔으니 보람이 있어야 할 텐데요." 그리고 그 말이 떨어지자마자 사암 절벽을 깎아 만든 엄청난 구조물이 사울의 시야에 들어왔다. 사울은 벌어진 입을 한동안 다물지 못했다.

"정말 연회장이로군!" 사도가 이방인들을 향해 외쳤다.

"네, 나바테아인들은 뭐든 어중간하거나 작게 하는 걸 절대 좋아하지 않았어요." 사울이 나바테아인들에 대해 알아야 할 것이 많다는 사실이 확연해졌다. 어떤 민족에 대해 연구가 부족하거나 이들과 꾸준히 접촉하지 않았을 경우 흔히 그렇듯, 이들의 업적이나 이들이 얼마나 대단한 사람들인지를 과소평가하기 쉽다. 사울은 나바테아인들의 모든 것에 대해 단기 속성 과정이 필요하다는 것을 깨닫는 중이었다.

"그래요, 최소한 이 사람들은 타지를 오갈 때나 거래를 할 때 국제 언어 그리스어를 쓰는 사람들이지요."

"네, 하지만 여기서 대화할 때 그리스어만 쓰면 형제님이 외인, 외국인이라는 걸 이 사람들이 금방 알아볼 거예요." 사울과 아브람은 오후 내내 사울의 거처가 될 만한 집을 알아보고 다녔다. 그러다가 마침내 오보다스가 지은 거대한 신전 바로 옆 산비탈을 깎아 만든 적당한 집을 발견한 사울은 몇 달치 임대료를 선불로 치르고 그 집을 빌렸다.

"진지하게 묻는데요, 여기 얼마나 오래 머무실 겁니까?"

"그리스도를 따를 사람을 이제부터 모아야 할 텐데 내가 그 일을 얼마나 잘 해내느냐에 달렸지요. 하지만 상당 기간 이곳에 있기로 마음먹었어요. 예루살렘으로 돌아갈 각오를 하려면 꽤 시간이 걸릴 겁니다. 다행히 내 누이와 조카가 그곳에 살고 있긴 하지만요.[1]

"예루살렘으로 가기 전에 다메섹으로 먼저 돌아오시는 게 좋겠어요. 출발하시기 전에 예루살렘 상황이 어떤지 아나니아나 제가 알려드릴 수 있을 테니까요. 그리고 시온으로 올라갈

아라비아로 간 바울

때는 달라진 모습으로 가고 싶으실 거 아닙니까."

"좋아요, 지혜로운 생각입니다. 여기서 가사(가자)까지 가는 통상로를 따라가다가 거기서 예루살렘으로 올라갈 수도 있지만, 예고도 없이 불쑥 가는 것은 그다지 영리한 행동이 아닐 겁니다."[2]

"그리고 우리 이제 뭘 좀 먹어야지요. 그런 다음 저는 짐도 싸야 해요. 여기서 산 물건들을 가지고 내일 아침 느지막이 돌아가야 하거든요. 보나 마나 형제님은 아까 시장에서 가죽 작업장을 보아두셨을 테니, 아마 내일 그곳에 가서 일을 시작하시겠지요?"

"네, 그럴 계획입니다. 다메섹에서 나올 때부터 지금까지 도와주고 안내해 주어서 정말 고맙습니다. 나는 이곳에서 친구도 좀 사귀면서 한동안 머물 겁니다. 누가 압니까, 아레다 왕하고도 이야기 나눌 기회가 생길지?"

"그건 너무 낙관적인 생각일 텐데요. 왕은 군대 일로 바쁘거든요. 하지만 무슨 일이 일어날지는 하나님만 아시지요."

"너무 정직합니다, 친구, 너무 정직해요." 두 사람은 조용히 저녁 식사를 했다. 사람 좋아하고 사교적인 사울은 아브람이 그리워지리라는 것을 알고 있었다. 꼬챙이에 끼워 구운 양고기와 빵, 포도주로 저녁을 먹은 두 사람은 새로 구한 셋집에서 단잠을 청했다.

∘ 5 ∘

외톨이 사울

페트라는 규모가 예루살렘 절반 정도에도 못 미쳤지만, 주요 통상로가 교차하는 곳이어서 갖가지 장사를 할 기회가 많았다. 주요 거래 품목은 향신료 등이었지만, 사막 사람들은 천막, 즉 유목민에게 필요한 이동식 거처를 잘 만드는 사람을 크게 존경 했다. 사울이 바로 그런 사람이었다.

겨울 햇살이 엷게 반짝이는 시간, 사울은 가죽 제품 공장 겸 상점을 운영하는 한 노인을 찾아갔다. 한 시간 전에 작별하 고 떠나간 아브람에게 들은 바로는 노인의 이름은 그리스식 이 름 알렉산드로스였다. 아주 좋은 조짐이군, 사울은 생각했다.

"퀴리에(Kurie)."[1] 사울은 고개를 살짝 숙여 인사하며 말했 다. "잠깐 말씀 좀 나눌 수 있을까요?"

"그럼요." 알렉산드로스가 대답했다. "그리스어를 쓰시는 구려."

아라비아로 간 바울

"사실 저는 다소 땅의 그리스어를 쓰는 집안에서 자랐습니다. 새 출발을 하려고 이곳에 왔지요. 저희 집안은 가죽 노동자 집안입니다. 유명한 킬리키움(cilicium: 킬리기아 산 염소 가죽이나 그 가죽으로 만든 제품 - 옮긴이)도 만들지요, 염소 털가죽으로 만드는 천막 말입니다. 실은 그 덕분에 로마 시민권도 받았습니다. 다소에 주둔하는 로마 군대에 천막을 납품했거든요. 저는 지금 일을 찾고 있는데, 듣자 하니 선생님 가게가 이 근방에서 가장 품질 좋은 가죽 제품과 천막을 만든다고 하더군요. 저처럼 경험 많은 가죽 노동자를 한 번 써보실 생각은 없으신지요?"

"신들께서 댁을 보내 주신 게 틀림없군요. 그렇지 않아도 일손이 절실하게 필요했다오. 사막 한가운데 있는 이 교차로 마을에 거래량이 엄청나게 늘어서 말이지요. 항구에서도 손님이 오고, 사막에서도 손님이 오고, 다메섹을 비롯해 북쪽의 여러 지역에서도 손님이 와요. 분주한 곳이지요. 그리스식으로 정식 경기가 열리지는 않지만, 이곳에도 큰 극장이 있고, 거기서 연극 공연도 하고 여러 가지 스포츠 행사도 열려서 멀고 가까운 곳에서 사람들이 구경하러 온다오. 그래서 천막을 대여하려는 수요가 엄청나지. 올해는 별 재미를 못 봤지만. 그래도 봄이 오면 이야기가 달라집니다."

"훌륭하군요," 사울이 말했다. "선생님이 저를 써 주시면 정말 영광이겠습니다. 물론 급료를 얼마나 주실지는 먼저 제 솜씨를 보여드리고 난 다음에 생각해 보셔도 됩니다. 제가 작업한 작은 샘플이 두 가지 있는데요, 먼저 여기 제가 어깨에 메고 있는 가죽 가방입니다." 사울은 파피루스와 필기도구 같은 소중한 소지품을 넣고 다니는 가방을 내보였다. "그리고 이건 포도주 부대입니다. 다메섹에서 오느라 천막은 못 가지고 왔습니다만, 제가 가장 잘 만드는 건 천막입니다. 그리고 저는 글도 읽고 쓸 줄 압니다. 부기도 잘하고요, 차변과 대변 기록하는 것 말입니다."[2]

사울이 그렇게 짤막한 연설로 자신의 실력을 증명하고 있는 사이, 알렉산드로스의 엷고 푸른 눈은 그런 사울을 물끄러

페트라의 극장. 연극 공연을 위한 '스케네'(skene: 그리스 극장에서 오케스트라 뒤의 건물, 무대 배경, 대기실과 분장실을 겸한 공간–옮긴이) 혹은 무대 구역을 갖춘 그리스식 극장이라는 점에 주목하라.

아라비아로 간 바울

미 응시하고 있었다. 마치 철학자 디오게네스처럼, 사울이 정직한 사람이고 믿을 만한 사람인지 분별하려는 것 같았다.

"아시겠지만, 저는 다메섹에서 온 지 얼마 안 되는 유대인입니다. 일도 열심히 하고, 입 밖에 낸 말은 꼭 지키는 사람입니다. 저를 고용하기 전에 먼저 시험을 해보고 싶으시다면 그렇게 하셔도 됩니다. 제가 바라는 건 그저 성실하고 정직하게 일해서 이곳에서 먹고 살 수 있었으면 하는 겁니다. 신전 아래쪽에 셋집도 구해 놓았습니다."

알렉산드로스는 턱을 한 번 쓰다듬고는 대답했다. "아주 좋아요. 내일 아침 일어나자마자 다시 와 보구려, 일이 어떻게 되어갈지는 그때 가서 봅시다. 전에 다른 도시에서 유대인들과 함께 일한 적이 있는데, 일도 열심히 하고 정직한 사람들이었지요. 유대인들의 종교는 잘 이해가 안 되었지만."

"좋습니다." 사울은 이를 드러내며 씩 웃었다. "내일 아침 일어나자마자 다시 오겠습니다. 그런데 식료품을 사려면 어디가 제일 좋은지 알려 주실 수 있습니까? 제 손으로 음식을 만들어 먹어야 하거든요."

"그러지요, 여기서 나가서 광장 바로 건너편으로 가면 질 좋은 과일과 견과류도 팔고 빵도 파는 가게가 있다오. 그리고 바로 옆에는 포도주 가게도 있고."

노인의 가게를 나온 사울은 온종일 동네를 두루 돌아다니면서 지리를 파악하고, 거래 때 어떤 주화가 쓰이는지 알아보고, 이런저런 종류의 음식과 포도주를 살 수 있는 곳을 알아 두었다. 오래 두고 먹을 수 있는 음식을 조금 샀고, 그러자 과거와 연결된 끈을 극적으로 끊어냈다는 사실에 비로소 마음이 편안해졌다. 사울은 지금 혼자였다. 한 인간으로서 사울은 매우 고독했다. 동족도 가족도 없는 사람이었다.

"하지만," 사울은 혼잣말을 했다. "주님이 나와 함께 하시지. 다메섹 가는 길에 있었던 일 이후 내 동행들은 나를 버렸지만, 주님은 그런 식으로 나를 버리시지 않을 거야." 약 이십 년쯤 지나, 다메섹 도상 사건 이후 초기에 겪은 폭풍 같은 일들을 뒤돌아보면서 그는 이렇게 말했다. "우리는 무슨 일에서나 하나님의 일꾼답게 처신합니다. 우리는 많이 참으면서, 환난과 궁핍과 곤경과 매 맞음과 옥에 갇힘과 난동과 수고와 잠을 자지 못함과 굶주림을 겪습니다. 또 우리는 순결과 지식과 인내와 친절과 성령의 감화와 거짓 없는 사랑과 진리의 말씀과 하나님의 능력으로 이 일을 합니다. 우리는 오른손과 왼손에 의의 무기를 들고, 영광을 받거나, 수치를 당하거나, 비난을 받거나, 칭찬을 받거나, 그렇게 합니다. 우리는 속이는 사람 같으나 진실하고, 이름 없는 사람 같으나 유명하고, 죽는 사람 같으나, 보십시오, 살아 있습니다. 징벌을 받는 사람 같으나 죽임을 당하는 데까지는 이르지 않고, 근심하는 사람 같으나 항상 기뻐하고, 가난한 사람 같으나 많은 사람을 부요하게 하고, 아무것도 가지지 않은 사람 같으나 모든 것을 가진 사람입니다."(고후 6:4-10).

새로 발견한 믿음, 그리스도를 믿는 그 믿음 때문에 앞으로 얼마나 많은 환난과 고초를 당하게 될지 사울은 짐작하지 못했다. 페트라에서의 이날에 대해서와 마찬가지로, 그는 이십

아라비아로 간 바울

여 년 안에 자신의 삶에 대해 다음과 같이 말하게 될 것이라고
는 상상조차 하지 못했다.

"그들이 그리스도의 일꾼입니까? 내가 정신 나간 사람같
이 말합니다마는, 나는 더욱 그렇습니다. 나는 수고도 더 많이
하고, 감옥살이도 더 많이 하고, 매도 더 많이 맞고, 여러 번 죽
을 뻔하였습니다. 유대 사람들에게서 마흔에서 하나를 뺀 매를
맞은 것이 다섯 번이요, 채찍으로 맞은 것이 세 번이요, 돌로 맞
은 것이 한 번이요, 파선을 당한 것이 세 번이요, 밤낮 꼬박 하
루를 망망한 바다를 떠다녔습니다. 자주 여행하는 동안에는,
강물의 위험과 강도의 위험과 동족의 위험과 이방 사람의 위험
과 도시의 위험과 광야의 위험과 바다의 위험과 거짓 형제의
위험을 당하였습니다. 수고와 고역에 시달리고, 여러 번 밤을
지새우고, 주리고, 목마르고, 여러 번 굶고, 추위에 떨고, 헐벗
었습니다. 그 밖의 것은 제쳐놓고서라도, 모든 교회를 염려하
는 염려가 날마다 내 마음을 누르고 있습니다. 누가 약해지면,
나도 약해지지 않겠습니까? 누가 넘어지면, 나도 애타지 않겠
습니까?"(고후 11:23-29).

이러한 미래는 이날 사울의 눈에 보이지 않았고, 그래서
그는 다음 날 아침 일을 다시 시작하게 되기를, 인생을 새로 출
발할 수 있기를 기대했다.

∘ 6 ∘

노동을 사랑하다

그리스-로마 세계의 사회적 지배계층 일부는 손으로 하는 노동을 멸시한 게 사실이고, 그런 일을 하는 사람들을 낮추어보았지만,[1] 유대인들은 대체로 그렇지 않았고 특히 사울은 더욱 그렇지 않았다. 오히려 사울은 손으로 일해서 유익한 물건들을 만들어 내기를 좋아했고, 이런 점에서 자신이 창조주를 본받고 있다고 종종 생각했다.[2] 가죽을 무두질하는 일은 일부 유대인들이 불결한 직업으로 여겼지만, 사울이 다메섹 도상 체험 후가장 먼저 결론 내린 일 한 가지는, 십자가에 달려 죽은 나사렛 예수라는 육체노동자가[3] 유대인의 메시아라면 의식상(ritual) 정결하다 여겨지고 부정하다 여겨지는 모든 문제가 재평가되어야 한다는 것이었다. 실제로 사울은 예수께서 마지막 식사 때 말씀하신 새 언약이 그저 모세 언약을 갱신한 것일 뿐이라는 개념 전체를 재평가하고 있었다. 예레미야는 새 언약이 과거에 기록된 법과 같지 않을 것이며, 돌판이 아니라 사람의 마음에 기록될 것이라고 말하지 않았는가?[4]

사울은 가죽 작업용 연장주머니를 펼쳤다. 어떤 면에서 좀 독특한 연장들이었다. 사울은 뼈로 만든 송곳을 썼고, 물론 칼과 바늘, 원시적 형태의 스크래퍼와 가위도 사용했다. 사울은 짐승(보통 염소와 양)을 잡는 일에도 나서려 하지 않았고 가죽 자체를 무두질하는 일에도 관여하지 않았다. 사울의 전문 영역은 무두질을 마치고 재단된 가죽으로 완제품을 만드는 일이었다. 천막을 만드는 경우, 사울 집안 같은 킬리키움(길리기아) 주민들은 염소 가죽에 털을 가능한 한 많이 남겨 두는 쪽이 더 좋다는 것을 알게 되었다. 그래야 방수가 더 잘 되기 때문이었다. 킬리키움은 지중해 지역에서 돈 주고 살 수 있는 가장 좋은 천막으로 유명했으며, 사람들은 꽤 큰 돈을 치르고 이 천막을 샀다.

흥미로운 것은, "손으로 일하기"(working with one's hands, 고전 4:12; 엡 4:28)나 "손으로 만든 것"(the work of one's hands, 행 7:41; 히 1:10; 2:7-개역개정 성경에는 히 2:7의 "and didst set him over the works of thy hands" 부분이 번역되어 있지 않음-옮긴이)이라는 그리스어 문구가 자기들이 하는 일과 생산품을 자랑스러워하는 유대인들이 만들어 낸 표현 같다는 점이다(신 2:7-8; 욥 1:10; 시 89:17; 사 2:8-9; 렘 1:16-17 참고).

사울은 겨우 여섯 살이었을 때부터 아버지에게서 일을 배웠으며, 십대 중반 무렵에는 숙련된 장인이 되어 있었다. 알렉산드로스는 전날 자신의 가게로 불쑥 찾아온 사람이 얼마나 기술 좋은 사람인지 전혀 알지 못했지만, 이제 곧 알게 될 터였다.

사울은 아브람이 알렉산드로스의 가게에서 다메섹에 가지고 가서 팔 물건 몇 가지를 사면서 사울에 관해 호의적으로 말해 두었다는 것을 전혀 몰랐다. 가게는 동굴 전면에 자리 잡고 있어서 내부가 썰렁했지만, 최소한 페트라의 암벽 사이 좁은 통로로 휙휙 불어대는 겨울바람과 비는 피할 수 있었다. 그곳은 심지어 시장 구역으로 이어지는 내리막길로 갑작스러운 홍수가 밀어닥칠 때도 있었다.[5]

"동굴 뒤쪽 편으로 작업대가 있고, 그 너머로 벽에 램프가 매달려 있어 아주 환하다오. 포도주 부대 만드는 일부터 시작했으면 하오만. 우리 가게에서 가장 많이 팔리는 물건이지, 특히 시장 광장 바로 건너편 포도주 양조장에서 많이 사 간다오. 크기가 작은 가죽 조각들은 저기 암포라 위에 있어요. 일단 시작해 보고, 나는 가게 앞에서 자잘한 물건들을 좀 팔고 있을 테니, 뭐 물어볼 게 있으면 그리로 와요. 오전 중에 확인해 볼 테니." 적어도 이날 아침에는 가게 안에는 일하는 이는 이들 두 사람뿐이었다.

"알겠습니다." 사울이 대답했다. "바로 시작하겠습니다." 사울은 오래 해온 일을 다시 하게 되어서 기뻤다. 다른 많은 유대인과 마찬가지로 사울은 창세기의 바로 그 하나님께서(창 1장; 창 3:17-19) 일하라 명령하셨다고 믿었고, 만들기를 좋아하시는 창조주의 형상으로 창조된 인간에게 일은 아주 유익한 활동이라고 인정해 주셨다고 믿었다. 일은 저주가 아니었다. 일의 고됨이 저주였고, 유대인들은 게으름이나 나태의 죄에 관한 잠언들을 자주 읊조렸다(잠 10:4 - 게으름뱅이의 판에 박힌 모습). 일을 하는

아라비아로 간 바울

데에는 한 가지 이유가 더 있었다. 사울은 부유한 후견인의 피후견인이 되고 싶은 마음이 전혀 없었고, 남에게 빌붙어 사는 사람이나 아첨꾼이 되고 싶지도 않았다. 인생의 이 시점에서의 바울은 그 어떤 친분에도 얽히고 싶지 않았다. 열심히 일하고, 고개 숙이고 다니고, 조용히 살며, 불공평한 인간관계는 맺지 말라고 하는 아브람의 조언을 사울은 마음에 새기고자 했다.

아침이 밝은지 두 시간쯤 지나 머리를 가린 한 여인이 가게 안으로 들어와 작은 물건 몇 가지를 골랐다. 알렉산드로스가 여인을 응대하고 있었기에 사울은 흘깃 한 번 쳐다보았을 뿐 별 관심을 두지 않았는데, 갑자기 알렉산드로스가 사울에게 말했다. "사울, 여기 잠깐 와 보겠나?" 사울은 걸상에서 일어나 동굴 입구 쪽으로 갔다.

"이분은 미리암이라고, 바벨론에서 몇 년 전에 이곳으로 온 유대인이라네.[6] 보석과 장신구 가게를 하는데, 페트라는 늘 그런 물건들에 대한 수요가 있는 곳이지. 미리암은 페트라에 사는 몇 안 되는 유대인이니 자네도 얼굴을 한번 보면 좋지 않을까 해서."

"샬롬." 사울이 인사했다. "이 마을에 유대인이 저 혼자가 아니라는 걸 알게 되어 기쁩니다."

"혼자는 아니시지요, 몇 분 계십니다. 그나마 남자들은 늘 타지를 오가는 상인들이지만요. 저는 이곳에 눌러살면서 돌을 다듬어 보석을 만들어요."

"이런 질문 괜찮을지 모르겠지만, 원래 고향이 바벨론입니까?" 사울이 물었다.

"네, 우리 집안은 포로 생활이 끝난 후에도 돌아가지 않고 바사가 흥하고 망하는 동안 계속 거기 살았어요. 그러다가 알렉산드로스가 들어오고 도시는 완전히 헬라화(Hellenized)되었지요. 부모님은 아람어를 할 줄 아셨지만, 주로 쓰는 건 아람어가 아니었어요. 부모님과 달리 제 증조할머니는 아람어만 쓰셨지요. 제 세대에서는 주로 그리스어를 쓰는데, 댁은요?"

"저는 다소가 고향인데, 제가 청년이었을 때 부모님이 예루살렘으로 이사를 하셨어요. 저는 서기관과 교사가 되려고 그곳에서 바리새인들 사이에서 공부했고요. 최근에 일자리를 구하려고 다메섹에서 이곳으로 왔습니다. 다메섹은 지금 기근 때문에 형편이 좀 어려워서요."

"맞아요, 지역 전체에 기근이 좀 심하게 닥쳤어요. 이런 때는 장사를 해서 생계를 꾸려가기가 더 힘들어지지요. 어쨌든 만나서 반갑네요, 사울. 예루살렘으로 돌아갈 때 가족들에게 선물할 장신구가 필요하면 저를 찾아 주세요. 제 가게는 길 아래쪽, 알 데이르로 올라가는 가파른 계단 입구에 있답니다. 알 레이헴 샬롬(당신에게 평화가 있기를)."

사울은 고개를 끄덕여 인사했다. 미리암은 삼십 대 여성이었는데, 사울은 알렉산드로스와 둘만 남게 되자 이렇게 물었다. "저분 결혼했습니까?"

"결혼했지, 그런데 남편이 남쪽의 홍해 아엘라 항구로 가다가 강도들 손에 죽었다네. 미리암은 남편에게 생긴 일을 한참 후에야 알았고. 어쩌면 다행일지 모르지만 신혼부부여서 아이는 아직 없었지. 어쨌든 장사를 해서 혼자 먹고 살 수 있다네. 참

아라비아로 간 바울

짠하지만 본인은 잘 견뎌내고 있는 것 같아."

미리암은 매력적인 여인이었다. 사울은 그 사실을 알아차리지 않을 수가 없었고, 그래서인지 가슴이 두근거렸다. 사울은 예루살렘에서 바리새인으로서 약혼한 적이 있지만, 사울이 다메섹에서 이단 비슷한 사람이 되었다는 것을 신부 집안에서 알게 되면서 두 사람의 관계는 돌연 끝나고 말았다. 사울은 혼자 중얼거렸다. "이런 느낌은 빨리 털어 버리는 게 아마 최선일 거야."

"뭐라고 했나?" 알렉산드로스가 물었다.

"아, 아닙니다. 중요한 일 아니에요. 다시 일하러 갑니다."
그렇게 말하기는 했지만 사울은 이 새롭게 전개되는 국면을 곰곰이 생각하고 있는 게 분명했다. 예수께서는 유대 땅의 제자들처럼 사울도 결혼한 사람이기를 바라시는 것일까? 그는 다메섹 도상 체험 이후로는 그런 가능성을 생각해 본 적이 없었다.

일과 신분

직업은 중요하다. 그리고 고대 세계에서는 어떤 일을 하느냐가 그 사람의 신분을 상당 부분 좌우했다. 오늘날과 마찬가지로 직업을 보면 그 사람이 사회적으로 얼마나 뛰어난 사람인지, 어느 정도의 명예를 지닌 사람인지 알 수 있었다. 그러면 고대 세계에서는 어떤 지위를 중요하게 여겼는가? 사회적 신분이 가장 높은 지위는 황제였다. 황제는 고대 로마 사회 전체에서 가장 영예로운 역할을 이행했다. 이는 금전적 수단의 결과였을 뿐만 아니라(물론 이것도 확실히 포함되었지만) 권력과 신분 그리고 명예의 결과이기도 했다. 그러면 고대 세계의 나머지 99.9 퍼센트 사람들의 경우는 어떠했는가?

노동은 고되다. 이런 말은 사회적 신분이 높은 사람들은 노동 자체를 멸시했다는 고대의 사고방식을 드러낸다.[7] 고대에는 "일" 또는 "노동"하지 않아도 되는 능력이 다른 어떤 대안보다도 소중히 여겨졌다. 일과 노동에 대한 로마인의 이해의 근간에는, 지위가 높은 사람들은 손으로 일하는 것을 멸시한다는 통념이 깔려 있었다. 이들에게는 "정신적인 일", 또는 수사학·정치학·철학과 관련된 일이 더 중요했다. 여기서 놓치지 말아야 할 중요한 요소 한 가지는, 로마 세계는 노예제도 위에 세워진 제국이었으며, 수많은 일을 노예들이 해냈다는 것이다. 일을 노예들과 연결해보면 엘리트 계층이 일을 왜 부정적인 태도로 대했는지에 대해 통찰을 얻을 수 있다. 로마인들의 이런 태도는 히브리인들의 성경에서 일이 행한 소중한 역할과 충돌한다. 성경에서 보면 일에는 목적과 가치가 있으며, 일은 인간 존재의 의미를 구성하는 한 부분이다.

사람들은 어디에서 일했는가?

지중해를 가로지르는 고대 도시들은 중앙의 시장(그리스어로 아고라[*agora*], 라틴어로는 포럼[*forum*])을 중심으로 건설되었다. 상점들이 이 장터에 줄지어 있었을 것이며, 사람들은 대부분 작업장이나 작은 가게에서 일했을 것이다. 다양한 재료를 가지고 일하는 수공예 일꾼들이 아주 흔했다. 이들은 돌, 도자기, 유리, 가죽, 직물, 목재를 가지고 일했다. 이 공예인들은 지역 시장에서 다양한 구매자들에게 자기가 만든 물건을 팔았을 것이다. 고대 세계는 대량 생산 세계가 아니었기 때문에 이러한 기술적 책임은 작업 범위에 영향을 끼쳤고 많은 일과 거래가 지역 단위에서 이뤄지게 했다. 숙련된 노동자가 많이 필요할수록 상

아라비아로 간 바울

품을 만들어 내는 사람의 지위도 높아지고 더 많이 존중받았다. 사회적 서열의 꼭대기에는 고대 세계 엘리트 계층의 일원인 토지 소유자 시민들이 있었을 것이다. 이들은 자신의 농지에서 일할 노동력을 모아들여서 포도주와 올리브유, 곡물 같은 고대의 필수 품목을 생산했을 것이다. 로마식 항아리(암포라)와 램프는 예외적인 품목으로서, 좀 더 대규모로 거래되었다. 일부 엘리트 유대인 집단은 구약성경의 사례에 느슨하게 근거하여 손으로 하는 노동을 비교적 호의적으로 바라보았다.

사회적 신분은 어떻게 형성되었는가?

로마인들의 사회적 신분은 자유, 시민권, 가문 이 세 가지가 결합한 복잡한 문제였다.[8] 신분이 결정되는 가장 기본적인 요소는 노예인가 비노예인가를 바탕으로 한 구별이었다(갈 3:28; 골 3:11). 재력을 이 논의에서 이런저런 식으로 너무 멀리 떼어놓아서는 안 된다. 신분이 전적으로 재력하고만 관련된 문제는 아니었다. 예를 들어 어떤 노예들은 믿을 수 없을 만큼 부유해서 돈으로 자유를 살 수도 있었다. 물론 카이사르 집안의 노예들도 특별히 미묘하게 달랐다. 황실 노예는 로마 권력의 중심부와 연결되어 있었을 것이고, 그만큼 지위도 높았을 것이다. 하지만 부와 연줄을 갖췄다 해도 로마법상 자유민과 노예의 결혼은 법적 지위가 없었다. 아우구스투스는 기원전 18년 결혼법을 도입함으로써 1세기의 사회적 계급 체계를 더 확고히 규정하고 싶었던 것 같다. 이 법률은 결혼 및 사회 계층에 관련된 혜택과 처벌을 규정했다.[9]

노예와 비노예가 나뉘면 이를 바탕으로 이제 시민권을 기준으로 사람들의 집단이 나뉘었다. 즉, 로마 시민과 비로마인이 나뉜다. 로마 시민권이 있으면 타지에서 안전이 보장되고, 소송이 벌어졌을 때 로마 법정에 호소할 수 있고, 로마 시민이 아닌 사람과 다른 처벌 기준이 적용되는 등 많은 특권이 뒤따랐다. (자세히 들여다보기 중 처벌, 감옥, 재판 항목을 보라). 하지만 로마 시민권을 가졌다고 해서 모든 사람이 전적으로 평등하지는 않았다. 로마 시민권에도 상층민(*honestiores*)과 하층민(*humiliores*)이라는 두 가지 본질적 범주가 있었다. 상층민 집단으로는 원로원 계층·기수 계급·그 외 고위급 정치인과 군인들이 있었고, 나머지 시민들은 하층민에 속했다. 어떤 사람이 일단 자유민에다가 로마 시민이면 이 신분은 그 사람의 집안 및 위에 언급한 범주와 직접 관련이 있었다. 명예와 지위에 따라 한 집안의 가치 또한 결정되었다. 고대 세계의 신분 구조 최정점에는, 유력한 집안과 연결되어 있고 상층부의 사회구성원들을 통해 단계적으로 이어지는 로마인 남성들이 있었다.

아라비아로 간 바울

◦ 7 ◦

유대에서 들려온 소식

페트라에 들어오는 소식은 상인들과 대상들을 통해 북쪽에서
도 들어오고 남쪽에서도 들어왔다. 주로 들려오는 소식은 이제
로마의 속주가 된 애굽 소식과 제국을 팽창시키려는 로마의 야
심에 관한 소식이었다. 하지만 나바테아는 남쪽과 동쪽으로부
터 이어지는 통상로를 관리하고 수익을 올리는 덕분에 경제적
으로 비교적 자립이 된 나라였고, 그래서 국왕 아레다 4세는 헤
롯 집안과 달리 로마 통치자들에게 아첨해서 종속왕이 되는 데
전혀 관심이 없었다. 아레다가 헤롯 집안을 보는 시선은 경멸
뿐이었고, 특히 헤롯 안디바가 자기 형제의 아내와 결혼하려고
아레다의 딸과 이혼함으로써 딸을 욕보인 후로는 그 집안을 거
의 증오한다고 말할 수 있었다. 이 얼마나 모욕적이란 말인가!
　유대 소식도 이따금 들려왔지만, 사울은 알렉산드로스와
미리암과의 대화를 통해 애굽의 기근이 유대를 비롯해 그 지역

전체에 식량 부족 사태를 낳았다는 것을 알고 있었다. 애굽은 로마 제국의 식량 창고였으며, 로마가 애굽을 제국에 합병한 주요 이유 한 가지는 "마레 노스트룸"(Mare Nostrum, 로마인들이 일컫는 대로 "우리 바다")을 건너 알렉산드리아에서 로마까지 오는 육중한 곡물 수송선을 통해 꾸준히 곡물이 공급되도록 하기 위해서였다.

아우구스투스 이후로 로마 황제들은 줄곧 이 일을 최우선 순위로 삼았는데, 이는 공짜 "빵과 서커스"로 평민들을 행복하게 해주어 입을 다물게 만들고, 그 사이 엘리트 계층은 점점 더 부자가 될 수 있었기 때문이다. 제국의 부의 약 98퍼센트를 전체 인구의 상위 2퍼센트, 특히 로마인들이 좌우했지만, 이런 일을 잘하는 종속왕과 그 일가들도 있었다.

사울은 이런 상황이 예루살렘에서 예수를 따르는 유대인들을 점점 더 압박하리라는 것을 깨닫기 시작했다. 왜냐하면 쫓겨나고 옥에 갇히고 박해받는 이들이 점점 늘어나는데, 이렇게 해서 남편을 잃은 여인들은 배급 대상에서 제외되기 때문이었다.[1]

바울은 현재로서는 누구에게도 예수에 관한 좋은 소식을 전할 시간이나 기회가 없었지만, 무리할 필요는 없다고 생각했다. 아브람의 조언대로 사울은 주께서 문을 열어서 기회를 보여 주실 때까지 기다렸다.

사울을 고용하고 처음 두어 주가 지나자 알렉산드로스는 사울의 숙련된 기술에 아주 흡족해 했다. 그래서 알렉산드로스는 사울이 완성해 낸 물건 숫자에 따라 주말마다 급료를 주기

86 　　　　　　아라비아로 간 바울

로 했다. 열심히 일하라는 일종의 격려였지만 사울에게는 굳이 그런 격려가 필요하지 않았다. 사울은 새 일자리를 즐기고 있었고, 자신이 정말로 복음의 전령이 되어 이곳저곳을 돌아다니기 시작해도 부지런히 이 일을 병행해 나가는 것을 원칙으로 삼을 생각이었다. 사울에게 한 가지 점점 분명해지는 사실이 있었다. 십자가에 달려 죽으시고 부활하신 구주에 관한 메시지를 비유대인들에게 최대한 많이 전하고자 한다면 자신의 직업이 도시 지역에서 일종의 전략이 되어야 한다는 것이었다.

또한 사울은 인간적으로 말해서 자신의 메시지가 유대인과 이방인 모두에게 잘 먹히지 않는 메시지라는 것도 깨달았다. 사울은 다른 초기 유대인들처럼 토라를 꼼꼼히 공부했고 특히 이사야서 같은 예언서까지 공부하기는 했지만, 십자가에 달린 메시아를 기대하지는 않았다. 그 모든 개념이 사람들에게는 표현상의 모순으로 여겨질 터였다. 이사야서를 읽으면서 이 예언자가 고난받는 메시아를 언급하고 있다고 생각하는 사람은 아무도 없었다. 십자가에 달려 죽으신 메시아는 차치하고 말이다. 왜냐하면 이 종의 시(Servant poems)에서 "내 종"이라 불리는 대상은 이스라엘 자체이기 때문이었다.[2]

게다가 초기 유대인들은 신명기 본문을 기억했고,[3] 십자가형은 그 사람이 분명 하나님에게 저주받았음을 가리키지 하나님에게 복을 받거나 기름 부음 받는 것을 말한다고 생각하지 않았다. 겉으로 보기에, 예수의 생이 이런 식으로 끝났다는 것은 예수가 하나님의 메시아일 수 없음을 가리키는 게 분명한 듯했다. 사울 자신도 다메섹 가는 길에 하늘에 계신 예수를 만나, 그분이 하나님 존전에서 잘 살아 계시며 실로 하나님이 에녹이나 엘리야와 비슷하게 부활과 승천을 통해서 그분을 변론해 주셨다는 것을 깨닫기 전까지는 그렇게 생각했었다. 게다가 유대인들은 유대인 한 사람을 처형함으로써 죄가 속해지기를 기대하지도 않았다!

그리고 이방인들에게 십자가형은 황제나 제국을 배신한 가장 철면피한 범죄자에게 내리는 "극형"이었다. 그리스-로마세계 사람들이 죽은 사람의 부활을 불멸이나 내세의 한 형태로 믿지 않았다는 사실은 굳이 말할 필요도 없다. 이들이 보기에 십자가에 달려 죽었다가 부활한 구주, 더 나아가 십자가에 달린 하나님에 관한 메시지는 처음부터 끝까지 말도 안 되는 이야기였다. 그래서 사울은 깊이 고민하고 있었다. 사람들은 그같은 내용의 메시지를 받아들여서 믿는 것은 차치하고 길든 짧든 귀 기울여 들으려 하지도 않을 텐데, 어떻게 해야 이를 경청하게 만들 수 있을까? 복음을 전할 계획을 짜기 시작하자 생각할 것이 많았다. 사울은 자기 믿음을 널리 퍼뜨리고 사람들을 개종시키려 애쓰라고 교육받으며 자라나지 않았다. 물론 유대인들은 이른바 하나님을 경외하는 사람, 성경이 말하는 한 분하나님을 믿게 된 이방인이라면 언제든 반갑게 맞이할 테지만말이다.

오늘 사울은 오랜만에 제대로 천막을 제작하는 일을 맡았다. 완성하려면 며칠 걸리는 일이었고, 먼저 페트라 바로 윗마을의 무두장이를 찾아가 적당한 가죽을 구해 와야 했다. 사울은 검은 염소 가죽을 좋아했는데, 이 가죽을 쓰면 기본적으로

아라비아로 간 바울

카타콤에서 발견된 유명한 그래피티. 십자가에 달린 하나님을 믿는 믿음을 조롱한다. 나귀 한 마리가 십자가에 못 박힌 그림 아래 "알렉사메노스는 자기 신을 경배한다"고 적혀 있다. 다시 말해, 십자가에 달린 하나님을 믿는 믿음은 나귀같이 우둔한 믿음이라는 것이다.

좀 더 좋은 천막을 만들 수 있었다. 이 새 작업은 아레다의 장군들이 알렉산드로스에게 주문한 것이었다. 북쪽의 약탈자들, 그리고 특히 헤롯 안디바의 군대를 상대로 출정하려면 천막이 더 필요했다.

갑자기 들어온 주문에 사울과 알렉산드로스는 적어도 천막 열 개를 곧 만들어내야 했다. 알렉산드로스는 밖으로 나가, 알고 있던 가죽 노동자 두 사람을 임시로 더 고용했고, 스물두

살 먹은 아들 데메트리오스까지 보조 일꾼으로 불렀다. 계약된 납품기일을 맞추려면 이제 두 주 동안 밤낮없이 일해야 할 듯 했다. 일하고 잠자고 식사만 할 뿐 사울은 도저히 다른 시간을 낼 수가 없었다. 여러 면에서 좋은 일이었다. 과거를 생각할 겨 를이 없었고 그리스도께 자신을 바치는 순간 잃어버린 것들을 생각하지 않아도 되었기 때문이다.

로마 세계의 유대인들

이제 1세기를 언급할 때는 유대교를 단수로 언급하기보다 유대교들(Judaisms)이라고 복수로 말하는 게 관례다.[4] 1세기의 다양한 유대인 집단 사이에는 근본적인 차이점이 있었으며, 따라서 "모든 유대인"이라는 획일적 표현은 역사의 측면에서 이러한 다양성을 적절히 다루는 정확한 표현이 아니다. 어떤 유대인 집단이 어떤 믿음을 언제 어느 때, 그리고 지리적으로 어느 장소에서 가졌는지를 물어야 한다. 이집트의 알렉산드리아파 유대인 집단에는 골로새의 유대인 집단과 대조되는 독특한 관행이 있었을지 모른다. 본질적으로 지금 우리는 예로부터의 고정관념에 반하는 연구를 수행 중이다. 고대 유대인 분파에 관해 우리가 아는 내용은 상당 부분 요세푸스와 필론(Philon), 그리고 신약성경에서 나온다. 가장 규모가 큰 고대 유대인 집단은 아마 어느 파벌에도 속하지 않는 이들, '암 하 하레츠'(am ha haretz), 즉 그 땅의 사람들(people of the land)일 것이며, 소작농, 장인, 상인들이 여기 속했다. 대부분의 초기 유대인들은 아마 고대 유대교의 특정 분파들이 무슨 목표를 가졌고 무엇을 바라는지 별 관심 없이 살았을 것이다. 각 집단에게는 서로 겹치는

아라비아로 간 바울

공통된 믿음도 있었고 다른 집단과 구별되는 고유한 측면도 있었다. 한 가지 예를 들어 보면 이해에 도움이 될 것이다. 오늘날, "모든 그리스도인들은 무엇을 믿는가"라는 질문을 하면, '예수는 하나님의 아들이시다, 혹은 부활이시다'와 같은 몇 가지 중요한 답변들이 나올 것이다. 이와 같은 요소들을 믿지 못하면 그 사람은 그리스도인이 되지 못할 것이다(정통 신앙의 의미에서). 하지만 그리스도인들 간에도 의견이 일치하지 않는 쟁점들이 많다. 예를 들어, 어떤 사람이 그리스도인은 세례에 관해 혹은 성찬에 관해 무엇을 믿는지 궁금해 하면, 다양한 견해에 관해 설명이 나와야 할 것이다. 그 다양한 견해 중 어느 한 가지를 견지한다 해서 그 사람이 기독교 진영 밖에 있지는 않다. 기독교 운동 안에도 용인될 만한 다양성이 존재할 것이다. 억지스럽게 끌어다 붙이고 싶지는 않지만, 고대 유대교는 어떤 면에서 오늘날의 교파주의와 비슷하다(분명 차이점은 존재하지만!). 모든 유대인 집단을 하나로 묶어 주는 최소한의 사실들은 있는 것 같다. 일신론, 선택, 토라, 성전 등이 바로 그것이다.[5] 예를 들어 어떤 사람이 여호와와 함께 우상도 경배하고 싶어 하고(어쩌면 실천의 면보다 실제적 관념 면에서) 거기서 더 즐거움을 느낀다면 그 사람은 더는 유대교도가 아닐 것이다. 일신론, 선택, 토라, 성전 같은 항목들은 다양한 유대인 집단을 하나로 묶어 주는 공통의 끈이다. 1세기에 성전이 부패했다고 믿는 쿰란의 에세네파 같은 집단도 고대 이스라엘의 상징으로서 성전의 중요성을 부인하지 않는다.

바리새파

우리가 가장 많이 아는 집단은 아마 바리새파일 것이다. 요세푸스는 바리새파 운동에 관해 우리에게 많은 정보를 준다. 요세푸스의 말에 따르면, 바리새인의 숫자는 약 6,000명이었다고 한다. 바울 자신도 전도유망한 바리새인이었다. 바리새파는 히브리 성경 해석으로 유명했다. 이들은 거룩함을 매우 중시한 나머지 식사 자리까지 분리하는(table-sect) 공동체다. 이들은 레위기의 율법을 제사장과 성전을 위한 것으로 보고 모든 이스라엘 사람을 제사장으로 만들고 모든 가정을 성전으로 만들려 했던 것 같다. 이러한 성결의 법칙을 외부로 확장한 이유는 무엇인가? 바리새파는 백성들을 돌이켜 언약에 순종하게 만드는 것을 목표로 한 개혁 운동이었다. 실제적 의미에서 이들은 구약성경의 줄거리(plotline)를 따르고 있다. 신명기 끝에서 모세는 백성들에게 가르친다. 너희가 다른 나라에 포로가 되었을 때 거기서 벗어나는 길은 회개하고 언약에 대한 순종으로 "돌아오는" 것이라고. 그러면 여호와께서 백성들을 다시 모아서 집으로 돌아오게 하실 것이며 포로 생활은 끝날 것이다. 신약성경에서 포로라는 주제가 논의되기는 하지만, 1세기 상황은 어떤 유대인에게도 이상적이지 않았다는 점을 인정해야 한다.[6] 바리새파는 마치 자신들을 이 난장판에 빠뜨린 각본(즉, 언약에 대한 불성실)을 이해하고 이제 거기서 빠져나오려고 극을 진행하는 것 같다. 또는 그렇게 생각한 것 같다.

바리새파는 부당하게 나쁜 평판을 얻기는 하지만, 역설적으로 이들은 가장 신실한 사람이 되고자 한다. 그것이 진심이라고 믿어 본다면, 바리새파는 오늘날의 많은 그리스도인들과 비슷하다. 이들은 성경을 아는 일에 깊이 마음을 쏟을 뿐만 아니라 성경을 성실하게 삶으로 구현한다. 물론 이는 실행은 좋지 않아도 의도는 좋을 수 있다는 말을 하려는 게 아니다. 좋은 의도가 왜곡되어 결국 유익보다 해를 초래할 수 있다. 이는 우리 모두가 경고로 삼을 만한 말이다.

바리새인들에게는 토라에 관한 나름의 해석 전통도 있었다. 구약성경의 모든 법이 전적으로 명료하지는 않다. 예를 들어, "무엇이 행위를 구성하는가?" 해석 전통은 성경을 해석하고 적용하는데 꼭 필요하다. 오늘날의 목회자가 교회 공동체를 도와 성경을 충실하게 삶으로 살아낼 수 있게 하려는 것과 아주 다르지 않다. 바리새인들은 부활도 믿으며, "죄인들"과는 식탁 교제를 하지 않는다. 니고데모를 비롯해 유명 바리새인들이 예수 운동에 합류했으며(요 12:42), 마침내 바울도 합류했다.

사두개파

우리가 가장 잘 모르는 분파는 사두개파다. 한 가지 특별한 문제는, 사두개파 운동 자체에 관해 우리에게 아무 자료가 없다는 점이다. 우리가 가진 모든 정보는 이 운동에 관해 언급하는 외부 자료에서 나온다. 사두개파는 예루살렘 성전과 연관되어 있으며, 이 성전이 이들의 기반 역할을 한다. 이들은 성전 조직과 성전에서 시행되는 제사를 관리한다고 주장한다. 또한 이들은 로마 제국과도 실질적인 관계를 맺고 있는 것으로 보인다. 가장 잘 알려진 점은, 이들의 경전이 다른 유대인 집단에 비해 짧다는 점인데, 이는 이들이 "토라 외에는 그 무엇도 지키지 않기" 때문이며 따라서 이들은 부활 개념을 거부하는 것으로 유명하다. 요세푸스는 이들이 예루살렘의 부유한 귀족들에게 지지받았다고 말하지만, 사람들 사이에서 영향력 있는 역할을 하지 못했다는 것이 (한 바리새인으로서의) 요세푸스의 의견이다. 바리새파와 마찬가지로 사두개파도 마카비 시대에 발생했으며, 헬라화(Hellenization, 저자는 그리스와 헬라를 구분하여 사용한다–편집자)에 대한 하나의 반응으로 생겨났다. 하지만 기원후 70년 성전이 파괴되면서 이들도 사라진다.

에세네파

제2성전기에 가장 매혹적인 집단으로 손꼽히는 것은 에세네파 운동이다. 이들은 신약성경에서 명시적으로 언급되지 않는다. 기원전 152년 요나단이 성전 대제사장이 되었을 때 생겨났을 가능성이 높다.[7] 마카비 반란 때 예루살렘 성전은 안티오쿠스 에피파네스 4세라는 그리스 장군에게 짓밟혔다. 안티오쿠스는 성전에서 이방 신에게 예배했다. 마카비 일가가 성전을 정화한 뒤 올바른 예배가 회복되었지만, 이 예배도 오래가지 못했다. 성전이 정화된 후 요나단이 예루살렘으로 돌아와 성전을 되찾았지만, 이번에는 그리스의 정치적 승인 아래 이뤄진 일이었다. 요나단은 정치 지도자였으며, 왕관을 쓴 왕이었을 뿐만 아니라 성전의 제사장 직분까지 취했다. 이런 율법 위반 행위가 옛 제사장들을 몰아내 사해 지역으로 피하게 했고, 이들이 공동체를 형성해 사해문서를 만들었을 가능성이 크다. 이들은 요나단의 행위가 왕, 제사장 역할을 위반하는 것이라고 본다. 이들이 보기에 성전은 당대의 많은 유대인 지도자들과 마찬가지로 부패해 있었다.

요세푸스의 말에 따르면 그래도 이들은 여전히 성전과 접촉을 유지했으며, 여러 지점에서 기도와 가르침을 위해 성전 예배에 참여했던 것으로 보인다(유대 전쟁사[*J. W.*] 1.78-80; 2.111-113; 유대 고대사[*Ant.*] 18.19). 이들이 사해에서 이룬 공동체는 방대한 문헌을 생산해 낸다. 이들에게는 여러 가지 성경 사본과 함께 공동체 규칙서(Community Rule), 선과 악 사이의 종말론적 전투를 위한 쿰란 전쟁문서(War Scroll) 같은 내부 문서들이 있다. 물론 이 문서들은 사해문서로 알려져 있으며 1947년에 발견되었다. 정확히 말해 에세네파 운동은 종말론적 분파다. 이들에게 독특한 점은 이스라엘을 구할 두 메시아를 찾는 1세기의 유대인 집단이라는 것인데, 한 메시아는 성전을 정결하게 해야 했고(제사장으로서) 또 한 메시아는 백성을 인도해야 했으며(왕으로서), 이는 스가랴서 4장 14절에 대한 이들의 해석에 바탕을 두고 있다.

혁명 운동

이 시기를 연구할 때 가장 논쟁의 여지가 많은 것은 1세기

아라비아로 간 바울

의 "저항 운동 조직"으로 알려진 집단들이다. 이 집단들의 기원, 목표, 기대 등은 매우 가지각색이다. 이 집단들이 종종 획일적으로 취급되는 것은 문제가 있지만, 자기들 땅을 로마가 지배하는 현실에 분개했다는 점에서는 대체로 일치한다. 이런 점에서 이들은 사두개파의 대척점에 있다. 가장 유명한 집단은 '시카리'(Sicarri), 즉 자객(dagger men)이다. 이들이 이렇게 불린 이유는, 정치적 암살을 목적으로 늘 짧은 칼을 지니고 다녔기 때문이다. 이들은 동료 유대인들을 공포에 떨게 하는 집단이었던 듯하다. 이들은 유대인 중에서 로마의 권력에 지나치게 순응한다고 여겨지는 사람이나 지도자를 납치해서 암살했다. 논쟁의 여지가 있지만, 요세푸스의 말에 따르면 이들은 기원후 70년 성전이 파괴되기 전 유대인들의 반란에 이르기까지 로마의 통치를 불안정하게 만드는 데 도움을 주는 집단이다.[8] 저항 운동 단체 가운데서 논쟁이 많은 또 하나의 집단은 "열심당"(Zealots)이다. 요세푸스의 말에 따르면, 이들의 주된 목표는 유대인들의 자유였으며 마카비 반란에서 자신들의 활동을 위한 영감과 신학적 정당성을 얻은 듯하다. 이들은 외세의 지배는 전혀 받아들일 수 없고 여호와만이 자신들의 왕이라고 생각했다. 이 집단에 대한 논란은, 기원후 68년 무렵 요세푸스가 이들을 처음 언급한다는 사실, 또한 이들이 몇몇 저항 운동의 조합으로 보인다는 점에서 비롯된다.[9]

1세기 유대인 집단에 관한 이런 연구를 보면 그 시대의 근본적 다양성을 알 수 있다. 그래서 1세기의 유대교를 획일적 필치로 광범위하게 묘사한다는 것은 어려운 일일 뿐만 아니라 어쩌면 불가능한 일이기도 하다. 마찬가지로, 예수 운동도 이런 다양성 가운데서 생겨나오며 바울과 초기 교회들도 이런 다양성 가운데 존재한다.

시온 신자들의 고난

과장 없이 말하거니와 그리스도를 따르는 사람이 되어 첫 십 년을 예루살렘이나 유대 땅 어딘가에서 산다는 것은 쉬운 일이 아니었다. 베드로와 요한은 성전의 솔로몬 행각에서 다양한 설교를 하고 병자도 고쳐 주고 난 후 산헤드린 앞에 끌려갔고, 베드로는 옥에 갇혔다가 기적적으로 빠져나온 뒤 성읍을 떠났다. 당국은 이 그리스도 따름이들이 도성의 많은 유대인들, 심지어 제사장 가문 사람들과 바리새인들까지 동요시킨다는 사실이 못마땅했다. 비교적 엘리트 계층에 속하는 회심자 아나니아와 삽비라는 공동체 유지를 위해 내놓은 공동기금에 대해 거짓말을 한 이중성이 드러났고, 그 일 때문에 결국은 죽었다! 사울 자신은 인생을 바꿔 놓은 다메섹행이 있기 전 스데반이 돌에 맞아 죽는 현장에 있었다. 베드로가 일단 성읍을 떠나자 그의 역할을 물려받은 예수의 형제 야곱은[1] 아람어와 그리스어를 쓰는 과부들이 생계를 유지할 수 있도록 도와야 하는 내부 문제에 직면했다.

시간은 흘러갔고, 사울이 다메섹 도상 체험 전 유대교에 몸담고 있을 때의 삶을 돌아보았을 때 한 가지 끔찍한 죄가 뚜렷이 떠올랐다. 그것은 바로 예수를 따르는 이들을 박해한 일이었다. 사실 과거를 돌아볼 때 사울은 모세 율법의 일들을 행하는 데서 오는 의(righteousness) 면에서 자신은 비난받을 만한 점이 없다고 말할 준비가 되어 있었지만, 다른 한편으로 이는 곧 사울이 교회를 박해했다는 말이기도 했다.[2] 시온의 그리스도 따름이들에게 어려움이 있었다고 한다면, 그와 관련해 사울에게는 중대한 책임이 있었다. 그들을 박해하고 기소하는 일을 시작했고, 스데반의 경우에는 자경단의 정의를 통해 그를 처형하기까지 했기 때문이다.[3] 페트라에서 사울은 과거의 이 모든 일들을 곰곰이 생각해 보면서 일하고 또 일했다.

그러던 어느 날 한 남자가 가죽 작업장으로 찾아와 아홉 가닥 채찍을 찾았다. 채찍은 어디에 쓰려 하느냐고 알렉산드로스가 묻자 남자는 노예들을 징벌할 때 쓸 거라고 했다.

알렉산드로스가 가게 안쪽에서 작업하고 있던 사울에게 다가와 이야기를 전하자 사울은 나지막이 말했다. "제 양심상 선하지 않은 목적에 쓰이는 물건은 만들 수 없습니다. 저 손님이 찾는 물건은 고문 도구예요. 그리고 저는 폭력을 징벌이나 고문 수단으로 쓰지 않겠다고 맹세했어요. 그리고 제가 노예제도 자체를 반대한다는 것도 이해해 주시면 좋겠습니다."

알렉산드로스가 말했다. "그럼 오로지 다른 사람을 해칠

로마식 단어 '플라겔룸'(*flagellum*)에서 우리가 쓰는 "매질하다"(flagellate)라는 단어가 나왔다. 플라겔룸은 처벌이나 징벌의 도구로 쓰였지 처형 도구는 아니었다.

목적으로만 쓰이는 물건은 우리 가게에서 만들지 않는 거로 합의하세. 나도 스토아주의자이고, 사람의 문제를 그런 식으로 해결하는 건 옳지 않다고 믿는다네. 그건 인간 이하의 행동이거든."

"저도 같은 생각입니다. 그건 그 행동을 하는 사람의 인간성까지 빼앗는 짓입니다."

"우리 가게에서 그런 물건은 안 만든다고 가서 말해야겠군. 다른 데 가서 구해 보라고 말일세."

예루살렘에서 들려오는 소식은 여전히 사울의 마음을 어지럽혔다. 굶주림은 더 심해졌고, 박해를 피해 도망치는 그리스도 따름이들도 늘어났다. 박해는 몇 달 전 사울이 직접 시작

아라비아로 간 바울

한 조치였다.[4] 사람은 때로 어떤 일이 있은 지 한참 후에야 자신의 죄와 잘못의 심각성을 깨닫는다. 하지만 사울은 자신이 하나님 앞에 바로 설 수 있음은 그리스도께서 십자가에서 속죄의 희생 제물이 되심을 통해서이지 자기 스스로 모세 율법을 행함을 통해서가 아니라는 것을 깨닫게 되었다. 사울은 자신이 과거에 지은 죄를 보상하거나 속죄할 수는 없었지만, 하나님의 용서를 받아들이고 예수께서 친히 모범을 보이신 비폭력적 삶의 방식을 계속 실천해 나갈 수는 있었다. 그것이 바로 사울이 결단한 일이다. 하나님의 자비와 사랑에 대한 이해가 없는 열심은 단순히 방향을 잘못 잡은 열심이 아니라 사람을 미워하는 것이요, 인간 타락의 명확한 징후다.

처벌, 감옥, 재판

모든 사회는 모종의 법칙 위에 세워지며, 법이 있으면 범법 행위가 있기 마련이다. 그리고 범법 행위가 있으면 그 행위를 벌할 필요가 있다. 고대 로마 세계도 이 점에서 예외가 아니었지만, 이들의 처벌 방식과 방법은 우리를 놀라게 할 수도 있다. 로마는 제국 내 일상생활의 대다수 측면에 적용되는 법률들로 이뤄진 방대한 법전을 갖고 있었다. 사회가 어떤 행동을 범죄로 규정하는지를 보면 그 사회의 가치관을 어느 정도 알 수 있다.[5] 이런 법률들을 어기면 어떤 일이 생겼는가? 첫 번째 답변은 우리가 미처 예상치 못한 문제에 달려 있다. 즉, 법을 어긴 사람의 신분이 무엇이냐는 것이다. 고대 세계에서는 명예와 수치 문제가 형벌을 둘러싼 담론을 형성했다. 징벌을 논의할 때는 범법

자의 신분이 시민인지, 자유민인지, 노예인지가 고려되었다. 노예들은 흔히 자유민과 시민보다 더 가혹하고 더 수치스러운 징벌을 받았다.[6] 범죄의 성격과 범법자에게 어느 정도의 범죄 의도가 있었는지도 처벌을 논의할 때 당연히 고려되었다.

범죄는 어떻게 기소되었는가?

로마에는 검찰이 없었으므로 범죄 기소는 대체로 개인적으로 하는 일이었다. 법 집행을 강경하게 요구하는 것은 정의를 추구하는 사람이나 그 집안사람들의 책임이었다. 공식 고소 또는 '델라티오'(delatio)로 알려진 고발이 사법 문제를 감독하는 관리자에게 접수되는데, 속주에서는 총독이, 로마에서는 집정관이 이 일을 맡았다. 고발된 일이 민사 사건인지 형사 사건인지 판단하는 것은 그 관리자가 할 일이었으며, 혐의가 대수롭지 않다고 생각하면 사건을 쉽게 기각시킬 수도 있었다. 민사 사건일 경우, 관리자는 양 당사자에게 법원 출두를 명하여 법무관이나 배심원단이 심리할 수 있게 했다. 배심원단은 대개 지위가 높고 땅을 소유한 25세 이상의 사람들이었다. 소유한 토지가 없고 지위가 낮은 사람이라면 동료들의 배심원이 될 수 없었다. 해당 사안에 어떤 유형의 처벌이 적절한지는 법무관이 결정했고, 처벌의 적절성은 실제 정의보다는 사회적 측면에서 결정되는 경우가 많았다. 실질적으로, 신분이 낮은 사람은 자기보다 신분이 높은 사람을 상대로 소송을 벌일 수 없었으며, 설령 그게 가능했어도 이들은 소송을 벌일 만한 여유가 없었을 것이다.

고발된 행동이 범죄일 경우 관리자는 사건 내용을 직접 들었다. '콘실리움'(consilium)이라고 하는 동료 집단, 즉 법률 자문단과 사건을 종종 논의하기도 했다.[7] 현대 법과 마찬가지로 사건은 판례에 따라 심리한다. 판례는 지역법과 규칙, 원로원의 결의, 사법관들의 포고, 황제의 칙령과 명령과 응답과 지시,

아라비아로 간 바울

그리고 궁극적으로 법리학자나 법 전문가의 의견 같은 다양한 법을 모아 참고한 뒤 정해졌다.[8] 로마법 유산의 원천은 기원전 450년부터 전해지는 "12동판법"(the Twelve Tables)이라는 문서로 거슬러 올라갔다. 과거에 판결된 사건과 비슷한 내용을 심리할 때 법원은 비슷한 평결을 내릴 수 있었다. 해당 범죄에 대해 아무런 판례가 없으면 관리자가 형(penalty)이나 처벌(punishment)을 결정해야 했다. 법무관과 관리자에게는 엄청난 권한, 즉 '임페리움'(imperium)이 있었으며, 이런 권한이 있었기에 이들은 자신이 내린 평결에 대해 오직 원로원과 황제에게만 책임을 졌다.

마지막으로 주목할 것 한 가지는, 기소하고 변론하는 그 다양한 사람들은 정식 법률가가 아니라 법정 용어를 설득력 있게 구사하는 웅변가들이었다는 점이다. 말을 잘하는 기술은 다양한 상황에서 삶과 죽음이 달린 일일 수 있었다. 웅변술은 정치적, 사법적 도구였다.

처벌 형식으로는 어떤 것들이 있었는가?

당사자의 지위는 사법 절차에 상당한 영향을 끼쳤다. 일반적으로 지위가 높은 사람은 계급이 낮은 사람에 비해 더 좋은 대접을 받았다. 노예들을 예로 들면, 이들은 고문당하고 십자가형을 받을 수도 있었던 반면, 지위 높은 자유민들은 그렇지 않았다. 사형은 로마 시민에게는 대개 해당이 안 되었으며, 이들은 죽임당하기보다는 보통 추방형을 받았다. 그러나 추방형에는 로마로 다시 돌아올 수 없다는 의미가 담겨 있었다. 돌아왔다가는 죽음을 당할 수 있었기 때문이다.[9] 시민의 권리를 박탈하는 처벌이 좀 더 효과적으로 여겨지기도 했다. 고위직인 원로원 의원이 되지 못하게 하는 것으로 공식적인 처벌을 면하게 할 수도 있었다. 한 가지 일반적인 처벌 방식은 태형(flogging)으로, 높고 낮은 지위의 시민과 비 시민 모두에게 적용되었다. 몇 가지 다른 유형의 벌금형이 선고될 수도 있었고, 어떤 경우 벌금 액수가 재앙에 가까워서 생계에 지장이 있을 정도였다.[10] 오늘날 독자들에게 독특하게 보일 수도 있는 한 가지 쟁점이 있는데, 그것은 우리가 아직 감옥에 관해서는 이야기하지 않았다는 것이다. 그리스인들도 로마인들도 죄인을 장기간 옥에 가두지는 않았다. 신약성경 시대에도 마찬가지로, 감옥은 단기적 해법이었다. 감옥은 재판 때까지 어떤 사람을 붙잡아 두는 곳이거나 사형 선고를 받은 범죄자가 처형을 기다리는 곳이었다. 감옥은 대개 대형 건물이 아니었고, 사도행전 말미 바울의 경우처럼 규모가 큰 가옥의 방 몇 개가 구금실로 쓰이기도 했다. 오늘날의 교도소 체계와 비슷한 것으로는 광산 노동형을 들 수 있는데, 이는 대개 사형 선고나 마찬가지였다. 로마인들은 사람을 징기간 가둬 두는 것은 비인간적이라 보는 경향이 있었다. 일정한 벌을 내린 다음 풀어 주거나, 죽여 마땅할 만큼 중범죄라면 사형 선고를 내리는 게 훨씬 낫다고 여겼다.

아라비아로 간 바울

신의 축일

사울은 나팔이 빵빵거리는 듯한 소리에 깜짝 놀라 잠이 깨었
다. 얼른 침대에서 빠져나와 토가를 걸쳐 입고 밖을 내다보니
이른 아침의 엷은 안개 사이로 옷차림이 자유분방한 사람들이
무리 지어 지나가는 것이 어슴푸레하게 보였다. 나중에야 알았
지만 이날은 연례 아타르가티스 축일이었다. "그래서 알렉산드
로스가 오늘 쉬라고 했군." 사울은 혼잣말을 하며 대야에 받아
놓은 물로 세수를 했다. 열 살 무렵 다소에서 그런 행렬이 클레
오파트라 아치를 통과하는 광경을 보았던 기억이 떠올랐다. 고
대 종교는 정치를 포함해 고대인의 사회생활 모든 측면과 연결
되어 있었다. 그래서 사람들 행렬에 뒤이어 머리에 왕관을 쓰
고 단 위에 앉은 어떤 신분 높은 인물을 노예 네 사람이 짊어지
고 가는 광경에도 사울은 그다지 놀라지 않았다.

사울은 옆에 서 있던 이웃집 사람 오바다스에게 물었다.

"저 사람이 아레다 왕입니까?"

"네, 맞아요. 오래전에 오보다스 왕이 지은 대 신전으로 가는 중이지요. 아타르가티스 신에게 수소를 제물로 바치고, 복주기를 빌려는 겁니다. 봄에 비도 많이 내려 주고 땅도 기름지게 해달라고요."

"하지만 여기는 사막 땅 아닙니까? 나바테아 사람들도 곡물을 키웁니까?"

"곡물이 주요 작물은 아니고, 대추야자나 무화과, 석류, 각종 견과류를 재배합니다. 그런 나무들이 열매를 맺으려면 비가 적당히 내려 주어야지요. 이 절벽 위에는 평평한 땅이 곳곳에 있는데, 거기 샘물이 고이고 무언가가 자라지요. 아레다는 알데이르 근처에 인공 연못을 만들어 물고기까지 키워요. 그곳에서 열리는 연회 때 쓰려는 거지요."

아레다는 체구가 큰 사람은 아니었지만 체격이 다부지고 안색은 가무잡잡했다. 왼쪽 팔에는 전투 때 생긴 것이 틀림없는 흉터 하나가 두드러져 보였다. 왕 바로 뒤에는 제사장처럼 보이는 이들이 색색의 의복 차림으로 이따금 찬가를 부르고 모종의 의례적(ritual) 춤을 추며 따라갔다.

"행렬을 따라가서 신전에서 무얼 하는지 구경해도 되나요?" 사울이 물었다.

"되다마다요, 오늘은 페트라에서 아주 거룩한 날로 손꼽히거든요. 그래서 온 성읍, 아니 거의 온 성읍 사람들이 다 나와서 구경한답니다. 제사가 끝난 뒤에 잔치도 즐기고요."

사울은 행렬을 따라가서 무리와 어울려 있는 제사장들을

쫓아갔다. 어떤 제사장은 사울이 알아듣지 못할 언어로 노래를 부르고 있었다. 대신전으로 들어가는 입구에 이르자 행렬 전체가 행진을 멈추었다. 대제사장으로 보이는 이가 하늘을 향해 고개를 들고 두 손을 받들자 무리가 갑자기 조용해졌다. 제사장은 이 모든 절차에 복을 내려 주기를 아타르가티스에게 빌고 나서 언월도 모양의 칼을 집어 들고 신전 앞 제단으로 다가갔다. 제단에는 수소 한 마리가 여섯 명의 건장한 남자들 손에 단단히 결박되어 있었다.

그러는 사이 여제사장들은 신전 안으로 들어가 아타르가티스에게 경의를 표한 뒤 땅을 기름지게 하는 복을 내려 주기를 간구했다. 사울은 신전 안으로 들어가지는 않고 신전 측면 기둥 사이로 안을 들여다보았다. 안에서는 그 여인들이 무릎을 꿇고 앉아 탄원하고 있었다. "여자 제사장들이야." 사울이 나지막이 말했다. "그래, 이런 비유대 종교들에 왜 그리 많은 여자들이 엮여 있는지 이걸로 설명될 것 같군. 이 여자들이 중요한 역할을 하고 있어."

아레다 왕은 대제사장이 수소의 목을 베는 동안 제단 바깥쪽에 서 있었다. 소는 곧 큰 소리로 울며 주저앉았다.

"소에게 먼저 약을 먹여 놓아서 별로 저항이 없지요." 오바다스가 말했다.

사울은 이 모든 의식에 얼이 빠져 그저 고개를 끄덕일 뿐이었다. "축제는 며칠이나 계속됩니까?"

"사실은, 다른 여러 종교 절기와 달리 이건 3월 15일 단 하루뿐인 축제랍니다." 오바다스는 탁월한 그리스어를 구사했기 때문에 사울은 그의 말을 어렵지 않게 알아들을 수 있었다.

"아레다와 제사장들은 알 데이르까지 행진해 가서 만찬을 하나요?"

"네, 물론이지요. 밤늦게까지 주연(drinking symposium)이 이어질 겁니다. 이번 주연에서 연설할 사람은 바사의 어떤 박사(Magi)라고 하네요. 흥미로울 겁니다. 하늘의 주인인 별들이 내년에 우리 모두를 위해 무엇을 준비해 두었는지 이야기해 줄 테니까요. 물론 선생이나 저처럼 평범한 사람은 초대받지도 못하겠지만요. 고작해야 남은 고기를 시장의 '마첼룸'(macellum: 식료품 판매점-옮긴이)에 판매용으로 넘기는 거나 구경하게 되겠지

아라비아로 간 바울

페트라에 있는 사자 트리클리니움 유적지.

요. 시 관리들 중 알 데이르 만찬에 초대받지 못한 이들은 사자 '트리클리니움'(Lion triclinium)에서 자기들끼리 잔치를 벌일 겁니다. 알 데이르가 있는 그 산 조금 더 높은 곳에 있지요."[1]

"네, 그렇군요." 사울이 말했다. "우리는 시장에서 조리된 고기나 좀 사서 이웃사촌끼리 작은 '콘비비움'(convivium) 시간을 갖도록 하지요. 제가 기꺼이 고기를 살 테니 이웃님 댁에서 다른 음식을 좀 준비해 주시면 어떨까요?"[2]

"훌륭한 생각이에요. 저 사람들이 우리 빼고 잔치를 벌이는 동안 우리는 우리끼리 술잔치도 벌이고 식사도 합시다."

사울은 페트라에서 엮어가는 새 생활에 대체로 만족했지만, 믿음을 나눌 기회를 아직 찾지 못했다는 사실이 여전히 그를 괴롭히고 있었다. 사실 무언가 그럴듯한 계기가 생기려면 6개월은 지나야 할 터였다. 예루살렘으로 돌아간 사람들이 보기에 사울은 사막의 모래 속으로 사라진 사람이었고, 그리스도를 따르는 많은 이들은 그 결과에 진심으로 감사할 따름이었다.

고대 세계의 오락

사는 게 즐겁지 않은가? 고대인들은 무슨 재미있는 일을 했을까? 고대 세계의 오락에는 연극 공연, 이야기와 시 낭독, 음악 공연에 이르기까지 몇 가지 유형이 있었다. 물론 극장은 고대 판 영화관이었다. 생동감 있는 희극 풍의 연극이 한가한 저녁 시간을 즐기려고 하는 사람들을 다수 끌어모았다. 로마의 풍경을 지배한 경기장 또한 경쟁 종목이 주종을 이루는 고대 스포

아라비아로 간 바울

츠 스타디움 역할을 했다. 제국 전역의 여러 도시에서 갖가지 제전(festival)이 열리기도 했다. 누가 무엇을 기리는 제전인지는 지역에 따라 결정되므로 다양한 변수를 예상해야 했다.

극장: 로마의 극장은 그 전신인 그리스 극장에 많은 빚을 지고 있었다. 고대 로마 최초의 극장은 기원전 55년 폼페이에 생겼다고 추정된다.[3] 그리스 연극은 야외에서 공연되었고, 때로 오케스트라석(고대 그리스 로마 극장의 무대와 객석 사이에서 합창단이 노래하고 춤추던 공간-편집자)이 마련되기도 했다. 로마는 무대 뒤편에 '스케네'(skene) 혹은 배경 막을 설치함으로써 이 야외극장 구조를 수정하고 공들여 장식했다. 극장의 실용적 측면 한 가지는, 어느 도시에서든 이곳이 공공집회를 열 수 있는 가장 큰 공간이었다는 점이다. 그래서 극장은 한 도시에서 무언가를 공고하거나 긴요한 결정을 내리는 중요한 곳이 되었다(행 18장을 보라). 극장은 다른 오락 목적을 위해 개조될 수도 있었다. 예술가, 배우, 극작가들은 이 도시 저 도시를 다니면서 여러 가지 짤막한 희극이나 연극을 공연했다. 오늘날의 영화처럼 연극은 일상의 삶을 묘사했고, 희극이 인기 높았으며, 풍자극이 대개 주를 이루었다. 극장은 고대인들이 고단한 삶에서 벗어나 위안을 누릴 수 있는 곳이었다. 헤롯 대왕은 로마 동쪽에 각종 경기와 극장을 최초로 소개하여 유대 세계의 오락 문화에 대변혁을 일으켰다.[4] 헤롯은 예루살렘, 여리고, 가이사랴에 극장을 지었다.

종교적, 사회적 풍습 또한 극장 세계를 지배했다. 예술의 수호신은 디오니소스였으며 극장은 신전을 반영하는 디자인으로 설계되었고 심지어 신들에게 제사하는 제단까지 있었다.[5] 마찬가지로 사회적 풍습도 고대인들의 삶의 이 측면을 좌우했다. 극장을 출입하는 데에도 계층과 지위가 드러났다. 아우구스투스는 '렉스 율리아 테아트랄리스'(lex iulia theatralis, 율리아

극장법)를 발표했고, 이 법에 따라 관객들은 자유민인지 노예인지, 군인인지 민간인인지, 원로원 계층인지 평민 계층인지, 남자인자 여자인지, 심지어 기혼인지 미혼인지를 기준으로 서로 구별되는 좌석에 앉아 오락 행사를 관람했다.[6] 옷 색깔이 관객의 사회적 신분을 드러낼 수도 있었다.

운동 경기: 스포츠도 고대 세계에서 엄청나게 인기 있었다. 운동 경기는 오락의 한 형태로, 그 기원은 그리스의 올림픽 같은 가장 유명한 체육 행사로까지 거슬러 올라간다. 그리스인들은 스포츠를 비롯해 몸을 써서 무언가를 수행해 내는 일을 매우 가치 있게 여겼다. 그래서 가장 중요한 그리스 건축물 한 가지는 운동과 사교의 공간을 제공하는 체육관(gymnasium)이었다. 그리스인들은 운동하고 경기할 때 나체로 하곤 했는데, 이는 유대인에게나 로마 청중 모두에게 모욕적인 일이었다. 로마 시대 사람들이 주로 좋아하는 스포츠는 전차 경주와 여러 가지 구기 종목이었다.[7] 이런 경기들은 로마의 '캄푸스 마르티아'(Campus Martia: 테베레 강 유역의 평원으로 마르스 신의 제단이 있던 곳 - 옮긴이) 지역이나 각종 경기장(혹은 원형극장)에서 열렸다. 경기장이나 타원형의 원형극장은 전차 경주가 열리는 무대였으며 로마에서 가장 유명한 경기장은 키르쿠스 막시무스(Circus Maximus)였다. 로마 밖에서도 수많은 경기장이 발견된다. 이 경기장에서는 다양한 달리기 행사도 열렸다. 이런 행사들은 아주 인기 있었으며 여러 황제가 이런 행사에 참여해서 이기기도 했다. 황제가 이겼으니 "이기다"는 표현을 쓰기는 했지만, 사실 누가 감히 황제를 패배시키고 싶겠는가?

1세기 말 로마의 원형경기장 중 가장 유명한 곳은 베스파시아누스가 착공했고 티투스가 확장한 콜로세움이었다. 콜로세움은 전에 네로의 웅장한 궁이 있던 터에 세워졌으며, 지금도 그때 못지않게 로마의 풍경을 지배하고 있다. 콜로세움의

아라비아로 간 바울

크기는 연극뿐만 아니라 대규모 볼거리가 공연될 수 있을 정도
였고, 심지어 어느 때는 경기장에 물을 채워 넣고 유명한 해전
을 재현하기도 했다. 물론 콜로세움은 검투사 경기로도 유명했
다. 이 구경거리는 검투사 대 검투사, 검투사 대 동물의 싸움이
거나 그냥 동물들 간의 싸움일 수도 있었다. 비교적 규모가 작
은 경기장들은 로마 제국 전역에서 발견된다. 검투사들의 싸움
은 사실 로마 시대 이전부터 있었다. 콜로세움이 세워지기 전
최대 규모 검투 경기 중 하나가 아우구스투스 치세 때 벌어졌
는데, 5,000쌍의 검투사들이 여덟 번 경기를 벌였다고 한다.[8]
오늘날 서로 다른 여러 유형의 운동선수들이 있는 것처럼 검투
사들도 여러 유형이 있었다. 직업 검투사로 훈련받을 수 있는
전문학교도 있었다. 그러나 검투사가 영예로운 직업으로 여겨
지지는 않았으며, 그래서 아우구스투스와 티베리우스 황제는
원로원과 기수 계층 사람이 검투사가 되는 걸 금지할 정도였
다.[9] 직업 검투사들은 오늘날의 인기 운동선수와 같았다. 단순
한 차원에서, 타의에 의해 억지로 검투 경기에 나서야 했던 이
들은 대개 전쟁 포로나 범죄자들이었다. 대중적 견해와 달리,
검투사라고 해서 경기에 나설 때마다 죽을 때까지 싸우지는 않
았다. 검투사를 소유한 이들은 검투사를 훈련시키는 데 상당한
비용을 투자했기 때문에 이들을 죽이면 소중한 수입원을 잃는
것이기도 했다. 그렇다고 해서 검투 경기 자체의 폭력성을 경
시하려는 것은 아니다. 많은 이들이 이 폭력성을 지적했고, 그
래서 검투 경기는 일찍이 기원후 325년, 후기 로마 제국에서
결국 금지되었다.

제전과 대회: '루디'(*ludi*) 또는 대회는 흔히 제전과 연관되
어 있었다. 이는 직업 운동선수나 아마추어 선수들의 대회뿐만
아니라 종교 제전까지 동반하는 유쾌한 활동들을 가리키는 말
일 수 있다. 1세기 초에는 약 77가지의 대회가 있었다.[10] 일반

적인 여가 활동은 레슬링에서부터 구기, 달리기에 이르기까지 다양했다. 여러 가지 보드 게임, 모형 놀이, 주사위 같은 단순한 게임도 자주 벌였다. 제국이 주최하는 제전 때에는 거래나 일을 중단하고 법정도 닫고 농사도 일부 중단해야 했다.[11] 제전은 신들을 기리는 행사이기도 했고 어떤 도시들을 세운 것, 중요한 전쟁 혹은 군사적 승리를 기념하는 행사이기도 했다. 로마인들은 오락을 즐겼으며, 이들의 활동이나 건축물은 이들의 그런 욕구와 고대인들의 생활 단면들을 잘 보여 준다. 이렇게 오락 시설들이 고대 로마의 풍경을 지배하게 되었으며, 일부는 지금까지도 로마 도시들의 가장 인상적인 건축물로 남아 있다.

아라비아로 간 바울

○ 10 ○

페트라의 보석

페트라에는 유명한 게 여러 가지 있었는데, 그중 페트라 지역의 바위와 개울에서 원석을 채굴해 가공한 갖가지 보석도 적지 않게 유명했다. 하루 일을 끝낸 사울은 미리암의 보석 가게에 가서 무슨 물건들을 팔고 있는지 구경하기로 했다. 미리암을 처음 만난 지 몇 달이 되었지만 그 여인의 사랑스러운 모습을 뇌리에서 지워 버릴 수가 없었으므로 사울은 이제 미리암의 가게를 찾아가 볼 때가 되었다고 판단했다. 사실 두 사람은 특수한 기술을 가지고 페트라에서 외국인으로 사는 유대인이라는 점에서 공통점이 많았다.

보석 가게에 도착해 보니 미리암은 가게 안쪽에서 손님을 응대하는 중이었다. 사울은 그동안 동굴 앞쪽에 설치된 판매대를 천천히 구경하기로 했다. 미리암이 세공해서 진열해 놓은 보석들은 꽤 인상적이었다. 진열대 쟁반에는 손님이 당장에 구매할 수도 있고 목걸이나 귀걸이, 팔찌, 반지를 만들어도 될 만큼 정성스럽게 윤을 낸 보석들이 담겨 있었다. 이미 장신구로 완성된 것도 있었는데, 그중 몇 가지는 입이 벌어질 정도로 솜씨가 정교했다.

한 십 분쯤 구경했더니 미리암이 마침내 손님과의 흥정을 끝내고 사울 쪽으로 다가와 인사했다.

"샬롬." 미리암의 목소리는 부드러웠다. "얼마 전에 뵌 것 같은데 벌써 시간이 이렇게 지났네요."

"그러게 말입니다. 일, 일, 일만 했지요. 하지만 아무리 일이 좋아도 한동안 일하고 나면 기분전환이 필요하지요."

"그렇고말고요. 지난주에 축제 구경하셨어요?"

"했지요. 멋지더군요. 어릴 때 다소에서 비슷한 걸 본 적이 있는데, 아시겠지만 지난 이십 년 동안 예루살렘에 살 때는 그런 행사가 없었습니다. 적어도 여자 제사장들이 관여하는 행사 말입니다."

"여자들이 그런 역할 하는 걸 반대하세요?"

"옛날에는 그랬지요. 하지만 요즘 저는 옛날과는 다른 유대인이랍니다. 우리는 지금 새 시대에 살고 있다고 생각해요. 예레미야가 말한 새 언약의 시대, 요엘의 말처럼 남자와 여자 모두 하나님의 예언의 말을 하는 시대요."

"재미있네요. 여자가 자기 가게를 소유해서 상인으로 살아가는 것도 반대하지 않으세요?"

"제가 보기에 그건 잠언 마지막 장에서 좋은 아내에 대해 하는 말을 멋지게 성취하는 일 같습니다.[1] 그런데, 부인과 남편께서는 어떻게 이 땅에, 이렇게 유대인하고 그다지 어울리지 않는 곳에 정착하게 되셨는지 이야기를 좀 해주시지요."

"그게, 이야기가 긴데, 시간이 되시나요? 이야기하는 동안 손님이 오시지만 않는다면 다 들려 드릴게요. 하지만 먼저 하나 물어볼게요. 제 가게에서 뭐 찾으시는 거 있으세요?"

"네, 사실은 예루살렘에 사는 제 누이에게 뭘 하나 사 줄까 생각 중입니다. 저는 저 팔찌가 특히 마음에 드네요. 너무 화려하지 않으면서도 아주 우아하고 세공도 멋져요."

"탁월한 선택이시네요, 가격 이야기는 차차 하기로 하고 먼저 제 이야기를 들려 드리죠. 남편과 저는 사업 때문에 바벨론에서 이곳으로 이사 왔답니다. 동서로 이어지는 비단길 일대에서는 비단옷 장사가 잘되지만, 남편은 생선을 가공해서 가룸 (garum) 만드는 일을 했거든요.[2] 어느 음식에든 넣기만 하면 맛을 좋게 해주는 그 놀라운 조미료 있잖아요."

"잠깐만요, 이 근방에는 큰 호수나 바다가 없지 않습니까?"

"맞아요, 없지요." 미리암이 싱긋 웃으며 말했다. "하지만 낙타를 타고 홍해의 아엘라 항까지 얼마나 빨리 갔다가 돌아올 수 있는지 알면 놀라실걸요. 제 남편 야곱은 삼 일이면 그곳에 갔다 왔답니다. 커다란 포도주 부대에 바닷물을 채운 뒤 물고기를 담아 가지고 왔지요. 그리고 여기서 올라가는 언덕에 만들어 놓은 양어장에 갖다 부었어요. 사실 알 데이르 근처 아레다 왕의 연못에 물고기를 댄 사람이 제 남편이랍니다."

"그럼 생선을 절이는 작업은 어디에서 했습니까? 그 일도 언덕 위에서 했나요?"

"맞아요. 그리고 제게도 페트라는 제가 즐겨 세공하는 원석을 구할 수 있는 천연 산지인 데다가 단골손님을 확보하기 좋은 곳이었어요. 여러 부족과 여러 나라의 최상류층 사람들이 페트라를 얼마나 많이 지나다니거나 찾아오는지 알면 놀라실 거예요. 페트라는 절대 벽지(僻地)가 아니랍니다."

"맞습니다. 그렇지 않아도 그런 생각이 들기 시작했어요. 그러면 여기 얼마나 오래 사셨습니까?"

"대답은 조금 후에 하고요, 포도주 좋은 게 있는데 한 잔 드시겠어요?"

"좋지요. 이곳은 공기가 너무 건조해서 목이 자주 말라요. 샘물을 좀 마시기도 하는데, 마실 때는 시원하지만 포도주만큼은 맛이 없지요."

"당연하지요. 자, 여기요. 우리 동네 양조장에서 나오는 포도주 중 제일 좋은 거랍니다."

"음…정말 훌륭합니다. 쓴맛이 전혀 없어요." 사울은 미리암과의 대화가 즐거웠다. 얼마나 즐거운지 대화가 끝나지 않았으면 할 정도였다.

"자, 이곳에 언제 오셨다고요?"

"거의 삼 년 됐어요. 지금 생각하면 아주 오래전 일 같아요. 하지만 남편이 아엘라에 갔다가 돌아오는 길에 여기서 한 시간 거리의 사막에서 숨진 채 발견된 지 일 년이 지났으니 여기 온 지는 그 정도 됐을 거예요. 노상강도들에게 당했답니다!"

"정말 안 됐군요. 저도 약혼자를 잃었습니다. 약혼자 집안에서 이단이라 부르며 멸시하던 유대인 집단에 제가 합류했다

아라비아로 간 바울

는 이유로요. 하지만 부인께서 겪은 상실에 비할 바는 아니지요."

대화가 마무리될 즈음 사울이 물었다. "자, 그럼 저 아름다운 팔찌는 가격을 얼마쯤으로 생각하십니까?"

"같은 나라 사람 사울님이 사시는 거라면 특가로 드려야지요. 이틀 치 품삯이요."

"분명 그보다는 훨씬 더 값이 나갈 텐데요!" 사울이 놀라서 큰 소리로 말했다.

"그렇기는 하지요, 하지만 사울님 누이에게 드리는 거라면야. 누이 이름이 뭔가요?"

"드보라입니다."

"멋진 이름이네요. 팔찌 줄 세공 부분에 누이 이름을 히브리어로 새겨 드릴게요. 오직 누이만의 팔찌가 되게 말이에요. 이틀쯤 후에 다시 와서 찾아가세요."

"그러지요. 부인을 알게 되어서 기쁩니다. 가까운 시일 편할 때 계속 대화를 계속 이어갔으면 좋겠습니다."

"그것도 좋지요." 미리암이 싱긋 웃으며 대답했다. "샬롬. 곧 또 뵈어요."

"알레이헴 샬롬."

실질적으로 첫 번째인 이 대화는 이렇게 진행되었다. 사울은 이것이 그저 시작이기만을 바랐다. 성경의 하나님이 그 두 사람을 만나게 하시고 하나로 맺어 주시면 결혼해도 괜찮다고 주께서 친히 말씀하셨으니 말이다.

왕의 연설

아레다 4세는 일 년에 한 번씩 수도에서 백성들에게 연설하는 것이 관행이었다. 보통은 로마식 이름으로 유노(Juno)라고 하는 달 첫날에 하곤 했으며, 이번 해에도 다르지 않았다. 페트라는 몹시 더운 날씨가 이미 한 달 이상 계속되고 있었고, 연설 당일 온도는 피부에 물집이 잡힐 정도였다. 충성스러운 나바테아인들은 모일 기회만 있으면 즐겨 모였으며, 이는 보통 모일 때마다 아레다가 모든 참석자에게 빵과 포도주를 선물로 주기 때문이기도 했다. 이날은 날씨가 워낙 더워 사람들이 그늘을 찾아다녔지만 햇볕을 피할 수 있는 곳은 단 한 곳도 없었다. 아레다가 올해 연설을 도시에서 가장 높은 곳에서 하기로 했기 때문이었다. 그곳은 바로 언덕 위 오래된 공동묘지 앞이었는데, 왕의 연설을 들으려면 사람들은 절벽 아래 모래밭에 서 있어야 했다.

아라비아로 간 바울

"왕께서 오늘 기분이 좋아서 자비를 베푸시기를 바랍시다." 오바다스가 사울에게 말했다. "그리고 연설이 지나치게 길어지지 않기를."

"희망은 버려요." 사울이 대꾸했다. "이 왕은 사람들이 자기 이야기 듣는 걸 좋아해요. 그리고 왕의 자리는 저기 그늘에 마련해 두고 우리는 햇볕 아래서 살갗이 타들어 가게 만든 거 보세요." 오바다스는 불만 섞인 앓는 소리를 냈다.

"저기 보세요, 왕의 노예들이 종려나무 잎사귀를 가져다가 부채질을 해주네요. 이른 점심 식사 시간인데 우리는 안중에도 없으니 안 좋은 징조예요."

"저런, 아주 옳은 말씀." 사울이 대꾸했다. "긴 시간 꼼짝도 못 하게 생겼어요. 다행히 내가 뻣뻣한 파피루스를 한 장 갖고 왔으니 우리도 이걸로 부채질이나 합시다."

왕의 국정 연설은 화려한 나팔 소리와 함께 시작되었다. 나팔 소리가 공동묘지 벽에 부딪혀 울리자 뒤이어 왕의 존호(throne name) 스물다섯 가지가 차례로 언급되면서 왕이 소개되었는데, 맨 마지막으로 불린 이름은 아레다 필로파트리스(Aretas Phillopatris), 즉 "탁월한 자요 조국을 사랑하는 자"였다.

다행히 왕의 목소리는 아주 우렁찼다. 왕은 여러 해 동안 자신의 신민들이 얼마나 충성스럽고 믿을 만했는가 하는 이야기로 연설의 서두를 멋지게 장식했다. 이어서 왕은 그해 자신의 여러 업적을 나열하기 시작했다. 요단강 동쪽 헤롯 안디바의 영토를 정복한 것도 작지 않은 위업이었다. 왕은 이렇게 덧붙였다. "헤롯 같은 유대인은 신뢰할 수 없고 믿을 수 없다는 사실을 알리노라. 왜냐하면 이 자들은 우리 신들을 우상이라 일컫는가 하면 심지어 존재하지도 않는다고 하면서 신들의 명예를 짓밟기 때문이다. 이는 웃기는 주장이다. 아타르가티스가 전쟁 때 나와 함께 하며 내 편에서 싸워 주지 않았다면 나는 우리보다 우월한 군사력에 맞서 베뢰아 땅을 그렇게 쉽게 정복할 수 없었을 것이다."

사울이 오바다스에게 귓속말을 했다. "왕은 헤롯이 유대인일 뿐만 아니라 이두매 사람이기도 하고 이두매 사람은 원래 요단 이편 출신이라는 걸 모르는 것 같군요. 이두매 사람이란 요즘 말로 에돔 사람과 다르지 않은 데다가 대체로 유대 땅 유대인들의 원수였는데 말이지요."

오바다스는 씩 웃으며 대답했다. "선생이 저 머리 좋은 왕을 알현해 그 문제에 관해 가르침을 좀 베푸는 게 좋겠네요."

"저런 말을 하는 사람에게 그건 아주 어리석은 짓이에요. 어떤 반응이 나올지 눈에 선합니다. '폐하에게 문안드립니다. 저는 아타르가티스가 아니라 오직 한 분이신 하나님을 믿는 유대인인데, 방금 하신 연설에 몇 가지 오류가 있어서 바로잡아 드리고자 합니다.' 그 말을 끝으로 나는 아마 누구에게도 입을 놀리지 못하게 되겠지요!"

"농담 한 번 했어요." 오바다스가 말했다. 연설은 그 후로도 두 시간이나 더 장황하게 이어졌다. 아레다는 그 갈릴리 왕과 앞잡이들에게서 빼앗은 전리품 목록을 쭉 낭독했고, 이제 마무리하는가 보다 하는 순간 "마지막으로"라고 하면서 지난해에 다메섹으로 가는 통상로에서 강도와 도둑을 말끔히 소탕했을 뿐만 아니라 다메섹을 포함해 그곳까지 이르는 전 지역에 대해 사실상 지배권을 장악했다고 하며 5분을 더 끌었다.

시작한 지 두 시간이 지나 연설이 끝날 무렵, 긴 겉옷과 토가 차림으로 절벽 아래 서 있던 사람들은 온몸이 땀으로 흠뻑 젖었고 목이 말라 죽을 지경이었다. 의전관은 그제야 나팔을 다시 불었고, 그러자 저 멀리서 낙타들이 커다란 포도주 부대를 짊어지고 줄 지어 다가오는 것이 보였다. 페트라 시민들은 포도주 담을 그릇을 각자 알아서 가지고 왔지만, 이것이 관례라는 것을 알지 못한 사울은 그릇이 없었다.

"걱정하지 마세요." 오바다스가 말했다. "제가 그릇을 두 개 가지고 왔으니 우리 둘 다 갈증을 풀 수 있어요."

"친절한 친구들에게 감사를! 목이 타는 것 같아요."

두 사람은 각자 포도주와 빵을 나눠 받은 뒤 오바다스의 편안한 동굴 집으로 돌아왔다.

"아레다의 왕비는 왜 안 보였을까요?"

"아, 샤킬라트 말이지요. 글쎄요, 동전에는 왕비 얼굴이 있는데, 사람들 앞에는 잘 안 나타나요. 햇볕에 얼굴이 잘 탄다는 소문이 있어요. 보시면 아시겠지만 피부가 이곳 사람들에 비해 희거든요."

"그럼 왕비는 원래 나바테아 사람이 아닙니까?"

"네, 제 생각에는 바사 출신인 것 같아요. 피부가 희고 머리카락과 눈동자 색이 옅답니다. 이 통치자들이 어떤 사람들인지 아시지요. 이웃 왕들과 동맹을 강화하려고 그 왕의 딸들과 결혼하잖아요. 유일하게 잘 안 풀린 경우가 헤롯 안디바지요. 자기 일가(一家) 여인을 취하려고 아레다 4세의 유일한 딸을 차버렸으니까요! 페트라 사람들은 이 소식을 듣고 몇 달 동안 그 이야기만 했어요."

"하지만 아레다가 곧 보복했지요."

"정말 그랬지요. 그리고 샤킬라트는 왕의 새 아내인데요, 아마 아이와 함께 있느라 오늘 나올 수 없었을 겁니다."

"그렇군요, 언젠가는 이웃님의 왕을 만나보고 싶어요, 하나님이 뜻하시면." 사울이 말했다.

"글쎄요, 조만간은 기대하지 말라고 조언하고 싶군요. 나쁜 유대인에 대한 기억이 아레다의 생각 속에서 아직 사라지지 않았거든요."

"좋은 충고예요. 때를 기다리겠습니다." 어느덧 해가 졌고, 다음 날 일찍 일터로 가야 하는 사울은 친구와 헤어져 셋집으로 돌아왔다. 저녁 기도 때 사울은 이렇게 기도했다. "주님, 페트라 사람들과 왕에게 주님에 관한 소식을 전할 수 있는 길은 언제 열릴까요? 이곳은 주님의 구원과 사랑에 관한 그 씨앗을 뿌리기에 좋은 토양이 아닌 것 같습니다. 적당한 때가 되어 주님께서 문을 열어 주시면 제가 곧 행동에 나설 수 있게 해주십시오." 이런 생각을 마음에 담은 채 사울은 램프 불을 불어 끄고 잠자리에 들었다. 그리고 어느덧 날이 밝아 사울의 동굴 숙소 안으로 햇빛이 스며들기 시작했다.

아라비아로 간 바울

말에는 무엇이 담겨 있을까? 글쎄, 한 마디로 고대 세계의 모든 것이 담겨 있다. 바울 시대에는 말을 잘하면 대변혁을 일으킬 수 있었다. 고대 세계는 수사학의 세계였다. 여러 세대 전, 아리스토텔레스는 수사학을 "말을 잘하는 기술"로 표현했고, 이는 사회적으로 통용되는 말이 되었다. 말을 잘하는 사람은 사회적으로 명망 있고 영향력 있는 자리로 신분 상승을 할 수 있었다. 제국 전체 차원에서 어떤 표준적 교육이 시행되지는 않았지만, 수사학은 고대 세계의 교육 체계로 확고히 자리를 잡아갔다. 고급 수사학 교육을 받을 만한 형편이 안 된다 해도(예를 들어 바울처럼), 그보다 낮은 수준의 교육을 받아 수사학 기술을 습득하고 실습하는 이들이 많았다. 편지 쓰기도 초기의 기본 수사학 훈련의 한 부분이었다. 이 시대 문화가 구전 문화여서 편지는 대개 큰 소리로 낭독되곤 했기 때문이다. 사실 편지 쓰기 안내서는 신약 시대 후에 나왔지만, 수사학 안내서는 신약 시대 오래전부터 존재해 왔다.

고대 수사학은 한마디로 설득에 관한 일이었다. 법정 수사학, 숙고를 위한 수사학, 과시적 수사학이라는 세 가지 주요 범주 모두 청중을 설득해 특정한 행동을 선택하게 만드는 것을 목표로 한다. 법정 수사학이란 과거에 행한 어떤 일이 옳다, 혹은 그르다고 법정에서 논쟁을 벌이는 것이다. 이런 유형의 수사학은 정의 실현을 목표로 한다. 법정을 무대로 하는 TV 프로그램에서 볼 수 있는 것이 이런 유형의 수사학이기 때문에 우리에게는 아주 친숙하다. 고대인들과 마찬가지로 우리는 어떤 사람을 기소하거나 변론하는 광경을 구경하기 좋아한다.

숙고를 위한 수사학은 어떤 집단에서 앞으로 어떤 선택을 할 것인지, 그 다양한 결정에 따라 그 집단에 이익은 무엇이고 불이익은 무엇인지를 이야기하는 수사학이다. 다수의 바울 서신이 이렇게 신중한 숙고의 성격이 있는 것으로 보아 바울은 이런 범주의 수사학을 좋아한 것 같다. 이는 상당히 일리가 있는데, 왜냐하면 바울은 대개 회중이 무언가 중요한 결정을 내리게 만들려는 목표로 편지를 쓰기 때문이다. 우리는 이런 유형의 수사학에 익숙하며, 선거 때마다 이를 확인한다. 후보들은 시민들을 설득해 자기에게 표를 던지게 만들려고 한다. 이는 강요될 수 없고, 강요해서도 안 되지만, 그래도 사람들은 일정한 행동 경로를 설득당할 필요가 있다.

수사학의 세 번째 범주는 과시적 수사학으로, 모든 것을 포괄하는 범주다. 장례식에서 고인을 칭찬하는 연설에서 주로 접하게 된다. 이런 종류의 수사학은 칭찬과 비난을 활용해서 기존 의견을 확증한다. 과시적 수사학은 어떤 사람의 덕을 기리는 추도문 같은 데서 들을 수 있을 것이다.

고대의 청중과 함께 일할 수 있는 능력은 주로 말을 잘하는 능력에 달려 있었다. 어떤 집단을 설득하고 싶어 하는 사람은 이들에게 감동적인 책 한 권을 주기보다 설득력 있는 연설을 하고자 했다. 하지만 바울은 편지를 쓰지 않았는가? 글을 읽고 쓸 줄 모르는 청중에게 방대한 문서를 보내다니 바울은 그다지 영리하지 못했던 것 아닌가? 바울이 써 보낸 "무게감 있는 편지들"이 가장 효과적인 의사소통 수단이 아니었다는 사실은 인정해야 한다. 하지만 이 편지들은 바울의 다양한 필요를 충족시켜 주었다. 바울에게 절실했던 것은 주로 멀리 떨어져 있는 이들과의 의사소통이었다. 그리고 멀리 떨어져 있다는 것은 큰 약점이 아니었다. 편지를 써 보내서 공동체 앞에서 큰 소리로 낭독하도록 했기 때문이다. 편지는 바울의 대역(代役) 기능을 했다. 이 목표를 위해 바울은 편지 낭독자와 함께 일 하면서 자신이 바라는 수사학적 멋과 강세를 곁들여 편지를 낭독할 수 있도록 이들을 훈련시켰을 것이다. 예를 들어 로마서 16장 1절에서 우리는 뵈뵈라는 여인을 만나는데, 바울은 이 여인을 "추천"한다. 이 추천의 말은 편지 낭독자들에 관해 말할 때 흔히 쓰는 표현으로, 이는 뵈뵈가 로마 회중에게 로마서를 가장 먼저 읽어 주고 해석해 준 인물이었음을 가리킨다.

바울은 고대 세계에서 눈에 띄게 학식 높고 많이 배웠고 매우 화려한 수사를 구사하는 사람이었다. 바울의 편지는 그가 고대 수사학의 모든 핵심 체계를 활용해 수사학적 방식으로 이야기할 수 있는 심오한 능력을 갖췄음을 입증한다. 사실 그의 수사학적 능력이 입증된다는 것이 바로 우리가 여전히 바울의 편지들에 그렇게 매료되는 한 가지 이유일 것이다. 바울의 편지 곳곳에서 우리는 그가 수사학적 전통을 거시적으로, 혹은 미시적으로 활용하는 것을 일별할 수 있다. 미시적 활용의 예로는 로마서 7장의 유명한 "나"(I) 화법을 즉시 떠올릴 수 있는데, 여기서 바울은 "인물로 이야기하기"라는 수사학적 관행을 활용해서 "아담"의 목소리로 우리에게 모종의 "이야기"를 한다. 또한 바울이 매우 치밀한 사람임을 혹시 눈치챘는가? 갈라디아서 1장을 읽으면서 바울이 자기 여정을 요약하는 말을 들어 보면 그 논증의 정확성에 주목하게 된다. '나라티오'(narratio) 혹은 사실 서술(narration of the facts)에는 일반적으로 그런 정확성이 있어야 했다. 수사학 전통을 거시적으로 활용한 예로는 로마서 9-11장의 매우 열정적인 변론을 기억하라. 이는 상대방이 무언가를 인식하고 펼치는 주장에 대한 고전적인 논박이다. 로마서 9-11장에서 바울은 로마서 1-8장의 경이로운 명문(masterpiece)에 반론을 제시하려는 시도를 단칼에 제압하고 있다.

각성

하루에 천막을 세 개나 만드는 힘든 일과가 끝나자 알렉산드로스는 해 질 녘 시장이 파하기 전에 장을 볼 수 있도록 사울을 한 시간 일찍 보내 주었다. 하지만 사울은 시장엔 잠깐만 머물 생각이었다. 진짜 계획은 문 닫기 전에 미리암의 보석 가게에 가는 것이었다. 미리암을 머릿속에서 지우려 애썼지만, 사울은 도무지 그럴 수 없었다. 가게에 도착하니 미리암은 이제 막 원석과 보석들이 놓인 탁자를 치우고 있다가 고개를 들어 사울을 발견하고는 미소를 지어 보이며 말했다. "샬롬, 손님, 오랜만이에요."

"네," 사울은 이렇게 대꾸했지만 오랜만에 오게 된 것은 자의가 아니었다. "나바테아 군에 납품할 천막을 기한 안에 만드느라 알렉산드로스가 개처럼 일을 시키고 있어요. 지난 몇 주 동안 아주 녹초가 되어 버렸습니다."

"그랬군요. 그래도 점잖은 분 밑에서 일하시는 걸 감사해야 할 거예요. 그런 좋은 분 만나기가 쉽지 않거든요."

"맞습니다. 감사해야지요, 저 같은 외국인이 말이죠. 한 가지 물어보려고 들렀는데요, 괜찮으시면 저녁 식사 같이하실 수 있을까요."

미리암은 수줍게 웃으며 대답했다. "저녁 식사 한 번이 무언가로 이어지기를 바라시는 건가요?"

사울은 이마를 긁적이며 대답했다. "그렇게 뻔해 보입니까? 네, 같이 시간을 보내면서 서로 좀 더 알아가면 좋겠습니다. 남편상을 치르시고 너무 이른 것만 아니라면 말입니다. 제가 보니 이제 상복(喪服)을 안 입으시고 베일도 안 쓰시는 것 같은데요."

"네, 너무 이른 건 아니에요. 그리고 사실 이때쯤이면 사람들하고 어울려도 되거든요. 제게 좋은 생각이 있어요. 알 데이르 언덕 올라가는 입구 너머 샛길 아래에 정말 괜찮은 '타베르나'[1]가 있거든요. 우리 거기 가서 뭐 먹을 만한 것이 있는지 볼까요?"

순간 사울의 얼굴이 활짝 펴졌다. "그래 주시면 정말 기쁘겠습니다." 사울은 한쪽 팔을 내뻗으며 말했다. "길을 인도하시지요." 알고 보니 그 '타베르나'도 동굴을 뚫어 공간을 만든 곳이었고, 이 동굴 역시 또 다른 공동묘지 아래 있는 곳이었다. '타베르나'로 들어가는 입구는 좀 떨어진 곳에서도 보였다.

'타베르나' 주인이 문 앞에 서서 손님들을 맞이하고 있었다.

동굴 입구에 목재 출입문이 달린 것을 보라.
이곳은 사실 식당이다.

아라비아로 간 바울

"이쪽은 여기 주인이신 간드라스예요." 미리암이 말했다. "안주인이 정말 훌륭한 요리사랍니다."

"또 와 주셔서 영광입니다, 부인. 오늘 저녁 부인과 동행하신 이 복 많은 분은 누구신지요?"

"이분은 제 친구 사울이에요. 우리 지금 몹시 배가 고픈데, 오늘 저녁 맛있는 음식 많이 먹게 해주실 거지요?"

"물론이지요. 아내가 종일 요리를 했답니다." 간드라스는 출입문 바로 안쪽 오른편의 한갓진 자리로 두 사람을 안내했다. 탁자 한가운데 스탠드에는 관이 여러 개 달린 멋진 램프가 놓여 있었다. "먼저 포도주와 빵을 좀 가져오겠습니다."

간드라스가 다시 오자 미리암이 물었다. "오늘 첫 번째 음식으로는 무슨 수프를 주실 건가요?"

"오늘 수프는 지난번에 맛보고 좋아하셨던 렌즈콩 수프입니다."

"좋군요. 사울, 마음에 드신다면 따끈하고 맛있는 수프 두 그릇으로 식사 시작해 보죠." 사울은 말없이 고개를 끄덕였다. 미리암이 간드라스 같은 남자와 저렇게 매력 있는 모습으로 친밀하게 대화를 나누는 광경이 정말 인상적이었다. 미리암은 어떻게 해야 상대방이 인정받는 기분이 되는지 알고 있었다.

수프가 오자 미리암이 사울에게 말했다. "우리를 위해 복을 비는 기도 해주실 수 있지요?"

"기꺼이 하지요. 땅에서 빵을 내시는 은혜로우신 하나님, 우리에게 주어진 모든 선한 것들이 궁극적으로 하나님에게서 온다는 것을 알고 이제부터 먹게 될 음식들에 대해 하나님께 감사드립니다. 음식뿐만 아니라 우리의 대화와 우리가 함께 하는 시간에도 복 주시옵소서, 하나님의 거룩한 이름으로 기도합니다, 아멘."

"아름다운 기도였어요." 미리암이 말했다. "자, 먼저 당신 이야기를 해주세요."

사울은 지금까지 말을 못해서 어려움을 겪은 적은 없었다. 하지만 이 순간 사울은 자신이 적당한 말을 찾지 못해 더듬거리고 있다는 사실을 깨달았다. 자칫 말을 잘 못해서 미리암과의 관계가 꽃을 피우지 못하고 아쉽게 끝나는 사태는 만들고 싶지 않았다.

"전에도 이야기한 것 같은데, 저는 다소의 경건한 집안에서 자랐습니다. 부모님은 독실한 유대인이셨지요. 사실 바리새파였습니다."

"그럼 천사나 부활 같은 것을 믿으시겠네요?"

"맞습니다. 우리 가족은 제가 청년 때 예루살렘으로 이사했습니다. 그래서 저는 유명한 가말리엘 문하에서 정해진 공부 과정을 마치고 서기관과 교사가 될 수 있었지요. 그 환경에서 저는 잘 성장했어요. 사실 가말리엘은 자기 학생 중 제가 최고라고 했습니다. 동료 학생들보다 유대교 학습에 진보가 빠르다고요. 부모님은 저를 아주 자랑스러워하셨어요. 저는 우리 조상들의 전통을 이어가는 데 매우 열심이었고, 그렇지 않아도 어지러운 시대에 우리 민족을 잘못 인도할지도 모르는 일들 때문에 걱정이 깊었습니다.[2] 그런 열심 때문에 저는 이단적 유대

아라비아로 간 바울

인이라 여겨지는 사람들을 가혹하게 대하게 되었지요. 가말리엘보다 더요. 그분은 '나사렛 예수를 따르는 그 사람들이 틀렸고 이들의 메시지가 하나님의 메시지가 아니라면 결국은 실패할 것이다. 만일 이들의 메시지가 하나님의 메시지인데 네가 그 사람들을 괴롭히는 거라면 너는 하나님의 뜻을 대적하는 셈일 것이다. 그러니 그 사람들을 그냥 내버려 두어라!'고만 말씀하셨거든요. 하지만 저는 젊고 고집이 셌습니다. 그분의 말을 듣지 않았어요. 예수 따름이들은 사람들을 기만하는 이들이라고 생각했고, 열심이 너무 강한 나머지 그 사람들을 박해했고, 산헤드린 앞으로 끌고 갔고, 심지어 스테파노스(스데반)라는 사람이 돌에 맞아 죽을 때 그 현장에도 있었어요. 산헤드린은 저를 다메섹으로 보냈어요. '이단들'을 더 많이 잡아, 예루살렘으로 끌고 와서 재판에 넘기라고요. 이런 이야기를 다 하는 건 당신을 겁주려는 게 아니라, 솔직히 말해서 이 모든 일 후에 제 삶에 큰 변화가 찾아왔기 때문입니다. 어떤 일이 그런 변화를 낳았는지 꼭 이야기해야겠기에 말입니다."

"그렇군요, 솔직하게 이야기해 줘서 고마워요, 사울. 솔직하게 말하자면 저는 그런 이야기 듣기 싫어요. 나도 살고 남도 살게 해야지요."

"당신 말이 맞아요. 저도 큰 대가를 치르고 그걸 깨달았어요. 하지만 제가 왜, 그리고 어떻게 전과 다른 사람이 되었는지 설명하고 싶습니다."

사울은 이야기를 이어나갔다. "당신은 선량한 유대인이니 하나님이 기적적인 일을 하실 수 있고 실제로 행하신다고 믿겠지요. 저는 어떤 뜻밖의 일이 있을 때마다 그것을 하나님께서 직접 행하신 기적이라고 주장하는 사람이 아닙니다. 사실 그리스도 따름이들을 잡으러 다메섹으로 가기 전에는 어떤 실제적 기적을 목격하거나 경험한 적이 없습니다. 그 유대교 분파에 관해 알고 계십니까?"

"몇 가지는 들어 알고 있지만, 많이는 몰라요. 설명해 주세요."

"그 사람들은 헤롯 대왕 시절에 태어나서 본디오 빌라도 손에 십자가에서 처형된 나사렛 예수가 메시아라고 믿는 사람들입니다. 그리고 실제로 하나님께서 그 예수를 죽음에서 일으켜서 메시아를 자처하는 예수의 주장을 증명해 주셨다고 믿지요. 고백하는데, 그런 이야기를 들었을 때 처음에는 웃음이 터져 나왔습니다. 십자가에서 처형된 메시아라니, 그런 이야기를 들어본 사람이 어디 있습니까? 그건 모순되는 말이지요. 하나님의 기름 부음을 받은 분이라면 십자가에 달려 죽는 저주를 받을 리가 없지요."

"맞아요, 저라도 그렇게 생각했을 거예요." 미리암이 맞장구를 쳐주었다. "그래서 어떻게 되었나요."

"네, 십자가형을 당한 후 예수가 살아 있는 것을 봤다, 심지어 그분과 식사도 함께 했다고 하는 사람들 이야기가 떠돌았어요! 예수를 따르는 이들의 그 말도 안 되는 딱한 주장이 십자가 사건으로 종지부가 찍히기는커녕, 예수가 다시 나타났느니 어쩌니 하는 이야기들 때문에 이들의 주장이 예루살렘과 유대 땅은 물론, 심지어 다메섹에까지 급속히 퍼져나갔습니다. 이 말

아라비아로 간 바울

도 안 되는 주장이나 이런 주장을 펼치는 사람들을 가로막으려면 무언가 조치를 취해야 한다고 생각했지요. 그래서 산헤드린에게서 직권을 위임받아 몇몇 동지들과 함께 예루살렘 성문을 나와 다메섹까지 걸어서 100마일을 가는 길에 나섰지요. 다메섹이 가까워졌는데 무언가 설명할 수 없는 일이 일어났어요." 사울이 그 일을 설명하려고 하는 순간, 수프가 도착했다.

"식사 시간만 아니라면 정말 호기심 생기는 이야기이긴 한데, 수프가 나왔으니 잠깐 이야기를 멈추도록 하지요." 수프는 정말 맛있었다. 무슨 향신료가 들어간 듯했는데, 아마 맛을 더해 주는 시나몬이 들어간 것 같았다. 수프를 먹던 중에 사울이 말했다. "당신 이야기도 들려주었으면 해요. 저는 처음부터 그저 솔직하려고 노력하는 중입니다. 그래야 당신이 나중에 놀라지 않을 테니까요."

"네, 저도 늘 솔직한 게 중요하다고 생각하고 속임수를 경멸하죠. 그러니 그건 괜찮아요. 그리고 저와 관련해서도 솔직해야 할 부분은 솔직하게 이야기할게요." 간드라스가 가까이서 있다가 말했다. "방해가 되지 않는다면, 이제 다음 요리를 준비할까요?"

"네, 물론이죠." 미리암이 대답했다. "오늘 저녁 요리는 뭐죠?"

"양념을 곁들여 염소젖에 익힌 새끼양 정강이살 요리입니다."

"맛있겠네요. 준비가 되면 가져다주세요. 서두를 필요 없고요, 지금은 빵하고 올리브유만 조금 더 가져다주시면 돼요."

"이야기를 계속하시죠." 미리암이 재촉했다.

"저는 제가 할 일만 생각했지 하나님의 간섭 같은 것은 기대하지 않았어요. 그런데 다메섹에 도착하기 얼마 전 저는 천상의 환상을 보고 길바닥에 엎드러졌습니다. 너무 밝고 너무 선명했는데, 단순히 햇빛이 한 번 강하게 비췄다거나 뭐 그런 것은 아니었어요. 함께 가던 이들은 내가 빛 가운데서 본 사람을 보지 못했고 내가 들은 목소리를 듣지 못했어요. 내게만 이야기하는 목소리였으니까요. 동행들은 다만 빛이 강해지는 것을 봤고 잘 알아들을 수 없는 소리를 들었다더군요. 그래서 제게 무언가 극적인 일이 일어나고 있다는 걸 알았다고 합니다."

"우리 조상들의 하나님이 당신에게 나타나셨다는 말인가요?"

"정확히 그렇지는 않아요. 제게 나타난 분은 나사렛 예수였어요. 제가 경멸했고 거짓 메시아라고 생각했던 바로 그분 말입니다. 그분은 우리 하나님 오른편에서 나타나셨어요! 그분은 죽음에서 일어나셨을 뿐만 아니라 하나님의 아들로서 하나님 오른편으로 높아지셨어요. 제 말을 믿어 주세요, 저는 이런 계시를 받을 준비가 안 되어 있었지요. 그 일이 있기 전에 누가 내게 그런 개념을 전해 주었다면 저는 그 사람더러 정신 나간 사람이라고 했을 겁니다. 하지만 이건 제가 직접 겪은 일이니 부인할 수가 없었어요. 이 예수께서 제게 아주 이상한 질문을 하시더군요. '사울아 사울아 네가 왜 나를 박해하느냐?' '네가 왜 나를 따르는 자들을 박해하느냐?'고 묻지 않으셨다는 걸 유의하세요. 저는 그분이 아니라 그분을 따르는 사람들을 박해했는데 말이지요. 다시 말해, 그 사람들을 공격한 것은 곧 하늘에 계신 이 예수를 공격한 것이었지요. 그렇게 해서 가말리엘이 제게 경고한 말이 현실이 되고 있었어요. 제가 실제로는 우리 조상들의 하나님이요 예수를 죽음에서 일으키셔서 그분의 주장을 변론해 주시고 자기 오른편으로 높여 주신 하나님을 대적하고 있었던 겁니다! 이 일을 겪고 저는 정신적으로 박살이 난 상태가 되어 해답을 찾으려 더듬거렸지요. 그리고 육체적으로는 눈이 멀었고요. 이 예수 사기극을 꿰뚫어 볼 수 있다고 생각한 사람이 부활하신 예수를 실제로 보았고 그것이 그 사람의 삶을 완전히 바꿔 놓았습니다. 그러니까 제 삶을 말입니다. 그 일로 저는 예수 따르는 이들을 박해하는 사람에서 그 무리의 일원으로 변했습니다! 제 동지들은 저를 다메섹으로 데리고 가서 한 유대인 동포의 집에 두고 갔습니다. 눈먼 채 형편없이 버림당한 거지요."

그때 빵이 나왔고, 두 사람 모두 한 조각을 뜯어내서 먹었다.

"계속 이야기해 주세요." 미리암이 말했다.

"역시 예상치 못했던 일이 또 일어났습니다. 아나니아라는 유대인이 다메섹에 살고 있었는데, 그 사람도 환상을 보고 지시를 받았답니다. 저에게 가서 제 눈에 안수하고 제게 세례를 주고 하나님께서 제게 원하시는 일이 무엇인지 알려 주라고 말이지요."

"그래서 하나님이 원하시는 일이 무엇이었나요?"

"하나님은 제가 우리 구주이신 주 예수에 관한 좋은 소식을 전하기를 원하셨습니다. 특히 비유대인들에게요. 그때 저는 깨달았습니다. 예루살렘으로 돌아갈 수 없다는 것을요. 돌아가면 나 자신도 산헤드린의 심문을 받으리라는 것을 깨달았고, 예루살렘의 예수 운동 지도자들이 나를 받아들여 줄 가능성도 전혀 없었지요. 나는 얼마 전까지도 그들을 박해한 사람이었으니까요! 그래서 저는 비유대인들이 사는 다른 어떤 곳으로 가기로 마음먹었습니다. 예루살렘에서 다소 멀리 떨어진 어떤 곳, 하나님께서 내게 기대하시는 일이 무엇인지 알 수 있는 곳으로요. 당신에게 모든 이야기를 다 하지는 않았습니다. 이것만 덧붙일게요. 저는 지금 독신입니다. 전에 약혼했었는데, 제가 그리스도를 따르는 사람이 된 것을 약혼자 집안에서 안 뒤에 파혼당했습니다. 예루살렘으로 돌아가면 부모님이나 누이라고 해도 과연 저를 받아들여 줄지 알 수 없습니다. 이곳에 왔을 때 저는 동족도 없고 가족도 없고, 심지어 참되신 한 분 하나님을 함께 예배할 친구들도 없는 사람이었습니다."

"한꺼번에 다 소화하기에는 너무 벅찬 이야기네요. 다행히 음식이 다 나왔어요. 그러니 이야기해 주신 것들을 곰곰이 새겨볼 시간을 좀 주시고, 이 맛있는 음식을 좀 즐겨 보도록 하지요." 음식은 정말 맛있었다. 음식에는 빵이 조금 더 딸려 나왔고 빵을 찍어 먹을 수 있는 소스도 함께 나왔다. 두 사람이 이 훌륭한 음식으로 배를 채우고 충분히 만족감을 느낄 즈음 간드라스가 와서 물었다. "포도주를 좀 더 가져올까요? 그리고 이제 과일을 올릴까요?"

"아, 네, 그래 주세요." 미리암이 말했다. 간드라스가 가져

온 과일은 바나나와 무화과였고, 심지어 석류도 있었다. 사울이 과일을 잘라 놓았고, 두 사람은 한 접시에 담긴 과일을 나누어 먹었다.

"자," 사울이 다시 천천히 입을 열었다. "내가 정신이 나간 거라고, 아니면 다메섹으로 가는 길에 포도주를 너무 많이 마신 거라고 하시겠습니까?"

"아니요," 미리암이 대답했다. "하지만 쉽게 받아들이기엔 너무 벅찬 내용이라는 것을 이해해 주셔야 해요. 그런 이야기는 한 번도 들어본 적이 없거든요. 그래도 토라에는 하나님이 어떻게 환상이나 천사를 통해 찾아오셔서 한 사람의 인생을 바꿔 놓는지에 대한 이야기가 많으니까요. 앗 참, 바벨론 포로들이 자주 말하던 에스겔 이야기도 온통 하나님이 예기치 않게 우리네 삶에 개입하신 일들로 가득하지 않은가요?"

"그래요, 정말 그렇죠." 사울이 대답했다. "환상을 자주 본다고는 할 수 없지만, 어쨌든 저는 환상을 한 번 봤고 그것이 제 인생을 바꿔 놓았지요…그리고 제 삶의 경로도 돌이킬 수 없게 바꿔 놓았고요."

"해주신 이야기는 조금 더 생각해 봐야겠어요. 이제 이 멋진 만찬을 마무리해야 할 시간이니 제 이야기 몇 가지만 하고 나머지는 다음번 식사 때 더 해드릴게요. 저는 외동딸이랍니다. 부모님도 돌아가시고 이제 남편도 곁에 없지요. 제겐 아이도 없는데, 제 선택은 아니었어요. 당연히 아이를 갖고 싶었지요. 선량한 유대인 여자라면 누구나 마음으로 바라는 거잖아요. 하지만 제게는 그 길이 열리지 않았어요. 솔직하게 말할게

요, 저는 토라에 있는 것처럼 세상에는 오직 한 분 하나님이 계시다고 믿는 독실한 유대인이랍니다….″

"저도 그렇습니다."사울이 끼어들었다.

"그리고 기름 부음 받은 인물이 언젠가 나타나 우리 민족을 구원한다고 예언된 것도 알고 있어요. 하지만 이 예수는 제가 상상한 우리 메시아의 모습이나 행동과는 너무 달라요. 저는 메시아가 와서 적어도 유대 땅에서 로마 사람들은 다 쫓아내 줄 거라고 기대했거든요."

"그래요, 많은 유대인들이 그렇게 고대했지요. 하지만 이 예수는 다윗 같은 군사 지도자가 아닙니다. 그분은 평화의 사람으로, 유월절에 나귀를 타고 예루살렘으로 들어가서, 구원하시는 하나님의 마지막 다스림이 임박했다고, 그리고 그 다스림에 폭력은 없고 참된 샬롬만 있다고 선포한 분입니다. 어쩌면 우리 하나님은 우리가 기대한 메시아를 보내 주시지 않았을지 모릅니다. 그렇지만 하나님은 어쩌면 우리 민족을 구속하는 데 꼭 필요한 분을 보내 주신 것일 수 있어요."

"어느 쪽이든,"미리암이 말했다. "저는 인생의 교차로에서 있어요. 그런데 그 길이 어디로 이어지는지는 알지 못하지요."

"그건 제게도 해당하는 말입니다. 어쩌면 하나님은 사실 이런 때를 위해 우리 두 사람이 만나게 해주신 것일 수도 있습니다."

"아마도요. 하지만 이 모든 일에 대해서는 기도를 해볼 필요가 있어요."식사가 끝났고, 사울은 자신이 음식값을 치르겠다고 했다. 그런데 음식값을 계산 중인 사울을 간드라스가 한쪽으로 끌어당기더니 그의 귀에 대고 이렇게 말했다. "저 여자분에게 잘해드리세요, 고초를 많이 겪었답니다. 좋은 남자에게는 좋은 짝이 되어 줄 겁니다." 이를 듣고 있던 사울도 귓속말로 대답했다. "네, 제가 그 정도로 좋은 남자이면 좋겠습니다."

탁자에 놓인 램프 불빛 사이로 올리브색 피부에 깊은 갈색 눈동자를 가진 아름다운 여인을 빤히 바라보고 있자니 사울은 가슴이 뛰었다. 이 여인에게 매혹당했다는 것을 사울은 깨달았다. 미리암의 집까지 나란히 걸어가면서 사울은 자신의 솔직함이 미리암과의 가능성을 망치지 않았기를 바랄 뿐이었다.

집 앞에 도착한 미리암은 "또 만나요"라고 하면서 사울을 가볍게 포옹했다.

"또 만납시다, 샬롬." 사울은 그렇게 대답했다. 기억에 남을 만한 이날, 다음번 만남을 이날로부터 너무 멀게 잡으면 안 되겠다는 마음이었다.

식사와 음식

식사는 인간의 체험을 구성하는 한 부분이다. 인간은 누구나 서로 어울려 음식 먹기를 좋아하지만, 언제나 서로 똑같은 방식으로 먹지는 않는다. 그리스-로마 세계에서 식사는 사소한 일이 아니었다. 우리가 그저 한 끼 식사로 생각하는 일이 고대 세계에서는 사교 이벤트였다. 간단히 말해, 식사 체험은 사회적 경쟁의 장이었다. 그렇다면 로마인들은 어디서, 어떻게, 누구와 식사를 했는가?

로마인들은 어디에서 식사했는가?

일반 가정의 식당(dining room)을 뜻하는 라틴어는 '트리클리니움'으로, 고대인들의 식사 공간의 구조를 알 수 있는 실마리를 준다. 처음에 '트리클리니움'은 긴 안락의자 세 개를 U자를 거꾸로 한 모양으로 배열한 것을 가리켰다.[3] 식탁은 보통 그 중 한 의자 끄트머리나 의자들 중앙에 놓였으며, 식사하는 사람은 왼쪽 팔꿈치로 의자에 비스듬히 기대어 앉아 오른손으로 음식을 집어 먹을 수 있었다. 손님은 라틴어로 '콘비바이'(convivae)라고 했고, 연회 자체를 일컫는 말은 '콘비비움'(convivium)이었다. 이와 같은 정찬 모임을 생각할 때는 평범한 일상을 사는 로마인을 떠올려서는 안 되고, 집안에 그런 식사 체험을 할 만한 공간이 있는 상류층 로마인을 생각해야 한다. 고대의 도시 빈민 다수는 오늘날의 고층 임대 아파트라고 할 수 있는 곳에 살았다. 빛은 거의 안 들었고 환기도 안 되는 공간이어서 사람들은 잠잘 때 외에는 대부분 밖에서 시간을 보냈다. 빈민 중의 빈민들은 사람 살 만한 곳이 못 되는 아파트에서 식사하든지, 아니면 집 밖으로 나가 오늘날의 푸드트럭, 패스트푸드 식당, 선술집에 해당하는 '카우포나'(caupona), '포피나'(popina) 또는 타베르나와 같은 장소에서 식사했다.[4] 이런 곳은 형편이 되는 사람에게 돈을 받고 음식을 제공했다. 공개적이고 규모가 큰 모임의 인기가 높아짐에 따라 트리클리니움은 훨씬 더 큰 회합을 가리키는 말이 되어, 때로는 한 방에 식탁이 스무 개나 놓이기도 했다. 집의 크기에 따라 식당도 여러 개일 수 있었지만, 계절에 따라 실내와 실외를 번갈아 가며 정찬을 즐기는 것이 인기 있었다. 정찬에는 종종 일종의 여흥 순서가 뒤따랐으며, 그래서 식사도 하고 음악이나 예술, 문학 공연도 할 수 있는 커다란 공개적 공간이 점점 인기를 얻어갔다. 정찬

아라비아로 간 바울

때의 대화 주제는 정치에서 종교, 세상에서 일어나는 사건과 경제에 이르기까지 다양했다. 정찬 참석자들이 술에 취하면 종종 불상사가 생기기도 하고 말다툼이나 성적 비행으로 이어지기도 한 만큼, 정찬 파티는 도덕적 전쟁터가 될 수도 있었다. 밤이 이슥해지면 여자 무용수나 심지어 매춘부까지 등장했다.

로마인들은 무엇을 먹었는가?

풍성한 음식은 사치라는 것을 기억해야 한다. 로마인들의 식생활을 살펴보면, 대부분 사람들의 생활방식은 그저 목숨을 부지하는 수준이었으며 이런 생활방식에는 폭넓은 식생활이라고 할 만한 것이 없었다. 고대인들은 대개 곡물, 콩, 올리브유, 포도주 등을 먹고 살았다.[5] 고대 세계에서는 부자들만 다양한 식품을 구매할 여유가 있었다. 고대인들의 표준적 식재료는 밀이나 보리였다. 밀이나 보리로 흔히 죽을 끓이거나 빵을 구울 수 있었다. 로마에서는 곡물을 무료로 배급받을 수 있었으므로 빵이 흔했을 것이다. 고대 세계에서는 렌즈콩, 완두콩 그 외 여러 가지 콩류가 많은 사람들의 단백질 공급원이었다. 지중해 세계를 구성하는 한 부분으로서 올리브유는 인기 있는 생산품이었고 식단에서 지방을 확보하는 한 수단이었다. 지역에 따라 다양한 과일과 채소도 섭취할 수 있었다. 오늘날 세상에는 육류가 흔하지만, 고대 세계에서 육류는 사치품목이었다. 한 가지 잊지 말아야 할 것은, 냉장고가 없으면 육류를 보관하기 어렵다는 것이다. 그래서 고대 세계에서 육류는 사치품이 되었으며, 보통 동물을 제물로 바치는 종교 제전과 종종 연관되었다.

음식을 많이 먹으면 목이 마를 수밖에 없는데, 고대인들은 어떤 음료를 마셨을까? 고대 세계에서 물은 가장 안전한 선택이 아닐 수도 있었기에 포도주가 가장 일반적인 음료였다. 파티 때 육류가 제공된다는 것은 파티 주최자의 지위와 부를 알려 주는 지표였으며, 음주는 얼마나 많은 술을 마셨느냐에 따라 여러 가지 문제를 일으킬 수 있었다. 희귀하거나 독점적이거나 신기한 음식이 많이 제공될수록 집주인은 신망과 명성을 얻었을 것이다. 로마인들은 보통 하루에 세 끼를 먹었다. 1세기에는 아침을 최소한도로 먹고 점심을 적당히 먹는 게 보통이었다. 하루 중 가장 실속 있는 식사는 '케나'(cena)라고 알려진 저녁 식사였으며, 전형적인 일과를 마치고 저녁 식사를 했다.

누구와 함께 식사했는가?

고대 세계에서 만찬은 필연적으로 사회적 계층을 넘나드는 일이었다. 전형적인 만찬 자리는 신분 높고 부유한 기부자에서부터 신분 낮은 하인에 이르기까지 모든 사람이 연관되었다. 고대인들의 식사 풍경에는 이렇게 다양한 지위와 신분을 가진 사람들이 점점이 흩어져 있었다. 그래서 만찬 때에는 온갖 사회적 풍습도 구경할 수 있었다. 몇몇 유명한 고대 작가들은 신분 낮은 사람들이 식사 때 어떤 대접을 받았는지 한마디 한다. 고대의 만찬 풍경은 오늘날 세상에서 비행기를 타는 것과 비슷했다. 비행기의 어느 좌석에 앉느냐는 신분이나 부와 직결된다. 부자나 지위 높은 사람은 베개도 좋고 담요도 좋고 다리 뻗을 공간도 넉넉한 퍼스트클래스 좌석에 앉는다. 퍼스트클래스 승객은 더 좋은 기내식과 포도주를 제공받으며, 보통은 식기와 잔도 특별한 것을 쓴다. 물론 이런 대접을 받으려면 비용을 더 치러야 한다. 퍼스트클래스 티켓을 살 만한 형편이 안 되면 이코노미석이 또 다른 기회를 제공하지만, 이 기회에도 가격표가 따라 붙는다. 이코노미석은 좌석 배치도 퍼스트클래스에 비해 안 좋고, 주류도 제공되지 않으며, 음식도 퍼스트클래스보다 질이 떨어진다. 승객 수가 많아 혼잡하기도 하고, 승무원도 관심을 덜 보이는 것 같다. 현대인들의 이러한 비행 체험에 비추어 고대인들의 식사 체험이 어떠했을지 쉽게 그려볼

아라비아로 간 바울

수 있다. 계급이 낮은 사람들은 대개 질이 떨어지는 음식과 포도주를 제공받았고, 자리도 비교적 덜 좋은 데로 정해졌으며, 좀 더 영향력 있는 손님들에 비해 홀대받았다. 고대 로마에서는 만찬의 세계에서도 계급과 신분이 작용했다. 만찬 주최자와 가장 가까운 자리에는 대개 지위가 가장 높은 사람이 앉았다. 풍자 시인 마르티알리스(Marcus Valerius Martialis)는 사회적 서열을 공고히 하는 식사 때의 계층화 현상에 대해 자신의 시에서 이렇게 비꼰다. "만찬에 초대를 받았건만⋯내 앞에 차려진 음식은 왜 그대 앞의 음식과 같지 않은가? 그대는 루크리누스 호수(Lucrine Lake)산 씨알 굵은 굴을 먹는데 나는 홍합 한 알, 껍질 구멍으로 빨아먹네. 그대는 양송이를 먹는데 나는 돼지 버섯을 먹지. 그대는 가자미를 뜯는데 내 것은 넙치. 살 오른 황금색 멧비둘기(turtledove)의 훈제 엉덩이살 그대 입으로 게걸스레 들어가는데 내 앞에 차려진 것은 새장에서 죽은 까치 한 마리. 나는 그대와 함께 식사를 하고 있는데 어째서 혼자 먹는 기분인가, 폰티쿠스?"(풍자시 3.60).

대중의 정찬

음식을 먹을 수 있는 또 하나의 인기 높은 기회는 황제가 종종 직접 주최하는 대중 연회였다. 율리우스 카이사르는 무려 22,000개의 트리클리니움에 식사를 제공했다고 자랑했다. 흔히 이런 행사는 정치인들이 대중의 호감을 사거나 대중과의 관계를 우호적으로 유지하는 수단으로 이용될 수 있었지만, 로마법은 이런 목적을 위한 식사를 규제하고자 했다. 부유한 기부자는 사람들의 호감을 사려고 시민회관 같은 곳에 각계의 손님을 초대한 뒤 무료 만찬 모임을 주최해 자신의 통 큰 모습을 과시할 수도 있었다. 전쟁에서 승리했을 때, 어떤 건물을 지어 봉헌했을 때, 심지어 사랑하는 소작인의 죽음을 기념할 때 흔히 이런 행사를 벌였다. 고대 세계에서는 공과 사의 구별이 유지되기 힘들었던 만큼 대중 연회와 사적인 연회를 엄밀히 구분하기 어려웠다. 고대 세계에서는 다양한 단체들이 모여 식사를 나누었다. '콜레기아'(*collegia*) 혹은 조합(association)으로 알려진 이 단체들은 종교 단체에서부터 상인 연합이나 특정 직업의 지역 연합에 이르기까지 모든 모임을 포괄했다. 공동의 대의를 위해 모인 이 단체들은 대개 사업상의 모임이나 종교 회합 때 식사를 함께했을 것이다. 초기 그리스도인들도 고대의 이런 일반적인 관행을 따랐다. 초기 그리스도인들은 사회적 계급을 가로질러 다양한 공동체들을 위해 독특한 기회와 도전을 만들어 낸 것으로 유명하다. 초기 그리스도인들의 식사 모임에 어떤 사회적 자본이 작동되어야 하는지 묻는 것도 이러한 모임들이 당면한 문제였을 것이다. 이 모임은 "평소와 다름없는 일상"이었을까? 아니면 예수 이야기가 이 초기 그리스도인 집단의 식사 관행에 근본적 영향을 끼치게 되었을까?

아라비아로 간 바울

아엘라 가는 길

알렉산드로스가 돌연 걱정에 휩싸인 것도 이해할 만했다. 제작을 마친 천막 열 개를 일주일 이내에 아엘라까지 가져다주라고 왕이 명령을 내렸는데, 낙타에 천막을 싣고 아엘라까지 다녀와 줄 낙타 몰이꾼을 구할 수가 없었기 때문이다. 남은 기한은 이제 나흘뿐이었다. 알렉산드로스는 결국 사울에게 도움을 청했다. "그럼 자네가 다녀오겠나? 내가 낙타를 두 마리 구해 줄 테니 한 마리는 천막을 싣고, 한 마리는 자네가 타고 가게. 가만, 지도가 여기 어디 있을 텐데."

길도 모르고 상황도 알 수 없었기에 사울은 썩 마음이 내키지 않았다. 하지만 알렉산드로스가 큰 곤경에 빠진 것을 보자니 도저히 싫다고 할 수가 없어서 결국은 이렇게 말했다. "당연히 제가 가야죠. 낙타에 짐을 실어 주시는 대로 출발하겠습니다."

그렇게 해서 사울은 페트라에서 가장 가까운 홍해의 항구로 예정에도 없던 출장을 가게 되었다. 아엘라는 만(gulf)의 끝부분이어서, 휴메마 오아시스를 통과해야 그곳으로 갈 수 있었다. 서둘러서 가면 오후 늦게 오아시스에 도착할 수 있을 것 같았다. 초반 여정은 수월했다. 사울은 자이(Jai)라는 이름을 가진 낙타를 탔고 또 한 마리의 낙타는 밧줄로 연결했다. 자이는 사막에서 신속하고 부드럽게 이동하는 법을 알고 있었고, 그래서 땅거미가 지기 전 지평선 끝에 걸린 휴메마를 볼 수 있었다. 사울은 이곳에서 잠깐 눈을 붙이고 새벽에 일어나 아엘라로 가기로 했다. 그러나 아침이 밝았을 때, 뜻밖에도 낙타가 일찍 일어나기를 싫어하며 고집을 부렸다! 오아시스에서 만난 다른 상인의 조언에 따라 사울이 자이와 자이의 짝에게 "낙타 간식"을 좀 주자 녀석들은 마침내 움직일 준비를 했다! 아엘라에 있는 나바테아 군 진지까지 가는 데는 온종일이 걸렸고, 사울은 어둠이 완전히 내려앉기 직전에야 진지에 도착할 수 있었다.

사울이 나바테아 진지에서 만나기로 되어 있는 담당자는 루발렐 대장이라는 사람이었다. 다행히 장군에게는 그리스어가 유창한 통역관이 있었다. 사울은 이들이 고대하던 천막을 넘겨 주고 가볍게 저녁을 먹은 뒤 곧장 페트라로 돌아갈 생각이었다. 그런데 한 가지 문제가 있었다. 장군은 조만간, 어쩌면 일찌감치 내일 아침부터 모래 폭풍 '함신'(hamsin)이 불 것 같다고 했다. 사울은 알려 줘서 고맙다고 인사를 한 뒤 조금 기다리면서 상황을 지켜보고 진지를 출발하기로 했다.

아엘라는 사울이 생각했던 것보다 큰 성읍이었다. 다음 날

　　　　　　　　　아라비아로 간 바울

아침 일어나 보니 정말로 사막에서 바다 쪽으로 뜨거운 바람이 불고 있었다. 날씨 상황을 보려고 출발을 늦춘 사울은 진지 앞 바다로 내려가 크고 작은 배들이 화물을 내리는 광경을 구경했다. 독특한 형태로 보아 배들은 대개 애굽에서 출발해 홍해를 건너온 배들이라는 것을 알 수 있었다.

배에서 내리는 물건은 주로 생선이었지만, 그중 한 배에서는 양념 꾸러미와 향유를 하역하고 있었다. 향유 꾸러미에서 "피스틱 나드"(pistic nard)[1]라는 상표를 알아본 사울은 미리암에게 주려고 아주 작은 병에 든 향유를 하나 사고 말았다. 미리암이 좋아해 주었으면 하는 마음이었다.

오후가 되자 페트라를 향해 북쪽으로 올라가고 있는 낙타 행렬이 보였다. 사울은 낙타를 몰고 있는 사람에게 다가가 행렬에 따라붙어도 되겠냐고 물었다. "휴메마를 돌아서 페트라로 올라갈 겁니까?"

낙타 몰이꾼 하칸은 그렇다고 하면서 동행이 생긴 것을 반가워했다. 사막 길을 갈 때는 어쨌든 일행이 많은 게 안전하기 때문이었다. 날이 어둑할 무렵 휴메마에 도착한 사울은 다음 날 한낮쯤이면 페트라에 도착할 수 있을 것으로 계산했다. 무엇보다 다행인 것은 오가는 길이 이 시점까지도 더할 수 없이 무탈했다는 것이었다.

다음 날 새벽에 사울이 눈을 떠보니 하칸은 인사 한마디 없이 이미 출발하고 없었다. 하지만 이제 몇 시간만 더 가면 페트라에 도착할 수 있었으므로 사울은 크게 불안해하지 않았다. 사울은 자이와 자이의 짝에게 안장을 채우고 안장주머니에서

아라비아로 간 바울

빵 한 조각을 꺼내 먹은 뒤 길을 나섰다. 물론 사막에서 골치 아픈 일은, 어느 방향을 보든 다 똑같이 보여서 길을 잃기 쉽다는 것이다. 몇 번을 엉뚱한 방향으로 출발했다가 돌아오기를 반복한 끝에 사울에게 행운이 찾아왔다. 향신료 길로 줄지어 올라가는 긴 낙타 행렬을 만난 것이었다. 사울은 그냥 이 행렬 끝에 따라붙었다. 행렬이 멈추면 사울도 멈췄고, 행렬이 움직이면 사울도 움직였다. 낙타를 모는 이 낯선 사람들은 피부가 아주 가무잡잡했고, 그리스어는 물론 사울이 아는 그 어떤 언어도 쓰지 않았지만, 그런대로 친절한 것 같았다. 그렇지만 사울은 소지품을 꼼꼼히 챙겼고, 돈주머니는 목에 두른 뒤 토가로 덮어 가렸다. 오후 늦게 페트라로 들어가는 길 어귀가 보이자 사울은 뛸 듯이 기뻤다.

사울은 곧장 알렉산드로스의 가게로 가서 쾅 소리가 나게 문을 열어젖혔다. 알렉산드로스 노인이 나와서는 나바테아 주화가 가득 들어 있는 돈주머니를 들고 있는 사울을 보고 말없이 미소를 지었다.

"정말 자네는 믿을 만한 사람이군." 알렉산드로스가 말했다.

"당연히 그래야죠. 안 그랬다가는 도둑 싫어하시는 내 하나님께서 혼을 내실지도 모르니까요!"

그러고 나서 사울은 곧장 미리암의 집으로 가서 가만히 문을 두드렸다. 시간이 조금 걸리긴 했지만 마침내 빗장이 풀리고 미리암이 어둠 속으로 얼굴을 내밀며 물었다. "누구세요?"

"아, 네, 먼지투성이 늙은 향유 상인입니다." 사울이 농담을 던졌다.

"이런, 들어오세요, 들어오세요!"

사울이 향유병을 내밀자 미리암은 얼굴을 붉히며 말했다. "뭐하러 이런 걸 다." 미리암은 향유병 마개를 뽑더니 이내 탄성을 질렀다. "피스틱 나드로군요, 정말 뭐하러 이런 걸 사셨어요. 이거 사려고 토가라도 벗어서 파신 건 아닌가요?"

"아니요, 겨우 낙타 두 마리 팔았습니다. 농담이고요. 뭔가 멋진 걸 드리고 싶었습니다, 생일이 언제인지도 모르면서요."

"아우구스투스 달 다섯 번째 날이에요. 다음 달이지요. 시장하지 않으세요?"

"그런 걸 물어보실 줄은 몰랐어요. 아침에 먹은 빵 한 조각은 얼마 전에 소화가 다 됐지요. 아엘라에 갔다가 방금 돌아왔어요, 천막을 배달해야 했거든요."

"조심하는 게 좋겠어요. 그 알렉산드로스 양반이 당신을 일찌감치 무덤으로 보낼 거예요."

가벼운 농담을 주고받는 사이 미리암은 수프와 빵을 따끈하게 데웠다. 사울은 매우 고단한 상태였지만 몇 달 전 페트라에 온 이후 처음으로 페트라가 집처럼 느껴졌다. 미리암이 자신과 함께 정말로 가족을 이룰 수 있다고 생각해 준다면 좋겠지만, 사울은 거절당할까 봐 두려워 그 이야기를 꺼내기가 무서웠다.

아라비아로 간 바울

° **14** °

첩자

산헤드린은 사울이 갑자기 세상에서 사라진 것을 믿지 않았다. 특히 가야바가 이를 믿지 못하고, 사울이 한 치도 어김없이 약속을 이행하기를 바랐다. 사울이란 자는 산헤드린이 내부에서 어떻게 돌아가는지, 앞으로의 은밀한 계획이 무엇인지에 관해 너무 많이 알고 있었다. 그래서 가야바는 다소의 사울이 혹시 그리스도를 따르는 자인데 한동안 가야바의 조직 안에서 첩자로 활동한 것이 아닌가 하고 편집증적으로 의심하기 시작했다. 어느 경우든, 사울을 찾아서 전에 그가 가야바 앞에 끌고 왔던 유대인들처럼 심문을 해야 했다.

이리하여 가야바는 사울이 어떻게 되었는지 알아보려고 한 무리의 사람들을 다메섹으로 보냈다. 물론 다메섹이 지금은 나바테아 영토라는 사실을 염두에 두고 가능한 한 민첩하게 움직이며 조사해야 했다. 그러나 조사단이 다메섹에 도착했지만 사울의 흔적은 어디에서도 찾을 수 없었다. 사실 사울이 종적을 감춘 지 이미 여러 달이 지난 상태였다. 아무리 찾아다녀도 성과가 없자 조사단 우두머리 이삭은 이렇게 말했다. "그 노인(가야바)은 이제 죽음이 가까운 사람이라서 우리는 그가 우리 조상들에게 돌아가기 전에 무언가 답변을 내놓아야 한다.[1] 조사단은 일단 예루살렘으로 돌아가서 중간보고를 하도록 하자. 요셉은 북쪽 안디옥으로 가서 사울이 혹시 거기 있는지 알아보도록 하라. 안디옥은 유대인이 많은 곳이라, 바울이 설마 다메섹보다도 예루살렘과 훨씬 연락이 잘 되는 도시에 머물 만큼 어리석을 리는 없지만, 그래도 확인은 해봐야 한다. 나는 페트라로 가서 냄새를 맡아보고 뭐 알아볼 것이 없는지 확인하겠다. 내가 그자는 한눈에 알아볼 수 있으므로, 만약 그곳에 있다면 반드시 찾아낼 수 있을 것이다." 조사단은 이삭의 계획에 쾌히 동의하고 세 갈래로 흩어져 이동했다.

❖ ❖ ❖

한편, 페트라로 돌아온 사울과 미리암 사이에는 낭만적 연애가 빠른 속도로 꽃피고 있었다. 미리암은 이 나사렛 예수에 관해 더 많은 이야기를 들을 준비가 되어 있다고 했고, 이에 사울은 하나님은 오직 한 분 여호와이심을 자신은 계속 믿을 뿐만 아니라 한 주님, 예수 그리스도, 그 백성의 메시아가 계심 또한 믿는다고 미리암을 안심시켰다.[2] 하나님을 계속 믿을 것이라는 사울의 말에 미리암은 불안한 마음을 가라앉힌 것 같았고, 얼마 후 사울은 용기를 내서 미리암에게 자신과 결혼해 주겠느냐고 물었다.

아라비아로 간 바울

청혼을 받은 미리암의 얼굴에 수줍은 미소가 번졌다. "저한테 정말 그렇게 묻고 싶으신 거예요?"

민망함이 스멀스멀 스며드는 걸 느끼며 사울은 대답했다. "네…긴장 때문에 숨이 안 쉬어지네요."

"제 대답은 '네'인데, 한 가지 조건이 있어요."

"좋습니다, 무슨 조건이든지요!"

"수염을 깎으세요. 따끔거릴 뿐만 아니라 제 얼굴이 긁힐 거예요. 제 피부가 아주 민감하거든요."

사울은 길게 숨을 내뱉으며 말했다. "알겠습니다! 페트라에 이발사가 있지요. 알렉산드로스가 꼬박꼬박 수염 깎으러 간답니다."

"좋아요. 자, 오전 중에 이발사에게 가세요. 저도 씻고 단장을 좀 할 테니까 수염 깎고 오셔서 당신의 신부 될 사람에게 입 맞춰 주세요!"

"얼른 갔다 올게요!" 사울은 특히 좋아하는 시편 찬송 한 곡을 휘파람으로 불면서 보석 가게를 나왔다. 휘파람을 썩 잘 불지는 못했지만, 그게 뭐 대수랴. 미리암이 결혼해 주겠다고 했는데! 수염을 말끔히 밀어 버리는 게 나중에 어떤 사람을 피하는 데 도움이 되리라는 것을 사울은 꿈에도 알지 못했다.

결혼식 날 수염을 말끔히 밀다

페트라에 도착했을 때 이삭은 외국인 고관들의 방문을 감독하는 나바테아 서기관에게 전할 소개장을 지니고 왔다. 서기관과 의례적인 인사말을 나누고 난 뒤 이삭이 물었다. "페트라에 회당이나 유대인들이 모여 사는 지역이 있습니까?"

서기관은 턱을 긁적이며 대답했다. "사실은 없습니다. 이곳엔 회당이 없어요, 있다면 내가 모를 리 없지요. 그리고 유대인 가정이 모여 있는 곳은 페트라의 이 구역에도 없고 다른 구역에도 없습니다. 있다면 나도 알고 있겠지요. 특히 그 불충한 갈릴리 사람 헤롯 안디바와 최근 전쟁을 벌인 후로는 말입니다. 크게 도움이 못 된 것 같군요. 물론 여기서 장사를 하는 유대인 거류민은 몇 사람 있습니다. 페트라는 교역의 중심지니까요. 하지만 큰 문제를 일으키거나 법을 어기지 않는 한 외국인 거류민들에게 등록을 하라거나 자기 존재를 알리라는 요구는 하지 않습니다."

"좋습니다." 이삭이 말했다. "그럼 그냥 구석구석 돌아보기만 하고 예루살렘으로 돌아가야겠군요. 시간 내주셔서 감사합니다."

❖ ❖ ❖

기원후 1세기 유대인들의 결혼식에는 회당에서의 예배도 없었고 유대인 관리가 반드시 참석하지도 않았으며, 결혼식 관련 서류는 보통 양쪽 부모가 교환하는 신부 가격과 지참금 문서뿐이었다. 하지만 사울과 미리암처럼 부모 없이 성인들이 치르는 결혼식일 경우, 친구들만 참석하여 야외에서 간단히 예식을 올릴 수 있었다. 알렉산드로스는 포도주 양조장 주인인 친구 야반을 불러 결혼식 사회를 보게 했고, 미리암은 바느질꾼 친구 몇 사람에게 부탁해 혼례복을 만들었다. 미리암은 전에 입었던 혼례복을 다시 입고 싶지는 않았다. 첫 결혼의 기억이 고통스러웠기 때문이다. 결혼식은 그늘진 곳에서 치르기로 했는데, 정말로 그늘진 곳은 시장 광장 입구 근처의 거대한 무화과나무 아래뿐이었다. 물론 사람들이 많이 오가는 곳이었지만, 예식은 짧게 끝날 터였고, 결혼식 파티는 더위를 피해 시장 광장 옆 가장 큰 동굴에 있는 포도주 양조장의 만찬장에서 할 예정이었다.

사울과 미리암 두 사람 모두 긴장이 되었다. 하지만 이 긴장은 이날에 관한 긍정적인 면에서의 긴장이었다. 미리암의 친구들은 신부의 혼례복과 머리가 예쁘다고, 심지어 향수 선택도 최고라고 쉼 없이 호들갑이었다. 사울은 한때 턱수염과 콧수염이 자랐으나 이제 맨살이 느껴지는 얼굴을 자꾸 만지작거렸다. 뻣뻣한 머리카락도 오늘은 아주 잘 다듬었다. 날이 날이니만큼 두피와 손발에 기름을 바르고, 최근에 밀납 칠을 한 제일 좋은 가죽 샌들을 신고, 온통 흰색의 겉옷을 골라 입으니 사울은 새 사람 같아 보였다.

사실상 결혼식의 마지막 순서인 서약 시간, 부부는 서로에게 호세아의 유명한 말을 암송해 주었다. "내가 네게 장가들어 영원히 살되 공의와 정의와 은총과 긍휼히 여김으로 네게 장가들며 진실함으로 네게 장가들리니 네가 여호와를 알리라."[1] 사울이 고개를 들었다가 둥그렇게 모여 선 친구들 어깨너머로 자신과 미리암을 뚫어지게 쳐다보고 있는 남자를 발견한 것은 바로 그때였다. 사울은 그 남자를 즉각 알아보았다. 가야바의 오른손 이삭이었다. 그런데 저 사람이 여기서 뭘 하는 것일까? 그 순간 사울의 행복감은 두려움으로 변했다. 예루살렘에서 자신을 추적해서 데려가 심문하려고 이 사람을 보낸 거라는 생각이 들었기 때문이다. 사울은 가슴이 철렁 내려앉았지만, 하나님의 섭리인지 머릿속에 퍼뜩 이런 생각이 떠올랐다. "나는 저 사람을 분명히 알아보지만 저 사람은 아마 나를 못 알아보는 것 같군."

이때 이삭은 이렇게 혼잣말을 하고 있었다. "그래, 결혼 서약 때 거룩한 예언자의 글을 암송하는 걸 보니 저 두 사람은 유대인이군. 그런데 남자는 사울 같지가 않아. 사울보다 젊어 보이고, 말끔하게 면도를 했고, 술 달린 옷을 입지도 않았고, 이마에 성구를 붙이지도 않았어. 게다가 저 남자는 고수머리도 아니고 콧수염과 턱수염도 없고, 예루살렘을 떠나 다메섹으로 갈

아라비아로 간 바울

때 사울의 외모를 특징짓던 모습이 하나도 없어. 저 사람은 사울이 아니라 다른 사람이 확실해." 그리하여 이삭은 온종일 사울을 찾아 구석구석을 헤맸으나 헛수고였다. 어디에서도 사울은 발견되지 않았다. 이 결혼식 날 알렉산드로스의 가게는 문을 닫았고, 다른 상인 중에 사울을 정말로 아는 사람은 하나도 없었다.

신랑 신부로 포도주 양조장의 연회장을 향해 행진하는 동안, 사울의 손을 잡은 미리암은 그가 떨고 있다는 것을 알게 되었다. "왜 그래요, 여보?" 미리암이 물었다.

사울은 귓속말로 대답했다. "방금 아슬아슬하게(close shave) 위기를 모면한 것 같아요. 수염을 바짝 깎은(close shave) 덕분에 살았다(save)고요."

미리암이 웃음을 터뜨렸다. "수수께끼 같은 말을 하네요. 무엇 때문에 겁을 먹었는지 말해 줘요."

"결혼식 때 먼발치에서 우리를 지켜보던 사람이 있었는데, 내가 보기에 예루살렘에서 온 이삭이 확실해요. 대제사장이 수족처럼 부리는 사람이지요. 나를 찾아서 예루살렘으로 다시 데려가 산헤드린의 불호령을 받게 하려는 것 같아요. 다메섹에서 그리스도 따름이들을 더 많이 잡아서 예루살렘으로 데려와 신속히 재판받게 해야 하는데 그러지 못했다고 말입니다."

"오, 저런, 그런데 당신 외모가 달라져서 이삭이 당신을 다른 사람으로 착각했다는 말이군요?"

"확실히 그런 듯해요. 당신 덕분에 내 외모도 달라지고 더 행복한 인생을 살게 되었군요, 미리암. 이건 하나님을 사랑하는 사람들을 위해 하나님이 어떻게 만사를 합력시켜 선을 이루시는지를 보여 주는 한 가지 예가 분명해요…우리 같은 사람들을 위해서 말이지요!"

양조장 식당에 도착한 신랑 신부와 하객들은 혼인 잔치 때 보통 그러는 것처럼 신부와 신랑을 위해 "르카임"(L'chaim), "삶을 위하여"라고 축배를 들었다. 이어서 손님들은 모두 자리를 잡고 앉아 맛있는 음식과 질 좋은 포도주를 즐겼다. 한편 이삭은 가사를 거쳐 예루살렘으로 돌아가는 길에 들어섰다. 풀이 잔뜩 죽은 이삭은 자꾸 이렇게 혼잣말을 했다. "그 사람은 그렇게 열심이었던 바리새인 사울이 아닌 게 확실해. 예루살렘 최고의 제사장 집안 딸과 약혼했던 사람. 분명히 아니야! 사람이 그렇게 짧은 시간에 그렇게 달라지지는 않아." 하지만 이삭은 사울이 다메섹 도상에서 단지 외모만이 아니라 더 극적인 면에서 달라지기 시작하던 순간에 그 자리에 있지 않았다. 사람은 달라질 수 있다. 사실상 다시 태어날 수 있다.

결혼

로마의 결혼 풍습

고대 세계에서 결혼은 공동체의 일이었다. 그래서 결혼하는 두 사람뿐만 아니라 두 사람의 부모와 이들이 속한 사회 전반의 눈에 보이지 않는 기대까지 얽히는 일이었다. 그렇다면 결혼하는 사람은 명예 사다리(honor ladder)를 올라가는 것일까 내려가는 것일까? 결혼은 두 개인의 사랑을 필요로 하는 일이겠지만, 연인이 결혼으로 연합하는 데에는 부모도 근본적으로 중요한 역할을 했다. 낭만적 사랑보다는 신분과 명성과 지위를 높여 주는 사회적, 정치적 근거가 결혼을 더 좌우했다. 결혼에는 신분, 나이, 인종, 그리고 때로는 종교 같은 여러 요소들이 고려되어야 했다.[2] 결혼에 앞서 흔히 약혼 기간이 있었다. 로마 시대의 결혼은 하객을 초대하고 특별한 옷을 입고 반지를 교환하는 등 오늘날의 결혼식과 공통점이 있었다. 때로 잔치 형식의 약혼식(스폰살리아, sponsalia)을 하고 선물을 교환하기도 했다. 사람의 관습 중에는 이렇게 절대 사라지지 않는 게 있다![3] 로마 시대로 돌아가 결혼식을 구경하게 된다면 몇 가지 관습에 충격을 받을지 모른다. 예를 들어 동물로 제사를 지내거나, 결혼식 날 어떤 징조를 살핀다거나, 신부가 짐승의 지방을 취하여 신랑의 집 입구에 바른다거나 하는 풍습이 있었다.[4]

두 사람이 일단 결혼하기로 뜻을 모으면(이것을 아펙티오 마르틸리아스, *affectio martilias*라고 한다), 신부 아버지(파테르파밀리아, *paterfamilia*)의 동의가 있어야 한다. 결혼식 후 신부는 신랑의 권한 아래 있게 된다. 로마인으로서 공인된 결혼을 위해서는 유효한 결혼 계약을 맺을 권리(유스 코누비이, *ius conubii*)도 있어야 했다. 이외의 대다수 결혼은 로마인 집안 간의 사적인 협약이었다. 여름철은 결혼하기에 가장 좋은 계절이었던 것 같으며, 로마인들은 6월을 선호했다.[5] 이 특별한 날에는 신랑·신부와 친구들이 신부 아버지의 집에 모여 예식을 치렀다. 로마인들의 정식 결혼(마트리모니움 유스툼, *matrimonium iustum*)은 결혼 당사자들이 로마 시민인 경우에만 존재할 수 있었다. 이런 결혼을 해야 두 사람 사이의 자녀가 적법한 상속자로 선언될 수 있기에 이 결혼은 중요했다. 공식적인 결혼 "허가증"은 없었던 것 같다.

결혼할 수 있는 최소한의 나이가 있어서, 여자는 12살, 남자는 14살이 되어야 결혼할 수 있었던 것 같다.[6] 남자는 학교에도 다녀야 하고 경력도 쌓아야 했기에 보통 좀 더 늦게 결혼했다. 여자는 남자에 비해 일찍 결혼했다. 고대인들의 사망률을 고려할 때, 자녀 중 몇몇은 어릴 때 죽는다는 비극적 사실 때문에 여성은 아이를 많이 낳아야 했다. 출산 중인 여성이 사망하는 비율은 굳이 말할 것도 없다. 그래서 로마인과 유대인 모두 부부 사이에 나이 차이가 크게 났다. 기원전 18세기, 아우구스투스는 도덕에 관한 광범위한 법률의 한 부분으로 결혼에 관한 법을 통과시켰다. 남자들이 결혼을 꺼리자 이를 문제로 인식하고 이에 대한 대책으로 마련된 법이었다. 이 법은 매춘부와의 결혼이나 그 외 평판이 안 좋은 여성, 이를테면 간음으로 유죄 판결 받은 여성과의 결혼을 금지했다. 이보다 앞서 제정된 법인 '결혼 계층에 관한 율리우스법'(Lex Iulia de maritandis ordinibus)은 일정한 연령층의 남자와 여자에게 결혼과 재혼을 요구했고, 그렇게 하지 않는 사람들에 대한 처벌을 규정했다.[7] 이 법을 따르는 사람들은 세금도 감면받았다. 이런 법률은 제국 확장에 따른 실제적 필요에 부응하는 것을 목표로 했다. 즉, 군인과 장차 행정관이 될 인력을 수급하려는 것이었다. 이 법은 부유한 계층과 자유인들을 대상으로 했다. 백부장 계급 아래의 군인은 결혼이 허용되지 않았으며, 이는 제국 대다수에 적용되는 법이었다.[8] 그때나 지금이나 모든 결혼이 끝까지 유지되지는 않았다. 공식적인 이혼 증서는 없었고, 행정 절차상 요구되는 법적 요건도 없었다. 기원전 1세기 말의 로마 문화에서는 여자 측에서도 이혼을 주도할 수 있었고 남자 측에서도 할 수 있었다. 요즘 시대와 달리, 자녀는 아버지의 소유였기에 남편 곁에 있어야 했다. 또한 평생 한 남편을 두는 것은 여전히 이 미덕을 강조하는, '우니우이라'(uniuira)라고 알려진 명예의 표시였다.[9]

유대인의 결혼 풍습

그리스-로마 세계의 결혼과 유대인의 결혼은 별개였다.

아라비아로 간 바울

여느 고대인과 마찬가지로 유대인에게도 결혼은 명예와 지위를 쌓는 일로 귀결되었다. 결혼 계약을 조정하는 것은 아버지가 관여하는 일이었던 것 같다. 배우자 선택은 여러 측면을 고려해야 하는 결정이었으며 연애의 낭만은 두드러진 특색이 아니다. 두 집안은 법적으로만 연결되는 게 아니라 경제적으로도 함께 묶였으며, 그래서 유대인들은 신랑 집안에서 신부 집안으로 지참금(모하르, *mohar*)을 냈다.[10] 유대인의 결혼에는 결혼 보수(케투바, *ketubah*)라고 하는 특이한 측면도 있었다. 이는 결혼 계약서가 작성된 후 지불되는 것으로, 신부에게 약속 어음을 주는 것과 비슷했다. 이는 수 세기에 걸쳐 형성되다가 제2성전기에 법적으로 인정된 혁신적 조치로 보인다. 결혼 보수 지급액이 최소한 일 년 치 품삯에 해당하는 액수(약 200데나리온)였던 만큼, "약속" 어음의 이면에는 신랑 측의 재정적 부담을 줄여 주려는 의도가 있었다. 또한 이는 이혼 억제책으로도 작용했다. 이혼이 발생하면 신랑은 지참금뿐만 아니라 '케투바'도 변제해야 했기 때문이다.[11]

그때는 이혼이 지금만큼 흔하지는 않았지만, 그래도 이혼하기는 했다. 이혼은 특별한 상황에서 허용되었다. 이혼의 전형적인 이유는, 어느 한쪽이 결혼 서약을 어기는 것이었다. 하지만 과연 어떤 행동이 이혼의 타당한 이유로 여겨졌을까? 이점에 대해서는 유대인 집단마다 의견이 다르다. 결혼 서약에는 성적 부정이나 (음식이나 옷, 주거같이 꼭 필요한 것으로) 상대를 부양해야 할 의무를 다하지 못하는 것이 언급되었던 것 같다. 나중에 어떤 랍비 학교에서는 "부양"(provision)의 근거와 정의, 혹은 이와 관련해 이혼에 요구되는 최소한의 실례를 토론했다. 절차상으로는 남편 측과 아내 측 모두 이혼을 주도할 수 있었지만, 이혼 증서는 남편만 쓸 수 있었다.[12]

1세기를 지나면서 수혼(죽은 사람의 동생이나 가장 가까운 남자 친척이 죽은 형의 아내와 결혼해 자녀를 낳아 형의 이름으로 후손을 이어주는 관습-옮긴이)과 남자 친척이 죽은 가족 구성원의 아내와 결혼해야 할 의무(신 25:5-10에 근거한)를 두고 논쟁이 있었다. 누가복음 20장 27-40절에 기록된 예수의 논의는 그래서 나온 것이다. 마찬가지로, 일부다처 관행은 쿰란의 에세네파도 내부 문서에 따라 배제했고 로마인들에게도 불법으로 여겨졌는데 유대 땅에서만은 예외였다.[13] 유대인에게 결혼의 주목적은 창세기 1장 28절에 기록된 창조 명령의 성취로서 출산을 통해 언약 구성원을 만드는 것이었다.

아라비아로 간 바울

결혼의 희열

와디 럼(Wadi Rum)을 따라 루와파(Ruwwafa) 쪽으로 작은 오아시스가 페트라에서 불과 두 시간 거리에 있었는데, 그곳에는 예쁘고 조용한 여관이 있었다. 미리암은 그 아름다운 곳에서 안락하고 호사스럽게 신혼의 첫 이틀 밤을 보낼 채비를 했다. 미리암의 보석 가게 손님 중 그곳에서 묵어보고는 여관 건물과 음식, 푹신한 침대, 온천과 시원한 연못에 대해 격찬을 하는 이들이 많았다. 사울과 미리암은 8월의 태양이 저물 무렵 그곳에 도착했다.

맛있고 호화로운 저녁 식사를 천천히 즐긴 두 사람은 커다란 연못 가장자리 몇 개의 방이 딸린 침실로 들어갔다. 침대 옆 창문으로 보이는 밤하늘은 수정처럼 맑았고 무수한 별들이 그 하늘에 촘촘히 박혀 있었다. 그러나 사울과 미리암은 서로의 눈에 박힌 별 외에는 어느 별에도 별 관심이 없었다. 사랑의 행위를 주도하는 쪽은 아무래도 결혼 경험이 있는 미리암이었다. 부부는 새로 발견한 기쁨과 황홀경에 여러 시간 한껏 취해 있다가 더없이 행복한 잠에 빠져들었다.

두 사람은 갈매기 소리에 잠이 깼다. 오아시스에서 신선한 물을 마시려고 내륙으로 들어온 갈매기인 듯했다. 잠자리에서 빠져나온 사울은 신부와 함께 먹을 아침 식사를 가져오려고 방문을 나섰다. 그런데 놀랍게도 방문 바로 밖에는 설탕과 향료를 넣어 데운 포도주인 듯한 뜨거운 음료, 과일, 납작한 빵과 후무스(hummus: 병아리 콩을 익혀 으깬 후 기름으로 맛을 낸 음식. 빵에 발라 먹는다–옮긴이), 약간의 올리브, 대추야자, 달고 부드러운 무화과 등이 담긴 쟁반이 놓여 있었다.

"아침 식사가 왔어요." 신랑이 알렸다.

잠이 덜 깬 눈을 비비며 침대에서 일어나 앉은 미리암이 생글거리며 말했다. "이곳 사람들 빈틈이 없네요!"

"그런 것 같군요." 사울도 빙긋이 웃으며 말했다. "그런 것 같아요."

감사 기도를 한 뒤 한동안 말없이 음식을 먹던 사울이 말했다. "중요한 건 아니지만 페트라로 돌아가기 전에 정리할 문제가 하나 있어요."

"잠깐만요, 내가 맞춰 볼게요. 우리가 이제 어디에서 살 것인가 하는 문제지요? 당신의 동굴 숙소는 우리 둘이 살기에 너무 작고, 특히 내 살림이 다 들어가기엔 더욱 좁으니까요. 걱정하지 말아요, 여보. 당신이 모르는 게 있는데, 사실 제 가게 뒤편으로 방이 네 개나 있답니다. 가게로 들어오면 보이는 커다

아라비아로 간 바울

란 문 뒤에요. 그중 하나는 크고 쾌적한 침실이에요. 문제 해
결."

"토라 첫 책에서 '남자가 부모를 떠나 아내와 합해야 한다'
라고 하는데, 그 말의 의미가 아내의 집으로 이사한다는 뜻일
수도 있군요."

"지금 같은 경우에는 아주 편리한 해석이네요, 우리 학자
님. 어쨌든 돌아가면 바로 동굴 숙소에서 짐 옮기세요, 그래야
집세도 아끼지요. 이제 우리 두 사람의 인생은 더 좋아질 일만
남았어요."

"그래요, 하나님은 선하시지. 이 나이에 당신 같은 아내를
얻다니 나는 정말 복 받았어요."

"복 받고말고요." 미리암이 농담처럼 말했다. "그걸 잊으면
안 돼요, 잊으면 내가 가끔 일깨워 줄 거예요."

오아시스에서의 짧은 여행을 마친 뒤 두 부부는 페트라로
돌아와 사울의 얼마 안 되는 짐을 보석 상점 뒤편에 있는 미리
암의 집으로 옮겼고, 그 후 여러 달 동안 두 사람의 삶은 무탈하
게 이어졌다. 사울과 미리암은 열심히 일했다. 부부가 되니 기
혼자 친구를 새로 사귀기가 더 수월해졌고, 두 사람의 수입을
합치면 아이가 생길 때를 대비해 매주 얼마간의 돈을 따로 모
아둘 수 있다는 걸 알게 되었다. 두 사람은 그런 미래 이야기를
자주 했다. 사울에게 한 가지 신경 쓰이는 일은 자신이 부름을
받은 일에 관해 아내에게 이야기한 것 외에 그 일을 이루기 위
해 아무것도 한 게 없다는 것이었다. 하지만 사울은 적당한 때
가 오고 기회가 무르익으면 하나님께서 이를 알려 주시리라고

믿었다. 사울이 다메섹에서 나온 지 이제 일 년 반이 지났는데, 어떤 면에서 사울은 페트라를 떠나고 싶은 마음이 전혀 없었다. 주변 모든 세상이 주는 위로, 가족과 음식과 친구, 그리고 의미 있는 일이 주는 모든 축복을 사울은 페트라에서 이미 풍성히 누리고 있었다. 하지만 사울이 늘 하고 싶은 일이 한 가지 있었다. 모세가 십계명을 받은 곳인 시내산으로 순례를 가보는 것이었다. 사울은 적당한 때가 되면 미리암에게 이 이야기를 꺼내 봐야겠다고 혼자 생각하고 있었다. 아마 내일쯤이 좋을 것 같았다.

아라비아로 간 바울

제벨 무사에 갈 계획을 세우다

시내산, 또는 호렙산으로 알려진 이른바 모세의 산은 수 세기 전부터 유대인들의 순례지가 되어 왔는데, 사울도 이곳에 한 번 가볼 수 있기를 꿈꾸어 왔다. 이날 아침, 두 사람의 보금자리에서 염소젖과 과일로 아침 식사를 하던 사울은 맞은편 바닥에 책상다리를 하고 앉아 있는 미리암에게 말했다. "여보, 내가 꼭 다녀오고 싶은 곳이 한 군데 더 있는데, 그곳에 갔다 와서 다시 일상을 시작하면 어떨까."

"그리고 다녀오면 그 중요한 이야기도 해야죠. 아기 갖겠다는 약속 지키는 것 말이에요."

"맞아요, 다녀와서 그 이야기도 해야지. 나는 모세의 산으로 순례를 다녀왔으면 해요. 고생스럽기는 하겠지만, 우리 둘 다 젊으니 그 정도는 충분히 감당할 수 있을 거예요. 그리고 모세처럼 나도 우리 앞에 어떤 미래가 마련되어 있는지 그 거룩한 산에서 우리 하나님과 이야기해 보고 싶어요. 내게는 일생의 소명이 있는데, 그 소명을 어떻게 이뤄야 할지 분명하지가 않아요. 당신이 이미 알다시피."

"별로 놀랍지 않은 부탁이네요, 내 장담하건대 나바테아 사람들도 그 거룩한 산으로 순례를 다닌 지 오래되었다는 걸 당신은 아마 모를 테지요.[1] 이백여 년 전부터 시내산에 나바테아 어로 쓰인 비문(碑文)이 있다는 것 알아요?"

"몰랐어요. 하지만 놀랍지는 않아요. 나바테아 사람은 뛰어난 베두인 족속이고 수 세기 동안 이 지역에서 상인으로 살아왔고, 게다가 아주 종교적인 사람들이니까."[2]

"당신 운 좋은 줄 아세요. 나와 종종 보석 거래를 하는 내 친구 와피가 전에 시내산에서 안내인 생활을 했거든요. 와피에게 수고비를 좀 주면 우리에게 길 안내를 해줄 거예요."

"잘 됐군. 당신 생각이 마음에 들어요. 그런데 그 지역 지도를 좀 볼 수 있을까요?"

"볼 수 있죠. 와피에게 지도가 있어요. 근데 내가 와피에게 지도를 한 장 빌려 놓고 아직 안 돌려주었다는 게 생각나네요. 내 책상에 있는지 잠깐 찾아볼게요. 아…여기 있네요."

"여기 보니 일단은 아엘라로 가서 배를 타고 남쪽으로 오하합만까지 간 다음 육로로 시내산이 있는 산지까지 가야겠군." 이는 가는 데만 적어도 사오일이 걸리는 길이었다. 그곳의 산들은 여기 아라비아 본토에 있는 그 어떤 산보다도 높았다. 시내산은 사실상 그 지역에서 두 번째로 높은 산이었지만, 그래도 하나님과 가까워질 수 있을 만큼은 높았다. "먹을 것을 많

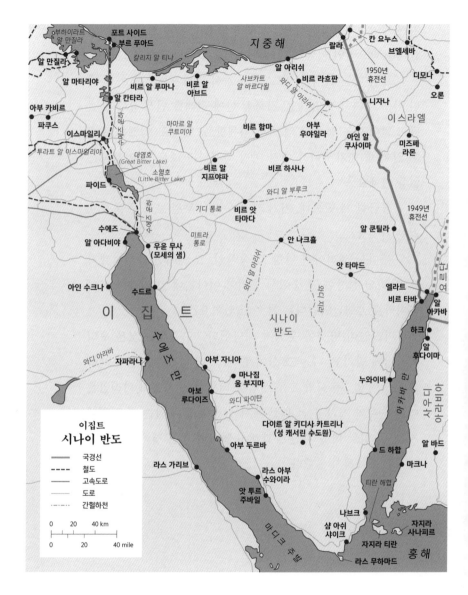

지도상의 지명:

부하이라트 알 만잘라, 포트 사이드, 부르 푸아드, 칼리지 알 티나, 알 아리쉬, 랄라, 칸 요누스, 브엘세바, 알 만질라, 알 마타리야, 비르 알 루마나, 비르 알 아브드, 사브카트 알 바르다윌, 와디 알 아리쉬, 비르 라흐판, 1950년 휴전선, 디모나, 오론, 아부 카비르, 알 칸타라, 파쿠스, 이스마일리, 투라트 알 이스마일리야, 마마르 알 쿠트미야, 비르 함마, 아부 우야일라, 아인 알 쿠사이마, 니자나, 이스라엘, 미즈페 라몬, 대염호 (Great Bitter Lake), 소염호 (Little Bitter Lake), 비르 알 지프야파, 비르 하사나, 와디 알 부루크, 1949년 휴전선, 파이드, 기디 통로, 비르 앗 타마다, 미트라 통로, 안 나크흘, 알 쿤틸라, 수에즈, 알 아다비야, 우윤 무사 (모세의 샘), 앗 타마드, 엘라트, 비르 타바, 알 아카바, 아인 수크나, 수드르, 시나이 반도, 하크, 알 후다이마, 와디 아라바, 자파라나, 아부 자니아, 마나짐 움 부지마, 와디 파이탄, 누와이비, 알 바드, 아보 루다이즈, 다이르 알 키디사 카트리나 (성 캐서린 수도원), 드 하합, 마크나, 아부 두르바, 라스 가리브, 라스 아부 수와이라, 앗 투르 주바일, 티란 해협, 나브크, 샴 아쉬 샤이크, 자지라 사나피르, 자지라 티란, 라스 무하마드, 홍해

이집트
시나이 반도

— 국경선
- - - - 철도
— 고속도로
— 도로
-·-·-·- 간헐하천

0   20   40 km
0   20   40 mile

지중해

이 집 트

수 에 즈 만

아 카 바 만

지 둥 해

가자 지구는 이스라엘이 점령하고 있으며 법적 상태는 아직 결정되지 않은 상태다.
지도상 경계 표시에 권위가 있지는 않다.

이 싸가야겠어요. 그러려면 좀 바쁘겠네요. 와피 집에 가서, 길 안내를 받으려면 어떻게 해야 하는지도 알아봐야 하고요."

"그럼 나는 알렉산드로스에게 가서 말해야겠군. 돌아올 테니 아무 염려하지 말라고. 거룩한 산에 순례를 먼저 갔다 오겠다고 말이지요. 불평할 테지만, 이해할 수 있어요. 어쨌든 요즘은 일이 좀 한가하니까 내가 며칠 빠진다고 해도 큰 어려움은 없을 거예요."

"궁금한 게 있는데, 거기 가서 우리는 무얼 보고 무얼 들으려는 거지요?"

"아마도 엘리야가 말한 그 속삭임, 그 세미한 음성이겠지요. 우리의 신성한 글 중에서 엘리야 이야기에 그 거룩한 산이 마지막으로 언급되었다는 거 알고 있어요?"

미리암이 빙긋이 웃으며 대답했다. "교육적인 것은 우리 학자님께 맡기고, 나는 그 산에 관해 좀 더 낭만적인 생각을 하고 있었어요." 두 사람 모두 웃음을 터뜨렸다. 사울과 미리암은 이번 순례와 거기서 얻게 될 계시에 잔뜩 들떠 있는 게 분명했지만, 이 일로 이들 자신에 관해서 얼마나 많은 것이 드러나게 될지는 예측하지 못했다.

아라비아로 간 바울

와피가 길 안내를 하다

와피는 활력이 넘쳤다. 나바테아인이 아니라 정확히 말해 구스 (에티오피아)인인 와피는 평생을 애굽 아래쪽 시내 사막을 종횡 무진 돌아다니며 살았다. 키가 150센티미터밖에 안 되고 구스 사람답게 피부가 새까만 와피는 조금이라도 키가 커 보이려고 머리에 커다란 터번을 둘렀는데, 사방에서 바람이 불고 모래가 날려 오기 시작할 때 이 터번은 얼굴을 덮어 가릴 수 있는 스카 프 역할도 했다. 와피의 낙타 세 마리는 족장들의 이름을 따서 아브라함, 이삭, 야곱이라 불렀고, 이 낙타들도 족장들처럼 애 굽의 어떤 지역을 향해 가는 긴 순례 길에 익숙했다. 그 무엇도 이 낙타들이 목표 지점을 향해 가는 것을 가로막지 못했다.

　신혼부부가 낙타에 올라타는 것을 보며 와피가 말했다. "이 낙타들은 먼길을 가야 하니 다정하게 대해 주어야 해요. 빨 리 가라고 재촉하기보다는 성큼성큼 오래가게 할 겁니다. 그런 속도로 가면 나흘째 되는 날 시내산에 도착할 수 있을 거예요. 물론 하나님이 허락하셔야 하고 날씨가 좋아야 하지요. 여기서 두 분에게 말씀드릴 것은, 저도 유대인이라는 겁니다. 구스 유대인. 그리고 우리는 언약궤를 구스의 안전한 곳에 가지고 있다고 믿는답니다. 다름 아니라 시바 여왕의 후손들이 가져왔지요. 바벨론 사람들이 예루살렘을 정복하러 왔을 때 제사장들은 언약궤를 바벨론으로 가져가는 것을 허락할 수 없었고, 그래서 유대인들에게 보내 관리하게 했어요. 아마 처음에는 시내(Sinai)의 유대인들에게 보냈을 것이고 훨씬 후 시내가 노상강도와 도적떼 때문에 위험해지자 구스의 악숨(Axum)으로 가지고 가서 지금까지 거기 있게 된 거지요.”[1]

"흥미로운 전설이군요.” 사울이 말했다. “따지고 보면 일리가 있을지 몰라요. 확실한 건, 언약궤가 지금 예루살렘에 없다는 것, 그리고 그게 벌써 수백 년째라는 겁니다. 사실 헤롯 성전을 못마땅해하는 유대인들도 있지만 그 이야기는 다른 날 하기로 하지요. 와피, 어떻게 페트라에 살게 되었는지 그 이야기나 들어봅시다.”

"기꺼이 해드리죠. 하지만 두 분도 어떻게 결혼에 이르게 되었는지 이야기해 주셔야 합니다.”

"공평하군요, 하지만 와피가 먼저.” 사울이 말했다.

"저는 구스, 애굽, 시내반도, 그리고 나바테아 땅을 두루 다니는 상인들의 자손입니다. 절기 때는 예루살렘으로 올라가기도 했지요.[2] 우리가 사들여서 파는 물건은 향신료였어요. 운반하기 쉽고, 절대 상할 염려가 없고, 지역 어디에서나 늘 수요가

아라비아로 간 바울

있는 물건이었지요. 음료에도 넣고, 음식에도 넣고, 의례나 장
례식용 향 만들 때도 필요하고, 네, 특히 왕족과 귀부인들이 쓰
는 향유에도 들어가지요. 제가 아는 한, 우리 집안은 4대에 걸
쳐 그 일을 했어요. 우리는 토라를 유대와 갈릴리의 유대인들
과는 좀 다르게 지키지만, 기본적으로 한 분 하나님과 하나의
신성한 문서를 믿는 똑같은 종교예요. 저는 형제자매가 셋인
데, 살기는 구스와 애굽에 흩어져 살지만 모두 똑같은 일을 하
고 있어요. 저는, 말하자면 타지의 대리인으로, 형제들이 남쪽
에서 향신료 길을 따라 올라올 때쯤 페트라에 향신료를 사서
모아둔답니다. 자, 이제 두 분 이야기를 들을 차례예요. 아니 그
런데, 벌써 첫 번째 오아시스에 도착했네요. 낙타들 물 먼저 먹
이고, 우리도 목 좀 축이지요."

첫날 여정의 목표는 아엘라에 도착하는 것이었는데, 아마
도 날이 어둑어둑해진 후에 도착할 수 있을 것 같았다. 하룻밤
묵을 곳은 와피가 찾아 놓았다. 그리고 다음 날 아침이 밝는 대
로 이들은 낙타와 함께 커다란 펠루카(felucca) 선에 올라, 만
(gulf)을 따라 내려가며 온종일 항해할 예정이었다. 그다음에는
산을 넘고 골짜기를 지나 마침내 하나님의 산 시내산에 이를
때까지 아주 험난한 여정이 된다. 오아시스에서 잠시 숨을 돌
린 뒤 쉬지 않고 길을 재촉한 세 사람은 계획한 대로 땅거미가
질 무렵 아엘라에 도착했다.

바다 근처 모닥불에 둘러앉았을 때 와피가 마침내 물었다.
"두 분 이야기 좀 해주실래요? 어떻게 만나서 결혼하신 겁니
까?"

미리암을 바라보면서 사울이 "나부터 시작할까요?"라고 묻자 미리암이 고개를 끄덕였다.

"내 이야기를 하려면 시간이 오래 걸리니까 짤막하게 줄거리만 들려 드리지요. 나는 길리기아의 다소에서 태어났어요. 부모님은 신심 깊은 유대인이었고, 사실 아버지는 바리새인에다가 로마 시민이었지요. 그래서 나도 아버지를 뒤따라 바리새인이자 로마 시민이 되었고, 킬리키움으로 천막도 만들고 그 외 가죽 제품을 만드는 가업을 익혔습니다. 나는 영리한 편이어서 아버지는 내가 최고의 바리새파 교육을 받기를 바라셨어요. 그건 곧 내가 성년이 되기 전에 우리 가족 모두 예루살렘으로 이사를 했다는 뜻이지요. 그곳에서 나는 위대한 바리새파 교사로 손꼽히는 가말리엘의 문하생이 되었고, 다른 학생들에 비해 더 가르칠 맛이 나는 학생이 되었지요. 그 이유는 이제부터 이야기할 텐데요.

나는 율법에 대한 열심이 있다면 하나님의 백성을 그릇된 가르침과 관행에서 보호해야 한다고 생각하는 사람이었지요. 설령 그게 일부 유대인 동족들을 용인할 수 없는 자들로, 참으로 채찍질 마흔 번이나 심지어 돌로 쳐 죽여 마땅한 신성모독자들로 취급한다는 뜻일지라도 말입니다. 청년의 지나친 열심, 혹은 '올바른 지식을 따르지 않은' 열심이었다고 할 수 있지요. 어쨌든 그 열심 때문에 나는 나사렛 예수 따름이라고 하는 이 새로운 분파와 관련해 산헤드린을 위해 일하는 일종의 청부업자가 됐습니다. 그들은 예수가 십자가에 못 박혀 죽었음에도 그를 유대인의 메시아요, 그보다 더한 존재로 여겼지요. 그게

아라비아로 간 바울

내가 보기에는 말도 안 되는 거였고, 그래서 나는 이 문제를 처리할 사람으로 지명된 게 기뻤습니다. 그런데 그때 예상하지 못했던 일, 정말 극적인 일이 내게 일어났어요.

다메섹에 사는 그리스도 따름이들을 인도받아 산헤드린의 재판에 부치려고 일행들과 함께 길을 가고 있는데, 다메섹 외곽의 한 도로에서 갑자기 환상 중에 한 천상의 존재를 보고 길 위에 납작하게 엎어졌어요."

"천사를 봤다는 거지요, 틀림없이?" 와피가 끼어들었다.

"아니요, 내 말은, 부활해서 높아지신 예수님이 직접 나타나셨다는 겁니다. 그분이 내게 물었어요, 왜 나를 박해하느냐고. 천상에 계신 분이 그런 질문을 하다니 이상했지요. 그러다가 그게 그리스도를 따르는 이들을 뜻한다는 사실을 깨달았습니다. 바로 그때 그분이 내게 자기를 계시하기 시작했어요. 그리고 내가 해왔던 일과 완전히 반대되는 일을 맡겨 주셨지요. 이 새로운 메시아 운동을 탄압하지 말고 오히려 예수에 관한 좋은 소식을 비유대인들에게 전하는 데 앞장서라는 거였어요."

"기이하군요, 술 취하거나 일사병이 난 것 아니었습니까?" 와피가 물었다.

"술 취하지도 않았고 일사병도 아니었습니다. 하지만 그 일을 겪고 나는 눈이 안 보이게 되어서 동행들 손에 이끌려 다메섹으로 들어갔지요. 거기서 아나니아라고 하는, 선량한 유대인 그리스도 따름이의 도움으로 시력을 되찾고 세례를 받은 뒤 나 자신도 그리스도 따름이가 되었습니다. 그렇게 해서 옛 사울은 다메섹에 버려졌습니다. 하지만 새 사울은 무엇을 해야 했을까요? 어디로 갈 수 있었을까요? 확실한 것은, 예루살렘으로는 돌아갈 수 없었다는 겁니다. 돌아갔다가는 그 자신이 산헤드린의 재판을 받을지도 모르고, 유대 땅의 그리스도 따름이들에게 따뜻이 환영받을 가능성도 없었으니까요. 사울이 한때 그 사람들을 박해했고, 심지어 스테파노스라고 하는 사람을 죽음에까지 이르게 했으니 말이지요.

다메섹이 그즈음 나바테아의 새 영토가 되어 있었는지라 페트라로 가서 새 출발을 하자는 생각이 떠올랐어요. 산헤드린의 밀정이 거기까지 와서 나를 찾아낼 법하지는 않았거든요. 그래서 그렇게 했지요. 자, 그 후의 이야기는 미리암에게 맡길게요."

"어느 날, 콧수염과 턱수염이 지저분하게 자란 이 남자가 페트라의 내 보석 가게로 들어왔답니다. 와피도 이미 알다시피 나는 남편을 잃은 지 일 년이 넘었고, 애도 기간이 막 끝난 상태였지요. 그 시점에서 새로운 남편을 찾고 있지는 않았어요. 스스로 먹고살 방도도 있었고 은혜로우신 우리 하나님의 도움으로 나 혼자서도 충분히 살아갈 수 있었거든요. 하지만 이 남자 사울에게는 호기심을 불러일으키는 무언가가 있었어요, 심지어 매력도 있었지요. 물론 그 지저분한 수염은 빼고요. 다행히, 수염을 깎아 달라는 내 요청에 응해 주었지만요. 앞으로도 늘 그래 주었으면 좋겠어요. 그리고 몇 주 몇 달 시간이 흐르면서 나는 우리가 점점 사랑에 빠져들고 있다고 생각했지요. 하지만 자기와 결혼해 주겠느냐고 얼마나 서둘러 물어보던지 깜짝 놀랐답니다. 그런데 더 놀라운 것은 나도 모르게 '네'라고 대답했

아라비아로 간 바울

다는 거예요…그것도 기꺼이 말이죠."

와피가 빙긋이 웃으며 말했다. "두 분은 아주 잘 어울리는 한 쌍이에요. 두 분이 세상의 모든 복이란 복은 다 받으시면 좋겠어요. 하나님의 뜻이라면 자녀의 복도 포함해서요."

"우리는 이제 갓 결혼한 부부라 아직 그런 대화까지는 못 나누었어요." 미리암이 웃음을 터뜨렸다. "하지만 오래지 않아 그 이야기도 하게 되겠지요."

그렇게 대화를 마치고 세 사람은 잠자리에 들었다.

남으로 항해하기

수탉 울음소리가 일찌감치 새벽을 알렸다. 세 사람은 서둘러 잠자리에서 일어나 낙타들을 이끌고 항구에 대기 중인 펠루카 선에 올랐다. 선장의 이름은 요나였고, 역시 동족 유대인으로 와피의 좋은 친구였다. 승객들이 각자의 짐과 동물을 끌고 모두 배에 오르자 배는 곧 출항하여 정남향으로 항해를 시작했다. 하늘로 해가 떠오르자 상쾌한 산들바람이 불어왔고, 투명하게 아름다운 풍경이 인상적으로 펼쳐졌다.

항해는 즐거웠고, 평화롭기까지 했다. 폭풍우도 없었고, 일행을 괴롭히는 해적도 말썽꾼도 없었으며, 항해 중에 본 배라고는 화물을 싣고 아엘라로 가는 거대한 선박들뿐이었다. 배는 해안을 따라 온종일 항해한 끝에 시내반도 선착장에 이르렀다.

"여기까지는 수월하고 재미있는 여행이에요. 하지만 이제 곧 시내산으로 이어지는 산악 지대를 통과하려면 낙타들이 불

아라비아로 간 바울

평하면서 고집 피울 겁니다. 일단 선착장에 내리면 천천히 신중하게 한 걸음씩 나가야 해요."

와피는 사울이 들려준 개인적인 이야기에는 그 어떤 대꾸도 하지 않았다. 매우 어리둥절했고 수많은 의문이 생겼지만, 요령 있게 물어볼 수 있는 적당한 때를 기다리며 잠자코 있었다. 대다수 고대인처럼 와피는 사람의 성격과 삶의 방향은 날 때부터 정해지고, 성별과 세대 심지어 지리적 위치에 따라서도 결정되며, 그 사람이 남자인지 여자인지에 따라서도 정해지고, 누구의 아들딸인지에 따라서도 정해지고, 어디에서 태어났는지에 의해서도 결정된다고 믿었다. 와피가 생각하기에 사울이 들려준 이야기 초반부와 사울이 자기를 다소의 사울이라고 부른다는 사실에 이러한 사고방식이 반영되어 있었다. 와피는 다른 유대인들처럼 "표범이 자기의 반점들을 다르게 바꿀 수 있느냐?"(렘 13:23)라는 속담을 알고 있었다. 이에 대한 대답은 절대 '그럴 수 없다'였다. 인생의 중후반에 무언가 실제적 변화가 일어난다는 개념은 와피에게 낯설었고, 그래서 당혹스러웠다. 사울이 정말 천상의 예수 환상을 보고 삶의 방향이 완전히 바뀌었다는 말인가? 환상은 볼 수 있다고 쳐도 유일무이하신 하나님에게 예수라는 아들이 있고 그 아들이 십자가에 달려 죽고 부활한 뒤 하나님이 그를 자기 오른편으로 높여 주셨다는 게 과연 가능한 일인가? 와피는 과연 성경 어디에 십자가에 달려 죽었다가 부활한 메시아가 예언되어 있는지 알지 못했고, 더욱이 그 메시아가 하나님의 거룩한 아들이리라는 것은 상상도 못한 일이었다. 그래서 정말 생각해 볼 게 많았고, 질문도 세심히 따져가며 해야 할 것 같았다. 와피는 친구 미리암을 좋아했고, 그뿐만 아니라 돈을 지급하고 자신을 고용한 사람을 기분 나쁘게 만들고 싶지 않았기 때문이다.

배에서 내려 부두 근처의 천막에 자리를 잡은 후 사방에 어둠이 내려앉자 세 사람은 작은 모닥불에 둘러앉아 빵과 포도주, 과일, 견과류로 가벼운 저녁 식사를 했다. 식사가 거의 끝나갈 무렵 와피가 조심스럽게 입을 열었다. "사울, 당신이 들려 준 이야기 아주 흥미로웠어요. 근데 한 가지 궁금한 게 있어요. 동족 유대인들을 박해한 일에 대해 불평한 이가 일종의 수호 천사, 그러니까 천사장 미가엘 같은 존재가 아니라 예수였다고 확신하나요?"

"네, 확신하고말고요. 그분이 자기 정체를 분명히 밝히셨어요. 내게도 완전히 충격이었지요. 그런 계시는 꿈도 꿔 보지 않았거든요. 그렇게 분명하고 설득력 있지 않았다면 나 자신도 믿지 않았을 겁니다. 기억하세요, 이 계시 전에 나는 예수와 예수 따르는 이들을 멸시했고, 이들이 한 분 하나님을 믿는 우리 믿음을 망쳐 놓고 있다고 생각했다니까요."

"알겠어요, 우리 하나님에게는 신비로운 점이 엄청나게 많으니까요. 그래서 이 일에 관해서는 좀 더 생각해 봐야겠어요. 그건 그렇고, 이제 일찌감치 잠자리에 들어야 해요. 내일은 고되고 긴 하루가 될 테니까."

미리암과 사울은 와피의 말에 고개를 끄덕이며 모닥불을 끄고 잠자리에 들 준비를 했다. 미리암과 함께 천막으로 들어가던 사울은 밤하늘을 올려다보며 좋아하는 시편 하나를 암송했다. "주의 손으로 만드신 작품들, 해와 달과 별을 내가 생각해 보니 사람이 무엇이기에 그를 생각하시며 인자가 무엇이기에 주께서 그를 돌보시나이까 그를 천사들보다 조금 못하게 만드셨나이다."

"오늘 밤엔 하늘에 별이 참 많네요." 미리암이 말했다. "그리고 하나님은 우리 각 사람을 돌보시지요. 그게 아니라면 당신을 나처럼 외롭고 슬픔에 잠긴 장사꾼 여인의 집 문간으로 이끄시지 않았을 거예요."

"동족이나 가족도 없는 한 남자를 당신처럼 특별한 사람에게로 이끄시지도 않았겠지요, 미리암. 그분이 나를 버렸다면."

"아멘, 아멘." 두 사람은 약속이나 한 듯 말했다.

◦ 20 ◦

밤으로 가는 긴 하루 여정

산악 지대를 통과해 시내산으로 가는 길은 심약하거나 몸이 불편한 사람, 고소공포증이 있거나 모험심이 부족한 사람, 또는 여행하려는 의지가 없는 사람에게는 적당하지 않다. 이 구간을 지날 때는 낙타들조차 투덜거렸고, 그러는 게 당연했다. 땅은 울퉁불퉁하고, 산속의 오솔길로 오르는 길은 구불구불하며, 대상들이 반대 방향 산에서 내려올 때면 암벽에 바짝 붙어 서 있어야 했다. 세 사람은 별 대화도 없이 낙타의 안장을 꽉 붙잡고 앞만 바라보았다. 와피는 이 길에 익숙했지만, 그렇지 않은 사울과 미리암의 시선은 산모퉁이를 돌 때마다 낯선 풍경에 흠뻑 빠져들었다. 두 사람은 이 짤막한 여정을 쉽게 잊지 못할 듯했다.

어느 지점에 이르러 사울은 좋아하는 시편을 또 하나 암송했다. "내가 깊은 어둠의 골짜기로 다닐지라도 해를 두려워하지 않으리니 주께서 나와 함께 하심이라 주의 지팡이와 막대기

182   아라비아로 간 바울

가 나를 위로하나이다…" 모퉁이를 돌 때 이따금 산속의 평지
가 보이기도 했다.

눈 앞에 펼쳐진 산들이 때로 끝이 없어 보이기도 했다. 과
연 이들은 시내산에 이를 수 있을까? 불편한 낙타 등에 올라앉
아 긴 하룻길을 간 끝에 마침내 허벅지 통증에서 벗어날 수 있

을까? 사울과 미리암은 시간이 갈수록 지쳐갔고, 낙타 안장에
쓸린 허벅지가 점점 뻐근해져 말을 잃어갔지만, 앞장서 가는
와피는 이 여행을 즐기고 있는 것 같았다.

하지만 이들은 포도주도 마시고 빵도 먹어가며 계속 여정
을 이어갔다. 겨울철은 아니었지만 산이 많은 사막 지대는 밤
이 되면 추웠고, 그래서 와피는 밤마다 모닥불을 지폈다. 그러
던 어느 날 밤 와피는 지쳐 있는 두 친구에게 말했다. "이야기를
하나 해드릴게요. 일종의 유대인 전설인데요. 처음에 하갈이
아들 이스마엘하고 같이 아브라함 집안에서 쫓겨났을 때, 애굽
방향인 남쪽으로 향했지요. 하갈은 애굽 사람이었으니까요. 그
리고 시내산까지 순례하는 동안 줄곧 하나님이 미래에 관해 주
실 답변을 구했지요. 하갈은 하나님이 아브라함에게 처음에 하
신 말씀을 다시 확인받았어요. '이스마엘에 대하여는 내가 네
말을 들었나니 내가 그에게 복을 주어 그를 매우 크게 생육하
고 번성하게 할지라 그가 열두 두령을 낳으리니 내가 그를 큰
나라가 되게 하려니와.' 시내반도에 사는 베두인 사람들을 좀
아는데, 이 사람들은 자기들이 이스마엘의 후손이라고 생각한
답니다. 그래서 그 땅도 마땅히 자기들 거라고 여기고요. 이 이
야기를 어떻게 생각하세요?"

사울은 목소리를 높여 말했다. "그럴 수 있다고 생각합니
다. 토라의 첫 번째 책에 기록된 그 이야기는 아주 암시적이고,
상세한 내용이 별로 없지요. 그 책 중반쯤에 보면, 이삭과 이스
마엘이 함께 아버지 아브라함을 막벨라 굴에 장사지낸다는 내
용이 있어요.[1] 그 시점쯤에는 이삭과 이스마엘 사이에 다소 화

아라비아로 간 바울

해가 이뤄졌거나 사이가 좋았던 게 틀림없어요."

와피는 싱긋 웃으며 말했다. "네, 모닥불 담화는 이 정도로 하지요. 이제 쉬어야 해요. 내일은 거룩한 산에 도착할 테니까요."

모세의 산

제벨 무사를 처음에 멀리서 보면 몇 개의 산이 하나로 겹쳐 보이는데, 사실 그렇게 보는 게 정확하다. 시내산은 그 산맥의 최고봉이 아니다.

이 세 여행자들이 곧 알게 되다시피, 위에서 내려다보는 풍경은 장관이었다. 특히 해질 무렵이 그랬는데, 세 사람이 마침내 모세 산 정상에 이르러 아래를 내려다볼 때가 마침 해질 무렵이었다. 정상에 오르는 길에 정말 꼼꼼하게 돌계단이 설치되어 있고 아치형 통로가 마련되어 있는 것으로 보아 이 길로 이미 많은 순례자들이 다녀간 것이 분명했다. 전하는 말에 따르면 그 길에서 모세가 하나님 형상의 등을 보았다고 한다. 사울은 늘 그 이야기에 의구심이 들었었다. 하나님은 영이시고, 따라서 물질적 형상이 없는데 어떻게 그분의 등을 보았다는 것인지. 하지만 하나님은 전능하신 분이니 어쩌면 그때 어떤 방

식이든 원하시는 대로 자기를 계시하실 수 있었을지도 모른다.

세 사람은 산꼭대기에 앉아 해지는 것을 바라보았다. 그리고 얼마 후 와피가 힘주어 말했다. "어두워지면 바람이 불어서 내려가는 길이 위험해지니까 곧 내려가야 해요. 기도하실 거면 어서 하세요. 기도 마치는 대로 곧 출발해야 해요." 사울은 한 절벽 가장자리로 올라가 머리에 덮개를 둘러썼고, 미리암은 몇 발짝 뒤에서 와피와 함께 이를 지켜보았다.

"엘리야와 모세에게 말하던 세미한 음성이 내게는 뭐라고 말씀하시는가?" 사울이 말했다. "내게 맡겨진 일을 어떻게 이뤄야 할까?" 그리고 나서 사울은 가만히 귀를 기울였고, 마음으로 한 가지 대답을 들었다. "돌아가라. 돌아가서, 페트라에 좋은 소

　　　　　　　아라비아로 간 바울

식을 전하라. 그러면 믿는 사람들이 있을 것이다. 하지만 그 일에는 대가가 따를 것이고, 마음 아픈 일도 있을 것이다." 대답이 들린 것 같아 정신이 번쩍 든 사울은 미리암의 손을 잡으며 말했다. "자, 이제 내려갈 시간입니다, 여긴 정말 입이 벌어지게 아름다운 곳이긴 하지만. 모세와 엘리야가 여기서 하나님과 이야기 나누는 광경이 상상되는군." 이렇게 해서 세 사람은 오후에 천막을 설치해 둔 곳까지 서둘러 내려왔다. 그리고 평생 잊지 못할 하루 일을 반추했다. 많은 시간이 흐른 뒤 사울은 초기에 쓴 한 편지에서 이렇게 말했다.

"율법 아래에 있기를 바라는 사람들이여, 말해 보십시오. 율법이 뭐라고 말하는지 모릅니까? 아브라함에게 두 아들이 있었는데, 한 아들은 여종에게서 태어나고 한 아들은 자유로운 여인에게서 태어났다고 기록되어 있습니다. 여종에게서 난 아들은 육신을 따라 태어나고, 자유로운 여인에게서 난 아들은 거룩한 약속의 결과로서 태어났습니다. 이것은 비유로 표현한 말입니다. 그 두 여자는 두 가지 언약을 가리킵니다. 한 언약은 시내산에서 나서 종이 될 사람을 낳았습니다. 이는 하갈입니다. 하갈은 아라비아에 있는 시내산을 뜻하고, 지금의 예루살렘에 해당합니다. 지금의 예루살렘은 그 자녀와 함께 종노릇하고 있기 때문입니다. 그러나 하늘에 있는 예루살렘은 자유로우며, 이 여인이 우리의 어머니입니다. 성경에 기록되기를,

'아이를 낳지 못하는 여자여, 즐거워하라

아이를 낳아본 적이 없는 여자여,

기뻐 소리치고 소리 높여 외쳐라

홀로 사는 여자의 자녀가

남편 있는 여자의 자녀보다 더 많을 것이다'라고 했습니다.

형제자매 여러분, 여러분은 이삭처럼 약속의 자녀들입니다. 그 때에 육신을 따라 난 아들이 성령의 능력을 따라 난 아들을 박해했습니다. 지금도 그러합니다. 그런데 성경은 뭐라고 말합니까? '여종과 그 아들을 내쫓아라. 여종의 아들은 결코 자유로운 여인의 아들과 함께 유업을 받지 못할 것이다'라고 했습니다. 그러므로 형제자매 여러분, 우리는 여종의 자녀가 아니라, 자유로운 여자의 자녀입니다"(갈 4:21-31).

아라비아로 간 바울

바다로 돌아가다

바다로 돌아가는 길, 사울은 머릿속이 복잡했다. 다메섹을 떠나
온 지 두 해 가까이 되었다는 것이 한 가지 이유였다. 예루살렘
으로 데려가 심문하려고 자신을 잡으러 오는 사람이 없는 걸로
봐서 상황은 잠잠해진 것 같았다. 게다가 페트라로 찾아왔던 밀
정은 다행히 사울을 알아보지 못했다. 그것도 이미 이번 여행에
나서기 아홉 달 전의 일이었다. 열렬했던 자신의 과거가 지금의
자신을 따라잡지 못하고 있다는 사실에 사울은 비교적 안도감
을 느끼고 있었다. 하지만 그에게 예고된 미래는 어떻게 되었는
가? 특히 미리암과 결혼해 행복한 나날을 보내고 있는 지금 시
점에서 그 미래에 관해 사울이 해야 할 일은 무엇일까? 사울이
그렇게 깊은 생각에 잠겨 있을 때 미리암이 말했다.

"자, 여보. 이제 아기 이야기를 할 때가 되었어요."

"지금 여기서요? 낙타 타고 와피 따라가고 있는 지금?"

"그래요, 지금 여기서요. 지금 당장요."

"그럽시다. 하지만 먼저 한 가지 물어볼 게 있어요. 첫 남편과의 사이에서는 왜 아기가 없었어요?"

"조만간 그 질문을 할 줄 알았어요. 노력은 했는데, 아기를 가지지는 못했어요. 하나님이 자녀의 복을 주시지 않은 거지요. 그러다가 남편이 죽었어요, 아시다시피."

"그랬군요. 페트라에 돌아가면 아기를 가져 보도록 노력해 봅시다. 언제가 적당할지는 당신이 결정하도록 해요."

"정말 지혜로운 생각이에요, 여보. 아주 지혜로워요. 이 이야기는 곧 또 하기로 해요."

이윽고 세 사람은 바닷가에 도착했다. 이 바닷물은 조상들이 모세와 함께 "마른 땅" 위로 건넌 그 물은 아니었지만, 그래도 사울은 그 이야기와 자신이 지금 "바다를 건너" 또 다른 땅에서의 새로운 삶으로 들어가는 일과의 연관성에 관해 생각해 보기 시작했다. 사울은 그 출애굽과 그리스도 따름이들이 과거의 삶에서 새로운 삶으로 이동하는 일 사이에 어떤 유사성이 있지 않을까 생각했다.[1] 사울은 과거의 교훈이 현재의 상황과 무관하기라도 한 듯 이를 무시해야 한다거나 무시할 수 있다고 생각하지 않았다. 자기 자신을 포함해서 신자들이 배교할 수 있다는 것을 사울은 알고 있었고, 주께서 자신을 지켜보고 계시며 십자가에서 죽으셨다가 부활하신 분을 믿는 믿음, 새로 발견한 그 믿음을 전하는 일을 시작하기를 바라고 계신다는 것도 알고 있었다. 하지만 어떻게 그 일을 할 것인가? 누구하고 같이 할 것인가? 어디에서 할 것인가? 페트라는, 사울이 한동

　　　　　아라비아로 간 바울

안 머물러 살며 친숙해졌다는 이점이 있기는 하지만, 예수를 선포하기에는 그리스-로마 세계의 다른 지역들에 비해 비교적 덜 관대한 곳으로 보였다. 그래도 시도는 해봐야 했다.

"여보, 생각에 골똘해 있는 것 같네요. 무슨 생각을 그렇게 하는지 물어봐도 될까요?"

"그래요, 미리암. 하늘 환상이 내게 맡긴 일을 아직 다하지 못하고 있다는 걸 늘 의식하게 돼요. 그래서 언제, 어떻게, 어디에서, 십자가에 달려 죽으셨다 부활하신 구주에 관한 좋은 소식을 전해야 할지 계속 생각하고 있어요. 그런 한편, 나는 우리가 갓 누리기 시작한 가족의 평안과 서로에 대한 사랑을 망치고 싶지도 않아요. 하나님께서 열어 주시는 문을 볼 수 있게 해달라고, 그리고 담대히 그 문으로 들어갈 수 있게 해달라고 당신도 나를 위해 기도해야 해요. 안락한 현재 생활 때문에 하나님의 종이자 사자(emissary)로서 믿음을 가지고 미래로 나아가는 데 방해를 받아서는 안 되니까요."

"그래요, 당신 말대로 당신은 하나님께 순종해야 해요. 때로 그건 타고난 본능이나 좋아하는 일에 안주하지 않는다는 의미이기도 하죠. 하지만 나는 하나님이 이런 때를 위해 우리를 만나게 하시고 결혼에 이르게 하셨다고 믿어요. 이 복을 최대한 선하게 쓰기로 해요."

"맞아요, 전적으로 동의해요."

이날 바다는 아주 잔잔해서 세 사람은 무사히 아엘라로 건너갈 수 있었다. 항해하는 동안에는 와피도 사울과 사울이 말하는 "사명"을 어떻게 이해해야 할지 몰라 깊은 생각에 잠겼다.

그러고 나서 와피는 이 일에 관해 당분간은 아무에게도 말하지 않기로 마음먹었다. 사울을 당국에 보고함으로써 혹여 몇 안 되는 페트라의 유대인 친구들을 위험에 빠뜨리고 싶지 않기 때문이었다. 와피는 사울이 소란을 피우지 않기를, 그렇게 해서 와피 자신과 가족을 포함해 페트라의 얼마 안 되는 유대인 모두를 위험하게 만들지 않기를 바랄 뿐이었다.

아라비아로 간 바울

다복한 가정을 이룰 수 있을까?

페트라의 집으로 돌아온 사울과 미리암은 아이를 낳기 위해 진지하게 노력하기 시작했다. 미리암은 매달 일정한 시기가 되면 다른 때보다 임신이 잘 된다는 모종의 확신이 있었다. 물론 월경에 관해 유대 율법이 하는 말을 존중해서 정결치 못한 시기에는 부부 관계를 피했다. 그렇게 몇 달이 지난 어느 날, 사울이 알렉산드로스의 가게로 일하러 나가기 전 아침 식사 자리에서 미리암이 자랑스러운 얼굴로 사울에게 알렸다. "이제 아기가 생긴 것 같아요. 나는 월경 주기가 매우 규칙적인 편인데 두 달째 월경이 없어요."

사울은 두 눈이 휘둥그레지며 입이 귀에 걸렸다. "정말이오? 정말 아기가 생긴 게 분명해요?"

"그런 거 같아요. 이제 임신 기간 내내 아기의 안전을 위해 하나님께 기도해야 해요. 지난 번 여행을 잘 끝내서 정말 다행이에요. 이제 멀리 돌아다니지 말고, 아기가 나올 때까지 몇 달 동안 가게 일만 조심해서 해야겠어요. 와피의 아내가 산파(midwife)니까 아기 나올 때가 되면 도움을 청할 수 있을 거예요."

다소 출신의 이 말 많은 사내가 난생처음으로 말문이 막혔다. "내가 아버지가 된다니," 사울은 혼자 중얼거렸다. "하나님은 선하신 분이야!" 그렇게 두 부부는 임신 기간 하나님께서 지켜 주시기를 두 손을 맞잡고 잠시 기도했다.

당연한 일이지만, 알렉산드로스의 가게로 일하러 간 사울은 마음이 붕 떴고 다소 산만해 보였다. 이를 알아챈 알렉산드로스가 "무슨 문제라도 있나, 사울?" 하고 물었다.

"문제는요. 오히려 하나님의 선하심에 놀라는 중입니다. 우리 미리암이 아기를 가진 것 같습니다."

"축하하네! 놀라운 소식이야. 이기적인 생각일지 모르지만, 이제 자네가 어느 때든 페트라를 쉽게 떠나지 않을 거라는 뜻인 것 같아서 이 소식이 더 반갑군. 앞으로도 자네가 계속 이 가게에서 실력을 발휘해 줄 거라고 믿어도 되겠어. 알다시피 자네를 고용한 이후 우리 가게가 정말 잘 되고 있다네. 나는 계속 그 방향으로 나갈 생각이고. 이제 품삯도 조금 올려줘야겠군. 새 식구를 위해 이제 돈을 좀 모아두어야 할 테니."

"알렉산드로스님, 정말 친절하신 말씀이세요. 간절했던 일이라 정말 감사하네요. 계속 열심히 일하겠습니다. 노력해서 좋은 제품도 만들어 낼 거고요."

"그렇게 할 거라고 믿네. 다시 한번 축하하고. 정말 좋은 소식일세." 그러나 그 순간 사울의 기쁨 위로 어두운 구름이 몰려

왔다. "그래, 좋은 소식이야. 하지만 하나님께서 사람들에게 전하라고 내게 맡기신 좋은 소식은 아니지"라고 말하는 내면의 작은 목소리가 들려왔기 때문이다. 이 생각은 그 후로도 몇 주 동안 사울을 계속 괴롭힐 터였다. 임신 기간이 길어질수록 사울은 자신의 사명은 물론 언제 누구와 함께 그 사명을 이행할 것인지에 관해 점점 염려가 깊어졌다. 괴로움을 더해 주는 또 한 가지 문제는, 사울이 지금 부활하신 주님이라고 믿는 이 예수에 관해 지난 몇 달간 깊이 생각해 봤으니 미리암이 이제 그 문제에 어떤 결론을 내렸는지 물어보아야 할 텐데 그걸 물어보기가 두렵다는 것이었다. 그 메시지를 받아들일 수 있도록 자기 아내조차 설득하지 못한다면 좋은 소식을 전하는 사람이 된다는 게 무슨 소용이겠는가? 사울은 그 좋은 소식에 관해 아내와 좀 더 이야기해 본 다음 상황이 어떻게 전개되는지 지켜보기로 마음먹었다. 이사야서 두루마리를 다시 펼쳐 읽어보고 그 예언자가 좋은 소식에 관해 뭐라고 말했는지 곰곰이 생각해 볼 필요가 있었다.

천막도 만들고 가죽 제품도 만드는 가게 일이 종종 힘든 이유는, 보통 사람들은 필요한 물건이 있어도 그게 긴급히 필요하지는 않기 때문에(포도주 부대나 새 샌들이 지금 당장 필요한 사람이 어디 있겠는가?) 주문하고도 한동안 기다려 주지만, 왕이나 관리들의 심부름으로 무언가를 주문하는 사람은 그 물건을 긴급히 필요로 한다는 것이었다. 예를 들어 금요일까지 새 천막 다섯 개를 만들어 달라고 주문하면, 납기를 맞추기 위해 그 주간에는 밤낮없이 일해야 했다. 일은 지루하고, 고되고, 시간이 많이 소비되고, 한마디로 심신을 지치게 할 수 있었으며, 특히 바느질이 그랬다. 그런 주문을 받으면 사울은 그 주간 내내 날이 어두워진 후에야 집에 돌아와서 너무 피곤해 식사도 제대로 하지 못한 채 곧장 잠자리에 들곤 했다. 그래야 다음 날 새벽에 일어나 다시 일하러 갈 수 있었기 때문이다. 미리암은 이렇게 일시적으로 "비상 작업 일정"이 생기는 상황을 충분히 이해하기는 했지만, 임신이 진행되면서 사울과 더 많은 시간을 함께 있고 싶은 마음 때문에 이따금 실망스러워할 때가 있었다.

마침내 그런 바쁜 작업이 뜸해지자 사울과 미리암은 하루 날을 잡아 밀린 이야기를 나누는 시간을 가졌다. 그리고 사울은 마침내 한껏 용기를 내서 미리암에게 말했다. "나사렛 예수에 관한 좋은 소식에 대해 내가 한 말을 지금까지 잘 생각해 봤을 테니 이제 당신 생각이 어떤지 이야기해 주면 어때요?"

"사울, 난 당신을 사랑해요. 당신의 지적 능력과 확신도 존중하고요. 그리고 나도 어릴 때부터 유대인의 메시아를 바라고 소망하라고 배웠어요. 그래서 그 부분은 문제가 안 돼요. 다만 믿기 어려운 부분은, 하나님께서 특별히 기름 부은 자가 십자가에 못 박히는 것을 하나님이 허락했겠느냐는 것, 그러고서 나중에 죽음에서 일으키셨겠느냐는 거예요. 왜죠? 왜 꼭 그랬어야하죠?"

이사야의 글을 묵상한 뒤 확신을 더 새롭게 한 사울은 이렇게 대답했다. "그럴 만한 이유가 있어요. 즉 모세 율법 아래서는 속죄 될 수 없는 우리의 죄, 특히 고의적인 죄 때문이지요. 이른바 하나님을 모욕하는 죄에 대해서는 속죄가 없다는 말 기

아라비아로 간 바울

억하지요? 토라에는 그런 속죄가 없어요. 그리고 하나님의 백
성도, 심지어 하나님이 세우신 다윗이나 솔로몬 같은 지도자도
보통 사람들과 마찬가지로 그런 죄를 많이 짓지요. 이사야는
십자가형 자체를 언급하지는 않지만, 내가 생각하기에 그는 이
일을 말하고 있어요. 내가 가진 두루마리에서 지난 밤 등불 끄
기 전에 묵상했던 부분을 읽어 줄게요.

보라! 내 종은 지혜롭게 행할 것이며

　　높이 들릴 것이고 높이 찬양받을 것이다.

많은 사람들이 그를 보고 섬뜩해 할 것이니

　　그의 몰골이 너무 상하여 사람 같지 않기 때문이며

　　그의 형상이 훼손되어 사람의 모습을 찾아볼 수 없었기

　　때문이다.

그러나 그가 많은 나라를 놀라게 하며

　　왕들은 그 때문에 입을 다물 것이니

　　듣지 못한 것을 볼 것이며

　　들어보지 못한 것을 알게 될 것이기 때문이다.

우리가 전하는 말을 누가 믿었으며

　　여호와의 팔이 누구에게 나타났는가?

그는 연한 순처럼,

　　마른 땅에서 나온 뿌리처럼 주 앞에서 자랐으니

　　그에게는 끌어당길 만한 아름다움이나 위엄이 없고

　　그의 외모에는 우리가 바랄만한 것이 전혀 없다.

그는 사람들에게 멸시받고 거부당했고

고난당하는 이요 고통에 익숙한 사람이었으니

사람들에게 외면당하는 이처럼

그는 멸시받았고, 우리도 그를 귀하게 여기지 않았다.

그는 우리의 고통을 취하였고

우리의 고난을 감당했으나

우리는 그가 하나님의 형벌을 받아

그분에게 맞고 고초당하는 것으로 여겼다.

그가 우리의 허물 때문에 찔림을 당하고

우리의 불법 때문에 짓밟혔으니

그가 징계를 받음으로 우리는 평화를 누리고

그가 채찍에 맞아 다침으로 우리는 나았도다.

우리는 다 양처럼 길을 잃었고

제각기 나름의 길로 갔으나

여호와께서 우리 모든 사람의 죄를

그에게 담당시키셨다.

그는 괴롭힘 당하고 고통 당하면서도

입을 열지 않았으며

도살장으로 끌려가는 어린 양처럼,

털 깎는 사람 앞의 양처럼 입을 열지 않았다.

그가 억압당하고 심문 받으며 끌려갔으나

그 세대 사람들 중 누가 항변했는가?

그는 산 자들의 땅에서 끊어졌고

내 백성의 허물 때문에 형벌을 받으셨으니.

그는 폭력을 쓴 적도

그 입에 거짓을 담은 적도 없으나

죽어 악인과 한 무덤에, 부자의 묘실에 묻혔다.

하지만 그가 상처를 입고 고통을 당하는 것은 여호와의 뜻이라

여호와께서 그의 목숨을 죄를 위한 제물로 삼으셨으나

그는 자손을 보게 될 것이고 그의 날이 장구할 것이며

여호와의 뜻이 그의 손에서 이뤄질 것이다.

고난당한 후 그는 생명의 빛을 보고 만족할 것이며

자기 지식으로 내 의로운 종은 많은 이들을 의롭게 할 것이고

그들의 죄악을 담당할 것이다.

그러므로 나는 그가 존귀한 자들과 함께 분깃을 받게 하고

그는 강한 자와 함께 탈취물을 나눌 것이니

이는 그가 자기 영혼을 사망에 쏟아 붓고

범죄자 중 하나로 헤아림을 받았음이니라.

그가 많은 사람의 죄를 담당하여

범죄자를 위해 기도했도다(사 52:13-53:12).

미리암은 사울이 읽어 주는 글을 듣고 한동안 생각에 잠겨 있다가 이렇게 물었다. "'내 종'은 특정한 개인보다 이스라엘 민족을 뜻하는 말 아닌가요?"

"훌륭한 질문이에요! 나도 전에는 그렇게 생각했어요. 시 같은 이 예언 앞부분에서는 분명 이스라엘이 '내 종'이라고 불렸으니까요. 그런데 이사야서의 이 부분에 이르면 이사야가 죄를 위한 속죄물로 자기 자신을 바친 어떤 특정한 사람을 가리키고 있다는 게 분명해 보여요. 그리고 그 사람이 고난당하고

죽는 게 전능자의 뜻이고, 그런 다음 죽음 너머에서 그가 의롭다 함을 얻고 높임 받을 것이며 '존귀한 자들과 함께 분깃을' 받을 거라고 한 부분에 주목해 봐요. 내가 보기에 이건 이 땅에서 예수가 한 일과 그분의 삶의 결과를 명확히 내다본, 심지어 예언한 말 같아요."

잠시 후 미리암이 이렇게 입을 열었다. "그래요, 무슨 말인지 알겠어요. 전에는 이사야서의 그 부분을 그렇게 생각해 본적이 없는데, 이제 그 고난 받는 종 구절이 더 잘 이해가 되는군요. 우리 죄가 해결되어야 했네요. 특히 잘 알고 있는 율법을 의도적으로나 고의적으로 범한 죄 말이에요. 그 종만이 그 죄를 청산하고 그런 가증스러운 허물을 속죄할 수 있었던 거로군요.[1] 그래서 여보, 이제 이 사실을 찬찬히 잘 생각해 보고, 나도 이 좋은 소식을 받아들여서 당신과 함께 그 믿음을 가질 수 있을지 알아볼게요. 이 일에 대해 기도할 시간을 조금 줘요."

"물론이죠." 사울이 안도한 표정으로 말했다. "나는 우리가 이미 함께 받아들인 성부 안에서와 거룩한 말씀 안에서 하나인 것처럼 성령 안에서와 주님 안에서도 하나가 되기를 간절히 바라고 있어요."

고대인의 가족

세상은 늘 그래왔듯이 이 지구에 살아 움직이는 사람들로 이뤄진다. 이 사람들은 사회적 집단을 조직하는데, 이 집단을 흔히

아라비아로 간 바울

가족(family)이라고 일컫는다. 가족은 남자, 여자, 자녀, 남편, 아내로 이뤄진다. 고대의 가족은 이와 어떻게 비교되는가? 오늘날의 가족 개념 및 가족을 구성하는 사람들에 대한 기대 면에서 비슷한 점은 무엇이고 다른 점은 무엇인가? 이와 관련해 핵심 용어들을 아래에 정리해 놓았다. 대부분의 고대인들은 '가족'(파밀리아, *familia*)이 아니라 '도무스'(*Domus*), 즉 집(house)에 관심이 있었다. 집안 관리(오이코노미아, *oikonomia*)가 가족과 사회에 관한 고대인들의 생각 중심에 자리 잡고 있었다. 한 집안이라는 단위가 여러 고대 사회의 심장부로 여겨졌다. 모든 사회는 사회적 단위로 구성되기에, 가장 작은 사회적 단위는 개별 가족이었다(그리스어로 오이코스[*oikos*], 라틴어로 도무스[*Domus*]). 이것은 마트료시카 인형(인형 속에 인형이 계속해서 포개지는 러시아 목각인형 - 옮긴이) 같은 구조라고 생각할 수도 있다. 집들이 모여 도시를 만들고 도시들이 모여 제국을 만드는 것이다. 그래서 한 집안을 관리하는 일은, 그보다 더 큰 전체의 한 부분으로 볼 때 아주 중요한 일이었다. 한 집안이 분열되거나 잘못 관리되면 도시가 잘못 관리되는 결과로 이어질 수 있고, 뒤이어 제국을 잘못 관리하는 결과를 낳을 수도 있었다. 여기에 어떤 논리가 작동하는지 아마 쉽게 알 수 있을 것이다. 따라서 가족(파밀리아)이라는 표현은 흔히 물건이나 재산을 가리킬 때가 많은 만큼 아주 복잡한 말이었다. 안타깝게도 이 말은 흔히 한 집에 연관된 노예들의 "가족"을 가리킨다.[2]

고대인의 가족을 어떻게 정의하든(오이코스, 도무스, 파밀리아), 고대 세계는 노예 사회였고 이 각각의 표현들은 저마다 그 요소를 포함하여 집이나 가족을 정의하며, 그 사실 때문에 이 정의는 복잡할 수밖에 없다(자세히 들여다보기 53쪽 노예제도를 다루는 부분을 참고하라). 고대 세계에서 이 표현들은 현대의 "핵가족" 개념보다 훨씬 광범위하다. 이 논의에서 자주 간과되는 한 가지 측면은, 고대 로마인들이 가족 관계 면에서 무엇을 존중

했느냐는 것이다. 이 시대의 묘비명을 살펴보면 이들이 무엇을 가치 있게 여겼는지에 대한 실마리를 얻을 수 있다.

1984년 살러와 쇼는 로마를 비롯해 대부분 서구 제국의 모든 비문을 분석한 획기적인 연구에서, 이 시대 사람들이 기념하는 관계의 압도적 다수는 가까운 생물학적 가족, 우리가 '핵가족'이라고 부르는 관계라는 것을 밝혀냈다. 비문에 가장 자주 기록된 관계는 부부 사이와 부모 자식 사이다. 이는 한 집안의 구성이나 그 외 사람들 간의 관계를 전체적으로 다 말해 주지는 않지만…이런 관계들을 기념하는 사람들이 무엇을 기록하고 싶어 했고 후대에 무엇을 남기고 싶어 했는지를 말해 준다. 부부 사이와 부모 자식 사이는 가장 밀접하게 애착이 형성된 관계였음이 확실하다.[3]

고대 로마의 가족들에 대해 우리가 아는 내용은 대부분 당시 사회의 유복한 다수 구성원에게서 나온다. 물질적인 문화(집의 규모, 방들, 가재도구 등)를 별개로 해서는 비교적 규모가 작은 집안들이 그 사회에서 어떻게 기능했는지 알기가 훨씬 더 어렵다. 신분 높은 집안에는 보통 남편과 아내, 자녀, 노예들뿐만 아니라 친척들, 때로는 손님, 심지어 일꾼들도 있었을 것이다. 하위 계층이 사는 작은 아파트형 집은 생물학적 가족과 어쩌면 노예 한두 명 정도만 살 수 있었을 뿐, 그보다 훨씬 많은 사람을 다 수용할 수 있을 만큼 넓지 않았을 것이다.

남자

고대 세계에서 가장 높은 사회적 계층은 자유민으로 태어난 남자 로마 시민 계층이었다. 사회의 모든 영역에서 로마인 남자들에게는 엄청난 권력이 있었다. 로마인들의 가족은 가장 나이 많은 남성(가부장, paterfamilias)이 이끌었다. 아버지는 가

아라비아로 간 바울

족들의 삶에 큰 권력을 행사했으며, 이 가족들에는 배우자·자녀·손자·노예들이 포함되었을 것이다. 아버지로서 이 남성들은 가족들의 법적 결혼을 허가하고 심지어 이들의 경제적 역할을 관리하는 권력을 지녔다. 실제로 아들은 아버지가 죽어야만 아버지의 권력에서 벗어날 수 있었다. 그런데 이 개념에 이의가 제기되어 온 것은, 이 개념이 대부분 법률 문서에만 나타나고 주로 대규모 유산이 걸려 있는 상황에서 등장하기 때문이다. 흥미롭게도 이 개념이 실제로 아버지들을 묘사하는 데 쓰인 경우는 보기 드물다.[4] 이러한 논쟁에도 불구하고 결혼과 가족의 역사는 "아버지로서 그리고 남편으로서 가부장의 권력이 아주 서서히 쇠퇴해가는" 역사다.[5]

여자

이 주제에 관한 고대의 자료들을 연구할 때 한 가지 난제는, 거의 모든 자료가 남자들이 기록한 자료여서 이 주제에 관해 우리가 접하는 설명이나 논의가 다 남성들의 관점이라는 것이다. 여성 필자들이 남긴 문헌 증거는 별로 남아 있지 않다. 남자들과 똑같은 비율은 아니었지만, 우리가 알기로 여자들도 글을 읽거나 쓸 줄 알았다. 고대의 여자들이 어느 정도의 비율로 글을 읽고 쓸 줄 아느냐는 집안 운영이나 사업상의 업무(영수증, 구매 주문서, 요청서 작성)에 필요한 다양한 일들과 관계있었다. 유감스럽게도 여자는 남자보다 생물학적으로나 지적으로 열등하게 여겨졌다. 의학 교과서와 철학 논문들이 이런 유감스러운 현실을 증언한다.[6]

여자들도 자산(투텔라, *tutela*)을 획득할 수 있고 실제로 획득했으며, 후기 공화정과 제국에서는 여자가 자기 본가와의 관계를 유지하기 위해 자기 자산을 보유하는 결혼 형태(시네 마누, *sine manu*: 여성이 남편의 지배 아래 있지 않고 아버지의 경제적 영향력 아래 있는 일종의 자유혼 형태 - 옮긴이)를 선호했다.[7] 지참금은 전혀 다른 문제였는데, 이는 신부의 아버지가 남편에게 주는 돈이었다. 이는 보통 결혼이 유지되는 동안 딸(아내)을 돌보기 위한 일정 금액의 돈이었다. 고대 로마에서 부유한 여성은 대다수 여성에 비해 많은 권력과 명예를 지녔으며, 시민 생활에서 공식적인 역할과 비공식적 역할을 모두 수행할 수 있었다. 하층 계급의 여자들은 집 밖에서 일했다.

수십 세기에 걸쳐 여성의 주요 역할 한 가지는 남편을 위해 합법적인 자녀를 낳는 것이었다. 고대 세계의 상속법에서는 법정 상속인을 필요로 했다. 대다수 여자들의 삶의 궤적은 딸과 자매에서 아내와 어머니로 사회적 범주를 전환하는 것이었다. 이런 역할들은 늘 남성 관계자(아버지나 남편)의 보호 아래 있었다. 어머니의 역할은 사회적 신분에 따라 달라졌다. 여유가 있는 집안의 경우, 자녀는 흔히 노예들이 돌보고 키웠다. '파이다고고스(paidagogos), 즉 교사, 선생의 중요한 역할은 아이 양육을 목표로 하는 도덕적 안내자 역할이었다.

자녀

고대와 현대의 어린이 개념에는 근본적 차이가 있으며 여러 요소가 이러한 차이를 만들어 낸다. 현대 서양 세계에서는 어린 시절을 낭만적으로 생각하는 경향이 있으며, 어린이의 발달단계를 잘 인식하면서 아이를 집중적으로 보살피고 양육한다. 로마 세계를 비롯해 그 외 고대 문화에서는 어린이를 아주 다르게 보았다. 첫째, 높은 영아 사망률 때문에 어린이를 낭만적 시각으로 볼 여지가 별로 없었다. 최근의 연구를 보면, 신생아의 거의 35퍼센트가 생후 1개월 안에 사망하고 놀랍게도 50퍼센트의 아이들이 열 살 이전에 사망했을 것으로 추산한다.[8] 그래서 목표는 아이의 생존이었고, 건강하게 자라는 것은 전혀 다른 문제였다. 고대의 도덕가들과 철학자들이 아이들의 존재에 다소 초연한 것은 바로 이런 가혹한 현실에 뿌리를 두고 있

아라비아로 간 바울

었을 것이다. 둘째, 아이를 돌보는 사람은 부모와 아이 사이에서 완충 역할을 했다. 이런 상황에서는 노예나 유모가 주 양육자였다. 이들은 깊은 애정으로 아이들을 돌보았으며 아마 아이들의 부모도 그랬을 것이다. 고대의 문헌을 대할 때는 편견을 가지고 읽지 않도록 조심해야 한다. 오늘날을 예로 들자면, 일하는 부모는 보모나 탁아 서비스를 이용하면서도 집에 있는 부모 못지않게 자녀에게 신경 쓴다. 세 번째 이유는, 철학적 관점에서 볼 때 어린이는 욕망에 따라 움직이지 덕(virtue)으로써 행동하지 않는다. 실제로 욕망을 통제할 수 있는 지혜와 덕을 심어주는 것이 파이다고고스나 교사의 주요 목표였다. 그래서 아이에게는 주목할 것이나 배울 것이 없고, 어린 시절은 그저 인생 여정의 한 단계일 뿐이며, 덕은 빨리 습득할수록 좋다는 것이 통념이었다. 예수와 초기 그리스도인들이 고대의 이런 정황에서 (하나님 나라에 들어가려면 아이처럼 되라며) 어린이들을 소중히 여기는 모습은 그래서 더욱 급진적으로 보인다.

살아서 성장하는 것을 가로막는 엄청난 장애물(전쟁, 질병, 기근)을 극복해낸 아이들은 학교에 들어갈 때까지 집에서 교육받았다(집안이 그 정도의 여유가 있을 때). 공립학교 제도는 없었다. 아들은 대개 아버지가 하는 일을 배웠을 것이고, 어쩌면 아버지의 아버지 때부터 해오던 일을 배웠을 수도 있다. 도제 제도가 고대 세계의 주된 교육 형태였다. 딸은 집에서, 보통 어머니에게 가사 일을 교육받았다. 고대의 가족은 모종의 사업장이기도 해서, 아이들은 아이들에게 기대되는 전통적인 역할에 더하여 가업의 여러 측면을 능숙하게 익혔을 것이며, 그러다가 결혼하면 직접 그 일을 시작했을 것이다.

두려운 날

임신이 6개월 차로 접어든 어느 날 미리암은 하혈을 하기 시작했다. 좋은 징조가 아니었다. 와피의 아내에게 이야기했더니 꿀을 섞은 물약을 지어주었다. 그 약을 먹으니 며칠 동안은 하혈이 멈추는 것 같았다…그러나 얼마 후 하혈은 다시 시작되었고, 미리암은 일상적인 활동을 중단하고 집에만 머물면서 움직임을 최소화하는 게 좋겠다고 판단했다. 사울에게 이 문제를 이야기했지만, 사울은 이런 일에 관해 아는 게 거의 없어서 그저 미리암과 배 속의 아기를 위해 더 많은 시간 기도할 뿐이었다. 그러나 사울의 걱정이 깊은 것은 확실했다. 사울은 여자들의 유산 사례를 알고 있었고, 더 나쁜 경우로 출산 중에 여자들이 죽기도 한다는 것도 알고 있었다. 사울은 미리암에게 그런일이 생기지 않기를 바랐다. 그러나 미리암이 사울에게 말하지 않은 게 한 가지 있었는데, 미리암은 전에 한 번 임신한 적이 있었다. 첫 남편과의 결혼 때 임신을 했었으나 임신 초기, 6개월이 되기 전에 유산하고 말았다. 여러 해 전의 일이었고, 그래서 사울과 결혼 계획을 세울 때 굳이 그 이야기를 꺼낼 필요는 없다고 생각했었다.

임신은 7개월로 접어들었고, 미리암은 계속 물약을 복용했다. 하혈은 줄어들었지만 미리암은 의식적으로 더 많이 안정하려고 애썼다. 침대에 누워 있는 시간을 늘렸고, 사울은 별로 이상하게 여기지 않았다. 사울은 여전히 알렉산드로스의 가게로 일하러 나갔고, 늘 집 가까이에 머물렀다. 아엘라로 납품을 하러 갈 일이 있어도 미리암의 이번 임신에 어려움이 있다고 알렉산드로스에게 양해를 구하고 거절했다.

그러나 그날은 7개월 차에 마침내 찾아오고 말았다. 예기치 않게 양수가 터진 것이다. 미리암은 사울에게 와피의 아내 엘리사벳을 불러오라고 했다. 엘리사벳은 황급히 달려왔고, 산파 노릇을 하며 여러 번 보았듯이 여성이 주로 아이 낳는 사람, 특히 아들 낳는 사람으로서만 가치를 인정받는 가부장 세계에서 유산이 한 여인을 육체적으로나 정서적으로 얼마나 황폐하게 만드는지 또 한 번 확인했다. 아브라함 시대부터 쭉 그래왔고, 어쩌면 이 타락한 세상에서는 그 전부터 그래왔을 것이다. 사울은 공포에 질린 얼굴로 침대 옆에 서서 고통에 몸부림치며 누워 있는 아내의 손을 잡고 하나님이 간섭해 주시기를 간절히 기도하고 또 기도했다. 하지만 하혈은 좀체 멈추지 않았다. 엘리사벳이 미리암을 진정시키려 애쓰고 있는 사이, 미리암이 온몸에 경련을 일으키며 비명을 지르는 순간 아기가 나왔다. 그러나 아기는 뱃속에서 이미 죽어 버린 상태였다. 죽은 아기가 나오고 얼마 후 태반도 나왔다. 그러나 그 후에도 출혈은 멈추지 않았다. 엘리사벳이 부드러운 천을 갈아대며 아무리 지혈해도 소용없었다.

돌연 엘리사벳이 사울 쪽을 보며 말했다. "시장에 있는 의원(doctor's shop)에 가서 아낙시메네스를 불러오세요. 이건 내 능력으로 할 수 있는 일이 아니에요."

사울은 제정신이 아닌 채로 시장을 향해 달렸다. 하지만 어느 가게가 의원인지 몰랐던 사울은 그리스어로 고함을 지르기 시작했다. "의사가 어디 있습니까, 어느 가게가 의원인가요?" 영원 같은 몇 분이 지나 마침내 어떤 사람이 사울에게 의원 문을 가리켰다. 사울이 가게 문을 쾅쾅 두드리자 흰 토가 차림의 나이 지긋한 남자가 나와서 물었다. "무슨 일이시오? 약을 찾기에는 너무 젊은 분이신데." 사울이 두서없이 말을 쏟아놓으며 상황을 설명하자 아낙시메네스는 서둘러 가방을 집어 들고 사울과 함께 뛰기 시작했다. 너무 늦었을까 봐 사울은 두려웠다.

아낙시메네스가 도착했을 때 미리암은 피를 너무 많이 흘려 이미 매우 위험한 상태였다. 미리암은 의식을 잃어가면서 끊어질 듯한 목소리로 물었다. "내 남편은 어디 있어요, 내 남편은 어디 있어요?" 사울이 침상 옆에 무릎을 꿇고 앉아, 벌써 꽤 차가워진 아내의 손을 잡자, 미리암이 가만히 말했다. "내가 이 고비를 넘기지 못한다 해도 이것만은 당신한테 알려 주고 싶어요. 예수가 우리 메시아시라는 것을 나는 받아들였어요. 그래서 이 시간, 크신 치유자이신 그분에게 도와 달라고 기도했어요."

아라비아로 간 바울

두 뺨이 눈물로 뒤범벅된 채 사울이 말했다. "네, 예수님, '마라나타', 가여운 우리 미리암을 도와주소서."[1]

아낙시메네스는 코스(Kos: 그리스 남 에게 주의 섬 - 옮긴이)의 히포크라테스 전통을 훈련받은 사람인데, 이 전통의 의사 선서 첫 번째 명령은 "해를 끼치지 말라"(Do no harm)이고, 두 번째 명령은 "몸이 스스로 치료하게 하라"였다. 그렇지만 아낙시메네스는 미리암에게 진정제를 주었고, 자궁 출혈이 멈추도록 일종의 지혈 처치를 했다. 처치는 잘 되었지만, 체중도 얼마 안 나가고 치료상의 어떤 오차도 허용될 수 없는 자그마한 여성에게 닥친 이 일련의 충격적인 일들로 미리암의 심신은 위태로울 만큼 약해지고 말았다.

"밤낮으로 지켜보아야 합니다." 아낙시메네스가 말했다. "이 고비를 넘길 수 있도록 계속 옆을 지키면서 회복을 도와야 해요. 무엇보다 중요한 것은, 환자가 절대 다시 임신해서는 안 된다는 겁니다. 절대요. 몸 상태가 임신에 따른 긴장을 감당하지 못할 겁니다. 이제 다 괜찮아졌으니 아마 몇 시간은 잠을 잘 겁니다. 하지만 자세히 상태를 지켜봐야 해요. 만약 숨을 쉬지 않으면 환자의 코를 쥐고 입에다 직접 숨을 불어 넣어 주세요. 다시 숨을 쉴 때까지 몇 번이고 반복해야 합니다. 출혈이 다시 시작되거나 숨을 쉬지 않으면 다시 저를 부르세요."

사울은 온몸을 떨었다. 무릎을 꿇고 앉아 아내의 차가운 손을 잡은 채 몸을 떨었다. 의사에게 감사하다는 말 한마디 제대로 할 수 없어서 엘리사벳이 대신 의사를 배웅하고 들어왔다. 엘리사벳은 사울을 안심시키려는 듯 의사가 시킨 대로 하나도 빼놓지 않고 할 테니 걱정하지 말라고 했다. 이렇게 해서 사울과 엘리사벳에게는 잠 못 이루는 기나긴 밤이 시작되었다. 두 사람은 마치 두 마리의 경비견처럼 미리암의 곁을 지켰다. 사울은 마음이 너무 괴로워 하나님께 간청하며 물었다. "맡겨진 일을 제가 이행하지 않아서 이런 일이 일어난 겁니까? 지체하거나 의심하거나 확신하지 못해서 벌을 받는 겁니까? 저는 가족을 이루는 기쁨을 누려서는 안 되는 겁니까? 주님, 저는 주님의 종입니다. 주님은 만사를 합력시켜 선을 이루시는 분임을 알지만, 이 재앙을 주님께서 일으키신 일로 여기지는 않겠습니다. 주님께서 단지 주님의 뜻을 행하게 만들려고 사랑하는 자들에게 끔찍한 일을 행하신다고는 믿지 않습니다. 그리고 이 일들로 고통당해야 할 사람은 저이지 아무 잘못도 없는 미리암이 아닙니다. 치유하시는 주님의 손에 제 아내를 맡깁니다. 저는 이 문제에 관해서 아무 힘이 없습니다. 하지만 이로써 저는 약속합니다. 개인적으로 어떤 대가를 치르든 주님의 아들 예수를 증언할 방법을 찾겠습니다."

새벽이 다가왔는데도 미리암은 여전히 잠에서 깨어나지 않았다. 간밤과 비교하면 상태는 안정되어 보였다. 호흡도 규칙적이고 정상적인 것 같았다. 미리암 바로 옆에서 밤을 새운 엘리사벳이 말했다. "깨어나면 곧 뭘 좀 먹어야 할 거예요. 집에 얼른 가서 렌즈콩 수프를 좀 만들어 올게요. 야곱이 에서에게 만들어 주었던 그 수프요." 사울은 지친 얼굴로 싱긋 웃어 보이며 '토다'(todah)라고 말했다. 히브리어로 "고맙다"는 뜻이었다.

아침 열 시쯤이 되자 미리암은 몸을 뒤척이며 신음하기 시작했다. 아직도 통증이 심한 듯했다. 아낙시메네스는 어제 돌아가면서 통증을 줄여 주는 약을 주고 갔다. 양귀비로 만들었지만 독한 약은 아니었다. 통증을 완화하는 데는 충분하지만 의식을 잃게 할 정도로 독하지는 않았다. 미리암이 "도와줘요"라고 힘없이 말하자 사울은 나무 숟가락에 약을 조금 따라 미리암에게 먹였다. 삼십 분이 채 안 되어 미리암은 통증이 줄어드는 것을 느꼈고, 눈을 뜨고 남편이 옆에서 울고 있는 것을 볼 수 있었다. "전에 유산한 적이 있다고 말해야 했는데, 당신이 겁낼까봐 두려웠어요." 미리암이 말했다.

"미리암, 나는 당신을 사랑했지 아기를 낳을 수 있는 능력을 사랑한 게 아니에요. 지금 내가 사랑하는 것도 여전히 당신이고, 살아남아 주어서 감사한 마음뿐이라오."

이때 엘리사벳이 들어와 말했다. "약만 먹지 말고 뭔가 배를 채울 만한 것도 먹어 줘야 해요. 여기 렌즈콩 수프를 좀 만들어 왔으니 먹어 보도록 해요. 기운이 하나도 없을 텐데."

미리암은 침대에서 천천히 일어나 앉아 놀랍게도 꽤 많은 양의 수프를 마셨다. 그리고 다시 침대에 누운 미리암은 이렇게 말했다. "조금 더 자야겠어요, 그래야 얼른 회복되지요."

회복 과정에는 긴 시간이 걸렸다. 실제로 한 달이 넘게 걸렸고, 그동안 사울과 엘리사벳은 번갈아 가며 미리암을 지켜보아야 했다. 미리암은 간신히 죽음을 면한 상태였다. 그리고 완전히 원기를 회복할 수 있을지도 불투명했다. 사울이 미리암과 함께 다니며 좋은 소식을 전할 꿈을 꿨다면, 이제 그 꿈은 빠른 속도로 사라져갔다. 아주 빠른 속도로. 그렇다면 이제 사울은 자신에게 맡겨진 일을 어떻게 해야 할까? 시간만이 답을 알 터였다. 예루살렘에서 출발해 다메섹으로 향하던 날로부터 이제 만 이 년이 지났지만, 그날이나 지금이나 사울은 이방인의 사도와는 거리가 멀었다.

고대 세계의 죽음과 임종

이천여 년 세월에 걸쳐 인간에 관해 변하지 않는 진실이 있다면, 우리는 다 죽는다는 것, 그리고 죽음과 임종에 관해 자주 생각한다는 것이다. 죽음에 대한 두려움은 인간 보편의 체험이라고 할 수도 있다. 그러나 죽는 방식 및 죽음 후의 일에 관한 생각은 시간과 공간에 따라 급속히 달라진다. 매장 관습은 문화에 따라 아주 가지각색이며, 고대 세계에서도 거의 비슷하다. 초기 예수 운동도 죽음과 임종에 관한 이 대화에 매우 관심이 있었는데, 이는 이 예수 운동의 중심에 죽음에 맞선 지도자가 자리 잡고 있기 때문이었다. 예수는 죽은 자 가운데서 일으킴 받았으며, 이 사실은 예수 자신만이 아니라 다른 모든 사람을 위해서도 생의 결말에 관한 함축적 의미를 담고 있다. 이러한 견해들은 새롭거나 신선할 게 없이, 고대 유대교의 믿음에 뿌리를 두고 있었다. 하지만 예수의 부활은 이 믿음을 중요한 방식으로 변형시켰다. 이 초기 기독교 신앙은 고대 세계의 여러 집단에게 특이하게 보였을 것이다.

그리스-로마의 풍습

고대 세계에서 죽음을 대하는 태도는 그리스인인지 로마인인지에 따라 달랐다.[2] 가장 유명한 것은, 그리스인들에게는 내세관 및 죽음 후의 삶 개념에 대한 철학적 접근법이 잘 발전되어 있었다는 점일 것이다. 유명한 엘리시움(Elysian fields: 복 많은 사람이 죽은 후에 간다고 여겨지던 이상향-옮긴이)은 이곳에 이를 만큼 운이 좋은 사람에게 복된 내세를 약속했다. 다양한 자료에서 분명히 알 수 있는 것은, 사람이 죽으면 육체를 잃게 되며 내세의 자아를 묘사하기 위해 생겨나는 용어는 영혼 또는 그림자라는 것이다. 죽은 자들의 영역은 하데스(Hades)라고 여겨졌다. 철학적 성향에 따라서는 몸을 잃는 게 좋은 일이기도 했다. 플라톤주의자와 스토아 학파라면 이에 진심으로 동의할 것이다. 내세에서는 존재의 질이 떨어지는 게 틀림없었다. 그러면 이 현실을 어떻게 해결해야 했을까? 고대의 자료들에서는 명쾌한 답변을 찾을 수 없다. 고대 세계에서 "내일은 죽을 것이니 먹고 마시라"는 말이 왜 강력한 메시지가 되는지 쉽게 알 수 있다. 화장과 더불어, 죽은 사람과 죽은 이의 몸에 관한 관습들도 이런 현실을 반영한다. 화장은 기원전 400년부터 1세기에 이르기까지 줄곧 표준적 관습이었다. 화장과 함께 어떤 시신은 매장하기도 했다. 하지만 어떤 경우에 화장하고 어떤 경우에 매장하는지에 관한 종교적 믿음이 있었던 것 같지는 않다. 한 사람의 죽음은 그 사람의 신분과 부를 과시할 수 있는 또 하나의 기회로서, 공들여 만든 유골함이나 '사르코파구스'(sarcophagus), 즉 석관이 고대 그리스-로마 세계의 특색이 되었다.

로마인들은 이런 풍습을 다수 지속시키고, 힘들여 고치고, 변형시켰다. 그리스인들은 다양한 날짜에 특별한 식사를 나누기도 했다. 로마인들은 고인을 매장하는 날과 죽은 지 9일째 되는 날 뿐만 아니라 매년 고인의 기일과 생일에도 식사를 나누는 이런 관습을 발전시켰다. 로마에서는 '파테르날리아'(Paternalia, 2월)와 '레무리아'(Lemuria, 5월) 같은 여러 절기에도 모든 죽은 자들을 기념했다. 죽은 이들을 위해 제사를 지내는 것도 그 사람을 기억하는 한 방식이었는데, 제사는 죽은 이의 영혼을 달랠

뿐만 아니라 확실히 위로받게 한다고 여겨졌다. 가장 중요한 것은, 죽은 이를 위한 제사가 이들에 대한 기억을 생생히 유지해 주는 한 방식이었으리라는 것이다. "기억된다는 것은 고대 세계 사람들의 중요한 열망"이었으니 말이다. 물론 오늘날과 마찬가지로 죽음은 물리적 대가(생명 상실)뿐만 아니라 금전적 대가도 드는 일이었다. 이런 이유로 고대 세계의 가난한 사람들은 '콜레기아'(collegia) 혹은 조합에 가입하고자 했다. 생전에 조합에 소액의 돈을 내면 그 사람이 죽었을 때 매장을 해주는 것이 조합의 여러 가지 책임 중의 하나였기 때문이다.

유대인의 매장 풍습

물론 유대인들의 매장 풍습은 이방인들의 풍습과 달랐다.[3] 히브리 성경에서 내세는 스올이라고 알려진 곳이었다. 히브리 성경에서 내세는 부활 개념을 향해 이동해 가는 발전을 보인다. 가장 잘 알려진 사실은, 에스겔 37장, 이사야 26장, 다니엘 12장 같은 본문은 포로 시대 후 하나같이 부활 후 시작되는 내세에 대한 믿음을 형성하기 시작한다는 점이다. 초기 예언서에서 민족의 부활을 은유한 것이 페르시아 시대에 이르러서는 개인의 부활까지 포함하게 된다. 부활 개념이 크나큰 발전을 보이는 시기는 제2성전기다. 이 시기의 문헌은 히브리 성경에서 시작된 묵시적 전통(들)과 상호 작용한다. 위경 희년서와 일부에녹서 전통은 부활을 증언하며, 특히 의로운 자와 불의한 자에 대한 종말론적 심판과 관련해서 증언한다. 헬레니즘 시기에는 내세에 대한 다양한 믿음이 두드러지게 나타난다. 일부 유대인 집단은 영혼 불멸에 관한 플라톤의 이론을 채용했는데, 가장 유명한 예는 철학자 필론(Philon)과 외경 솔로몬의 지혜서이다. 몇 가지 예외는 육체의 부활을 옹호하는 마카비 문헌과 제4시빌라의 신탁서(Fourth Sibylline Oracle)다. 신약 시대로 가보면, 이 이론이 아직은 광범위하게 동의를 받지 못한다. 예

아라비아로 간 바울

수 및 바울과 동시대를 산 사람들로서 바리새파는 부활 지지파였던 반면 사두개파는 부활을 믿지 않는 이들로 아주 유명했다. 그래서 복음서에서는 "내세"와 결혼 개념에 관한 매우 복잡한 대화가 등장한다. 또한 초기 예수 운동은 주로 예수 자신과 그분의 부활을 목격한 이들에게서 나온 부활 개념의 발전 측면에서 많은 것을 제공했다. 바울 자신이 내세에서 몸이 부활한다는 개념의 핵심 옹호자이며 고린도전서 15장은 이 논의의 화룡점정이다. 예수의 부활은 하나님의 백성의 부활의 첫 열매이며, 현재 시점에서 소망의 근거가 된다.

이렇게 유대인의 매장 풍습은 죽음과 내세에 관한 다양한 견해를 반영한다.[4] 예루살렘과 여리고의 공동묘지를 발굴한 결과, 관련 정보가 많이 나왔다. 제2성전기에는 보통 암반 구조를 깎아서 무덤을 만든 것으로 보인다. 이 돌무덤은 대개 바닥에 구덩이를 파서 안으로 들어갈 수 있게 했고, 일단 안으로 들어가면 허리를 펴고 서 있을 수 있었다. 유대인들의 매장식은 두 단계로 진행되었다. 시신을 안치하는 것이 첫 번째 단계인데, 때로 시신을 나무 관에 넣기도 했지만 어쨌든 그다음에는 돌을 깎아 만든 무덤에 갖다 두었다. 두 번째 단계로, 돌무덤 안에서 시신이 부패하여 분해되면 뼈를 수습해서 유골함에 넣었다. 고인의 경제적 형편에 따라 돌무덤과 유골함을 공들여 장식할 수도 있었다. 제2성전기에 개인의 부활에 대한 믿음이 퍼짐에 따라 개별 유골함을 매장하는 관행도 늘어난 것 같다. 복음서가 묘사하는 예수의 부활은 이런 고대 유대인의 매장 풍습을 반영한다. 동산의 무덤은 초기의 매장 풍습 첫 단계의 한 사례로, 이 단계에서 시신을 매장할 준비를 한다. 그래서 여인들이 시신에 바르려고 강하고 자극적인 향유를 가져온 것이며, 이는 고인의 사후 무덤을 찾는 일주일 동안 시신에서 나는 악취를 피하기 위해서였다. 이들은 그 후 일 년 동안은 무덤을 찾지 않을 터인데, 왜냐하면 시신이 느리게 부패하기 때문이었

다. 이어서 약 일 년 후 이들은 유골을 해체해서 수습하려고 했
을 것이다.

아라비아로 간 바울

질병과 불만의 겨울철

쥐떼. 수많은 쥐떼들. 놈들은 대상들의 곡물 자루에 숨어 애굽에서 페트라로 들어왔다. 고대인들은 쥐가 질병을 옮겨 와서 사람을 감염시킬 수 있다는 사실에 대해 거의 무지했지만, 그런데도 쥐라면 질색을 했다. 그해 열 번째 달(데쳄[Decem]월이라고 하는)[1], 페트라에는 모종의 전염병이 발생했다. 의사인 아낙시메네스도 원인을 몰랐지만, 아마 쥐들이 병을 옮긴 것이 아닌가 의심했다. 유아, 노인, 약한 사람, 병약자들이 죽어 나가기 시작하자 사울은 미리암이 몹시 걱정되었다. 그래서 집안을 극단적으로 청결하게 유지했고, 미리암의 반대에도 불구하고 보석 가게의 판매 부문은 일시 휴업을 했다. 사울의 고용주 알렉산드로스는 40년간 함께 해온 아내가 전염병으로 죽는 것을 속수무책으로 지켜보았다. 아레다 왕은 특별히 시간을 들여 아타르가티스에게 제사를 바치면서 이 여신의 치유 능력과 자비가 백성들에게 임하기를 빌었다. 하지만 제사는 아무 소용이 없었다. 그러자 왕은 희생양이 될 만한 것을 찾기 시작했고, 바사의 한 점성술사의 조언에 따라 한 가지 이론에 희망을 걸었다. 즉, 페트라에 사는 유대인들이 이 전염병을 일으켰다는 것이다. 자신에게 불충한 헤롯 안디바와의 최근 관계 때문인지 아레다는 너무도 쉽게 이 이론을 믿을 태세였다. 그래서 왕은 유대인들을 자기 앞으로 불러다가 설명을 요구하기 시작했다. 유대인들이 아레다의 백성 나바테아 사람들에게 이 질병을 옮겼는가? 유대인들을 쫓아내면 전염병을 막을 수 있을까?

아레다 왕이 다소의 사울을 어전으로 소환한 날이 다가왔다. 사울은 수염을 말끔히 깎은 뒤 가장 좋은 옷을 골라 입고 왕궁으로 갔다. 방으로 들어가자 옥좌에 앉아 있는 아레다 왕이 물었다. "다소의 사울, 너는 최근에 우리의 이 아름다운 도성의 거민이 되었다. 그리고 아엘라나 그 외 여러 곳으로 다니면서 알렉산드로스 가게의 물건을 팔지. 그래, 나는 네 행적에 대해 알고 있다. 나는 네가 먼 땅에서 이 무시무시한 전염병을 옮겨와서 수다한 내 백성을 죽이고 있는 게 아닐까 의심이 드는데."

"고귀한 아레다 왕이시여, 저는 이 끔찍한 사태의 원인이 아닙니다. 사실 제 친구와 저를 고용한 분의 아내도 최근에 이병으로 죽었고, 이곳 페트라의 많은 사람들에게 이 일이 벌어질 때 저는 공포에 질려 이를 지켜보았습니다. 저는 누구에게든 이런 일이 일어나기를 바라지 않습니다. 선하신 왕이여, 제가 드릴 말씀은, 세상에는 제가 경배하는 하나님이 계시며 우리는 그분을 기름 부음 받은 분 예수라고 부른다는 것입니다.

220 아라비아로 간 바울

그분은 저의 고국 이스라엘에서 살았고, 많은 사람들의 병을 고쳐 주었습니다. 왕의 모든 백성들이 그분께 기도하면 아마 그분께서 간섭하셔서 이 비극을 끝낼 수 있게 도와주실 것입니다."

사울의 말에 아레다는 화를 냈다. "우리 나바테아의 신들은 능력이 없어서 우리를 고쳐 줄 수 없다고 감히 말하는 것이냐? 우리가 그렇게 오랫동안 그렇게 충성스럽게 그 신들을 섬겨왔는데?"

"선하신 왕이여, 저는 제가 아는 것을 말씀드릴 뿐입니다. 제가 알기로 예수, 곧 부활하신 하늘의 주님의 이름으로 사람들은 병이 나았고, 지금도 낫고 있습니다. 어떤 사람이 물에 빠졌는데 그에게 밧줄을 던져 바다에서 건져내는 단 한 사람이 자기 동족이 아니라면 '그 사람은 내 동족이 아니므로 나는 이 도움을 받아들이지 않겠다'고 말해야 합니까? 그건 지혜롭지 못한 행동일 것입니다. 아레다 왕이시여, 왕께서는 여러 신들을 믿으시는데, 예수라고 하는 신을 한 분 더 믿을 수도 있지 않겠습니까? 이는 왕께 달린 일입니다."

"그러나 너희 유대인들은 여러 신을 믿지 않고 너희의 신만 믿지! 그래, 나도 이런 일들을 알고 있다. 그래서 그저 신을 하나 더 믿으면 된다고 하는 네 말이 진심이라고 생각하지 않는다. 사실 너는 너희의 신만 믿게 만들려는 거니까. 네 거짓 종교를 가지고 사라져라! 네가 싸우려고 온 게 아니며 네 신에게서 치유를 가지고 왔다고는 믿지 않는다. 일주일 여유를 줄 테니 짐을 싸서 이 도성을 떠나라. 이 전염병도 가지고 가라! 그렇지 않으면 수많은 나바테아 사람들을 죽인 죄로 잡아들여 심문할 것이다!"

사울은 몸을 떨며 고개를 살짝 숙여 인사한 뒤 무기를 든 호위병과 함께 왕의 방에서 나왔다. 궁을 나온 사울은 먼저 알렉산드로스의 가게로 가서 이 무시무시한 소식을 알린 뒤 집으로 향했다. 집에 와 보니 미리암이 열이 나기 시작한 상태였다. 아주 고열이었다. 다시 불려온 의사는 약간의 아편을 처방해 주면서 차가운 물수건으로 열을 내려 주라고 했다. 하지만 미리암은 또다시 위험한 상태가 되고 말았다. 그리고 지난번과 달리 상태는 호전되지 않았다. 이번에는 전염병이 미리암의 허약한 몸을 덮쳤고, 결국 미리암은 세상을 떠나고 말았다. 미리암은 사울에게 마지막으로 이런 말을 남겼다. "자책하지 말아요. 내가 당신을 사랑했다는 것만 알아줘요. 그리고 당신은 이제 주 예수가 원하는 모든 곳으로 가서 그분에 관한 좋은 소식을 전해야 해요. 나는 내세에서 당신을 만나게 될 거라고 믿어요. 우리가 이야기한 영생에서요." 다음 날 아침, 나바테아의 풍습에 따라 사울, 엘리사벳, 와피, 그리고 알렉산드로스가 장례용 들것으로 미리암의 시신을 공동묘지로 옮겨 매장했다. 사울은 짤막하게 기도를 하고 도움을 준 친구들에게 감사의 인사를 한 뒤 다음 날 다메섹으로 떠나야 하는 사정을 설명했다. "남은 시간이 하루밖에 없어요. 하루가 지나면 아레다의 부하들이 저를 잡으러 올 겁니다. 그래서 서둘러 떠나야 합니다." 장례식을 마친 사울은 집으로 돌아가 짐을 꾸린 뒤, 아침이 밝자마자 북쪽을 향해 출발하기로 마음먹었다. 페트라에 2년 조금 넘게 머무는 동안 자신이 정확히 무엇을 이루었나 하는 생각이 들었다. 예수께서 작정하신 대로 "이방인의 사도"가 아직 되지 못한 것은 확실했다. 이제는 평생 그 일에 온 힘을 쏟으며 살아야 할 터였다.

페트라의 좁은 골목길들을 따라 매서운 바람이 불어오는 추운 겨울 아침이었다. 사울은 와피에게서 산 낙타 아브라함에게 안장을 채웠다. 가죽 작업에 쓰는 도구들과 두루마리, 특히 그동안 계속 공부해 온 이사야서 두루마리를 챙긴 뒤 결혼식 날 아내가 준 반지를 꼈다. 터키석이 박힌 아름다운 반지였다. 미리암과 함께 한 행복한 날들은 결코 잊지 못할 것이었다. 페트라를 빠져나오면서 사울은 뒤돌아보지 않았다. 그저 낙타에게 향신료 길을 가리킬 뿐 안색 하나 변하지 않고 미지의 미래로 향했다. 사울은 아브라함 이야기를 떠올렸다. 약속의 땅을 향해 출발하기 전, 하나님이 자신을 어디로 데려가실지 알지 못한 채 그가 어떻게 믿음으로 길을 나섰는지를. 낙타 아브라함도 이제 어느 길로 가야 하는지 사울보다 더 잘 아는 것 같았다.

병 낫기: 고대 세계의 의약품

고고학자들은 고대 의학 관련 품목들이 담긴 보물창고를 발굴했다. 의료 기구에서부터 고대판 처방전에 이르기까지 온갖 물건들이 다 나왔다. 인류가 대체로 그렇듯, 고대 세계도 오늘날 세상과 마찬가지로 죽음이 아니라 삶을 걱정했다. 하지만 건강, 질병, 안녕, 의약품, 죽음에 대한 고대인들의 이해는 우리

현대인들이 지닌 개념에서 상당히 많이 벗어나 있다. 고대의 증거물들을 볼 때 가장 먼저 받는 인상은, 의학 자체는 정식 학문이 아니라 그보다 넓은 철학 연구의 한 부분이었다는 것이다. 물질적 증거와 함께 히포크라테스와 갈레노스(Galenos: 고대 로마의 의사이자 해부학자-옮긴이)의 글들이 있는데, 이는 의학 이론과 실제에 대한 논의를 아주 가까이서 구경할 수 있게 해준다. 또한 고대 세계는 물론 그 전에 바벨론 전통의 의학 발전에서 이집트의 역할을 무시해서는 안 된다.[2] 갈레노스는 거의 삼백만 단어에 이르는 글을 남겼고, 뼈와 맥박에 관한 연구·해부학 교재·약학 교재로 의사 지망생들을 위한 입문 교과서를 만들었다.[3]

고대 의학은 상당 부분 경험과 시행착오가 뒤섞인 것이었다는 점을 기억해야 한다. 병이 난 사람은 의사에게 달려가기보다 치유 신전(healing temple)의 제사장을 찾아갈 가능성이 더 컸다. 마취 의학이 생기기 전의 세상에서는 사람들이 병을 고치려고 몸에 "칼을 대기"를 주저했다 해도 이해할 만하다. 의학 교과서는 접할 수 있지만 의사를 인증하거나 치료를 표준화하는 공식 기관은 없었던 것 같다. 1세기 무렵 코르넬리우스 켈수스가 의료 업무를 영양학, 약리학, 외과의 세 범주로 나누었다.[4] 병이 낫느냐는 해당 의사의 적성 및 이런 병 저런 병에 적용할 수 있는 기술을 가졌느냐에 달려 있었다. 어떤 병의 경우, 건전하고 분별 있는 방식에서부터 말이 안 되는 처치에 이르기까지 치료 방식이 다양했다. 속눈썹이 자라게 하려고 암소의 뇌를 음식에 섞어 먹는다거나 개구리를 아기 머리에 묶어 놓으면 아기의 병이 낫는다거나 하는 게 그런 사례다.[5]

의학, 질병, 신의 관계를 알아야 고대인들이 이 각각에 대해 어떤 개념을 가졌는지 알 수 있다. 예를 들어, 신들이 징벌로서 인간에게 질병을 보낸다고 알려져 있었다. 그래서 병에서 구해 주고 병을 고쳐 달라고 신에게 호소할 수 있었다. 고대 세

아라비아로 간 바울

계에서 구원(salvation)이란 말은 흔히 육체의 회복을 가리켰다. "구원 받는다"는 것은 건강이 좋다, 혹은 건강을 회복한다는 말이었다. 치유 신전은 신전, 우물이나 샘물 같은 물 공급원, '아바톤'(abaton)이라고 하는 수면실 세 부분으로 구성되어 있었다. 이런 복합 신전 중에는 사람을 160명까지 수용할 수 있을 만큼 넓은 곳도 있었다.[6] 마법도 이 시대 의학의 특징이었는데, 이는 신을 조종해서 나를 위해 무언가를 하게 만드는 한 수단이었다. 신전은 봉헌함, 기도문, 신성한 물건들로 가득했다. 뱀도 신전에 자주 등장했다.

고대 세계 의학의 중심지는 그리스 코스(Cos) 섬이었는데, 이곳은 히포크라테스의 고향으로 그의 치유 사원이 있었을 뿐만 아니라, 의사들의 수호신이자 치유의 신인 아스클레피우스의 본거지였다. 많은 의사들이 아스클레피우스 신전의 아스클레피에이아(Asklepieia)에서 훈련받았다. 고대 지중해 지역 곳곳에서 아스클레피우스 숭배 흔적이 발견된다. 특히 아테네, 코린트(고린도), 로마에서 아스클레피우스 신전이 발견된다. 이곳에서 이뤄지는 대부분의 의학 교육은 환자를 진찰하는 법이었다. 신전 구역은 의료 단지보다는 의료 휴양시설에 가까웠다. 환자들은 이곳에 종종 밤새 머물렀다. 이들은 회반죽으로 치료가 필요한 인체 부위의 모형을 만들곤 했다. 가장 흔한 것은 생식기 모형이었는데, 고대 세계에는 성병이 널리 퍼져 있었던 까닭이다. 시각 장애, 하지 장애, 손발 골절, 대머리까지, 치료되어야 할 병증은 다양했다.[7] 치유 신전이라고 해서 모든 환자를 다 받지는 않았다. 병이 너무 중한 환자는 입장을 거절당했다. 신전에 들어왔더라도 병세가 악화하면 쫓겨나서 숲속에 버려진 채 죽었다. 신전 경내에서 환자가 죽으면 영업에 좋지 않았기 때문이다.

오늘날 사람들의 생각과 달리 고대 세계에서는 의사라고 해서 반드시 사회적 지위가 높지는 않았다. 의사들은 대부분

노예였기 때문이다. 고대 사회에서 비교적 엘리트 계층에 속하는 사람 중에는 전담 의사를 두는 예도 있었다. 율리우스 카이사르는 로마에서 의사들에게 시민권을 준 것으로 유명했다.[8] 의사들은 이 마을 저 마을로 다니면서 "왕진"(visits, 오늘날의 전염병[epidemic]이라는 말은 여기에서 나왔다)을 했다.[9] 병을 잘 고치고 환자를 잘 회복시키는 의사는 상당한 돈을 벌 수 있었다. 일반적으로, 의사들은 고대인들 사이에서 높이 존중받았다. 바울도 선교 여행 때 동료이자 의사인 누가와 함께 다녔다. 신약성경에 나오는 치유 관련 본문은 바로 이런 세계의 일부로 보아야 하며, 고대인들이 어떤 식으로 바울의 하나님을 구원하시는 하나님으로 이해했는지 알아야 한다.

아라비아로 간 바울

다시 다메섹으로

다메섹으로 돌아가는 길은 처음에 페트라로 오던 때보다 더 멀
게 느껴졌다. 북쪽에서 바람이 미친 듯 불어와서 바람을 뚫고
올라가야 했기 때문이다. 다메섹으로 돌아가는 데는 십이 일쯤
걸렸고, 다메섹에 이르렀을 즈음에는 사울도 낙타 아브라함도
완전히 지쳐 있었다. 사울은 모르고 있었지만, 이때까지도 나
바테아에서는 전염병이 계속되어 사람들을 하나둘 계속 쓰러
뜨리고 있었고, 그래서 와피도 아내를 데리고 아엘라로 피난갔
다. 사울에게 전염병과 함께 사라지라고 명령했던 아레다 왕은
사울이 명령에 따르지 않았다고 판단하고 그를 체포하라는 명
령을 내렸다. 사울이 다메섹으로 돌아갔다는 것을 알게 된 왕
은 나바드라고 하는 다메섹의 행정장관에게 특사를 급파해, 사
울을 심문해야 하니 잡아서 페트라로 돌려보내라는 메시지를
전했다. 하지만 나바드는 사울이 어떻게 생겼는지 알지 못했기

때문에 그를 잡아들이려면 시간이 걸릴 터였다. 게다가 사울은 다시 한번 외모에 변화를 주는 게 좋겠다고 생각하고는 턱수염과 콧수염을 다시 기르고 있는 데다가 머리도 자라는 대로 버려두고 있었다. 그리고 어쨌든 사울은 그 특사보다 최소한 십이 일이나 먼저 출발한 상태였다.

다메섹에 도착한 사울은 곧장 아나니아의 집으로 갔다. 사울이 마지막으로 보았을 때에 비해 이제 꽤 나이가 들어 보이는 아나니아는 사울을 보자 매우 반가워하며 사울이 그간 페트라에서 겪은 예사롭지 않은 일과 궂은일 이야기를 다 들어 주었다. 사울이 아내와 아기를 잃었다는 말에는 눈물을 보이기까지 했다. 함께 식사하고 난 뒤 사울은 가장 궁금했던 이야기를 꺼냈다. "선생님 보기에는 예루살렘 상황이 어떻습니까? 제가 조용히 돌아가서 새 성전 혹은 하나님 백성들 모임의 기둥이라고 불리는 사람들을 만나서 의논을 해도 될 만큼 그곳 상황이 진정되었을까요? 그분들 만나서 예수와 그분의 가르침에 관해 이야기를 좀 더 들어야 하거든요. 그리고 솔직히 말해서 제가 받은 사명에 관해 그분들 승인을 받고 싶기도 합니다. 제가 예수에게서 직접 임무를 부여받았으므로 승인 없이도 나가서 사명을 이행할 수 있기는 하지만 말입니다."

"그래요, 내 생각도 그래요." 아나니아는 회백색 턱수염을 쓰다듬으며 말했다. "하지만 그건 지혜로운 행동은 아닙니다. 세상에는 그리스도를 따르는 이들이 아직 너무 적은 데다가 우리 동족들 사이에서도 이미 적대감이 상당하거든요. 비유대인은 말할 것도 없고 말이지요. 그러니 우리끼리 협조를 할 수 있

아라비아로 간 바울

도록 최선을 다해야 하지 않겠습니까?"

"맞습니다, 저도 그렇게 생각합니다. 그래서 제가 예루살렘으로 가야 하는 거고요. 그런데 일단 저는 그 어떤 공동체에도 속해 있지 않아서 그리스도에 관해 말해 줄 사람이 없습니다. 그래서 예루살렘에 가서 베드로를 비롯해 여러분들에게 이야기를 들려주시기를 겸손히 청할 생각입니다. 가르침을 얻고 사실을 확인하러 가는 거지 이방 선교의 정당성에 관해 협상하려고 가는 게 아닙니다."

두 사람은 여러 시간 이야기를 이어갔다. 아나니아는 특히 다메섹에서 그리스도를 따르는 사람으로 살아가기가 쉽지 않다고 했다. 그것은 일부 유대인들의 적대 때문이기도 했고, 사울이 호된 경험을 통해 알게 되었다시피, 철두철미한 다신론자 아레다 왕이 다메섹을 장악한 뒤 유대인의 신만이 유일한 참 신이라고 하는 일신론적 주장을 용인하지 않기 때문이기도 했다.

사울은 아나니아의 집에 족히 두 주는 머물렀다. 그러나 겨우 그렇게 긴장을 풀고 편히 쉬기 시작하던 중 사울은 아레다 왕의 특사가 다메섹에 도착해 아레다의 행정장관 나바드와 무언가를 의논하고 있다는 소문을 들었다. "당신에게는 좋은 징조가 아니로군요, 사울." 아나니아가 말했다. "어떻게든 당신을 성 밖으로 빼돌려야겠는데, 방금 이웃 사람에게 들으니 저들이 온 성문을 다 잠갔다고 하네요…하지만 염려하지 말아요, 내게 한 가지 계획이 있으니." 아나니아의 계획이란, 안전 설비가 잘 되어 있어 순찰을 자주 하지 않는 지점에서 사울을 빨래 광주리에 태워 성벽 아래로 달아 내리는 것이었다. 다메섹은

사울이 광주리를 타고 내려갔다고 전해지는 성벽 위치.
성벽의 기독교 상징물에 주목하라. 이는 성벽 이 부분이 사울 시대보다
훨씬 후에 기념물이나 순례지로 축조되었다는 사실을 분명히 보여 준다.

아라비아로 간 바울

사실 거대한 성벽 도시였는데, 당국이 성벽 모든 지점을 항상 감시하지는 않았다. 사울은 아나니아의 계획을 듣자 바로 그렇게 하겠다고 했다. 자신이 떠나야 아나니아를 비롯해 다메섹의 그리스도 따름이들의 위험이 줄어들 것이기 때문이었다. 얼마 되지도 않는 짐을 꾸린 후 사울은 아나니아에게 말했다. 준비는 다 되었으니 때가 되면 언제든 말해 달라고.

나바드는 빈틈없기로는 둘째가라면 서러워할 사람이어서, 도성의 문이란 문에는 모두 보초를 세웠다.[1] 하지만 아나니아를 비롯해 다메섹의 그리스도 따름이들은 동료 한 사람을 시켜 사울이 떠나기로 한 날 훤한 대낮에 낙타 아브라함을 도성 밖으로 끌고 나가, 사울이 성벽을 타고 내려오기로 한 지점 근처 무화과나무에 묶어 놓게 했다.[2] 이런 식으로 성을 빠져나가는 게 창피하고 굴욕적으로 느껴졌지만, 이럴 수밖에 없다는 것을 사울은 알고 있었다. 사울은 약간의 두려움과 떨림을 안고 예루살렘으로 향하는 도로로 들어섰다. 유대 땅의 그리스도 따름이들이나 지도자들이 사울을 받아들여 주기는 할까? 오랜 세월 후, 사울과 이따금 동행했던 누가는 사울의 이때 사연을 이렇게 요약하여 기록한다. "사울이 예루살렘에 가서 제자들을 사귀고자 하나 다 두려워하여 그가 제자 됨을 믿지 아니하니 바나바가 데리고 사도들에게 가서 그가 길에서 어떻게 주를 보았는지와 주께서 그에게 말씀하신 일과 다메섹에서 그가 어떻게 예수의 이름으로 담대히 말하였는지를 전하니라 사울이 제자들과 함께 있어 예루살렘에 출입하며 또 주 예수의 이름으로 담대히 말하고 헬라파 유대인들과 함께 말하며 변론하니 그 사람들이 죽이려고 힘쓰거늘 형제들이 알고 가이사랴로 데리고 내려가서 다소로 보내니라"(행 9:26-30).

예루살렘이 가까워져 오자 사울은 마음이 복잡해졌다. 어릴 때 집이 있던 곳으로 돌아오니 일단은 반가웠다. 누이는 아마 자신을 받아들여 주리라는 것을 그는 알고 있었다. 적어도 한동안은 말이다. 하지만 베드로나 예수의 형제 야고보는 과연 사울을 받아들여 줄까? 이는 다른 그리스도 따름이들이 그를 어떻게 받아들여 줄 것인가 하는 문제보다 훨씬 중요했다. 처음에 사울은 그리스어를 쓰는 예수의 제자들을 찾아갔다. 하지만 이들은 사울을 자신들의 모임으로 받아들여 주기를 두려워했다. 사울이 예수의 제자인 척한다고 생각했기 때문이다. 하지만 그중 한 사람이 사울의 말을 믿었는데, 그 사람의 이름은 구브로 출신 바나바였다. 사울이 이 모임에서 바나바를 만난 것은 하나님의 섭리였다. 바나바가 몇 년 후 사울과 짝이 되어 선교 여행에 동행했고, 게다가 지금 사울에게 호의를 보이며 그를 주요 사도들에게 은밀히 데려간 사람도 바나바였기 때문이다. 이때는 사울이 회심한 지 약 삼 년째 되는 때였는데, 페트라에서의 그간의 모든 수고를 증명해 줄 회심자는 한 사람도 없었다. 사울이 유일하게 회심시킨 사람 미리암이 세상을 떠나, 페트라에서의 바울의 수고를 증언해 줄 수 없었으니 말이다.

아라비아로 간 바울

"반석"이 암벽 도시에서 온 사람을 만나다

"또 나보다 먼저 사도 된 자들을 만나려고 예루살렘으로 가지
아니하고 아라비아로 갔다가 다시 다메섹으로 돌아갔노라 그
후 삼 년 만에 내가 게바를 방문하려고 예루살렘에 올라가서
그와 함께 십오 일을 머무는 동안 주의 형제 야고보 외에 다른
사도들을 보지 못하였노라"(갈 1:17-19).

만남은 어색할 수밖에 없었다. 바나바의 보증에도 불구하
고, 다메섹의 아나니아가 사울을 위해 예루살렘 교회의 기둥들
에게 보낸 편지에도 불구하고, 예수께서 친히 게바라고 별명을
붙여 주신 그 사람은 사울을 미심쩍어하며 경계했다. 사울은
그리스도를 따르는 이들을 박해하는 자였는데, 그런 그가 정말
완전히 사람이 달라져 자기들처럼 그리스도를 따르는 사람이
될 수 있다고?

그런 과거가 있기에 사울을 쉽사리 믿지 못하는 마음은 극

에 달해 있었다. 하지만 이때 하나님께서 또 한 번 기적을 일으키셨다. 베드로의 관점에서 이 만남의 목적은 사울이 밀정이 아닌지, 그리스도의 대의에 불충한 자는 아닌지 확인해 보려는 것이었다. 반면 사울은 예수의 가르침과 삶에 관해 더 많이 배우고 싶고 알고 싶은 마음이 간절했다. 물론 베드로라는 사람에 대해서도 알고 싶었지만, 우선 예수의 말씀과 행동에 관해 알고 싶은 마음이 훨씬 절박했다.

시작은 좋지 않았다. 베드로가 대뜸 비난부터 했기 때문이다. "왜 내가 그리스도께서 당신을 받아들여서 변화시켜 주시고 용서해 주셨다고 믿어야 합니까? 당신은 삼 년 전에 우리를 박해하고 심지어 우리 형제 스테파노스를 돌로 쳐 죽이는 현장을 지켜보기까지 한 사람인데. 당신을 믿어야 할 이유를 말해 보시오."

그러나 사울은 이렇게 되물었다. "아나니아에게 들었는데, 예수께서 유다에게 배신당하시던 바로 그날 밤, 그분을 절대 버리지 않겠다고 약속했던 당신도 그분을 세 번 부인했다던데요? 그 이야기가 사실 아닙니까?"

사울의 말에 베드로는 깜짝 놀랐다. 한동안 아무 말이 없던 베드로가 이윽고 입을 열었다. "그래, 그 이야기를 들었다는 말이지요? 맞아요, 내 삶에도 극적인 반전이 있었다고 할 수 있겠지요. 그리고 예수께서도 마지막 유월절 식사 때 친히 내게 말씀하셨어요. '다시 돌아온 후에는 형제들을 되찾아 오라'고 말입니다. 하지만 십자가 사건 후 부활하신 예수를 내가 뵙지 못했다면 이 날 우리가 여기서 이런 대화를 할 수 있었을지 모르겠군요."

"저도 마찬가지입니다." 사울도 솔직하게 말했다.

"하지만 당신에게는 무언가 아주 다른 점이 있습니다." 베드로가 다시 강경하게 말했다. "당신은 예수께서 부활하여 계신 사십 일 동안이나 그분께서 제자들에게 나타나셨을 때 그분을 뵌 적이 없어요. 당신은 훨씬 나중에, 그리스도께서 하늘로 가신 후에 계시를 받았지요. 우리는 이 땅에 계실 때의 그분을 보았고, 부활하신 몸을 입은 그분을 보았지만 당신은 그렇지 못했고, 게다가 당신은 예수님의 제자도, 긍정적으로 예수님을 좇는 사람도 아니었고, 오히려 그분을 대적하는 사람이었습니다."

"제가 '에크트로마'(*ektroma*: 제때가 아닌 출산을 뜻하는 그리스어-옮긴이) 같은 사람인 건 사실입니다. 제때도 아닌데 태어나 그리스도를 따르는 이가 되었지요. 그럼에도 제게 주어진 계시 때 제가 본 분은 여러분이 아는 바로 그 부활하신 예수였습니다."[1] 사울은 잠시 말을 멈추고는 눈물을 흘리다가 눈가에서 눈물을 닦아냈다. '에크트로마'라는 말을 입에 올리다가 미리암의 유산이라는 고통스러운 기억이 떠오른 것이다. "하지만 야곱(Jacob)[2]을 비롯해서 예수님의 형제들도 예수께서 나타나시기 전에는 믿지 못했던 것이 사실 아닙니까? 그 점에서 그 사람들이 저하고 뭐가 다릅니까? 그 사람들도 예수의 제자가 아니었습니다."[3]

"좋은 지적입니다. 예수는 전에 제자였던 이들에게만 나타나신 게 아니었어요. 그렇지 않았다면 지금 야곱이 여기 예루살렘 우리 모임의 지도자가 될 수 없었겠지요."

"말씀해 주십시오, 간절히 청합니다." 사울이 말했다. "예수님의 가르침의 본질은 무엇입니까?"

베드로는 잠시 생각에 잠겼다가 이렇게 입을 열었다. "그분의 가르침에는 여러 측면이 있습니다. 하지만 아주 본질적인 면에서 그 가르침은 하나님과 이웃과 낯선 사람, 심지어 원수까지도 온 마음을 다해 사랑하라는 것이었습니다. 나에게 죄를 저지른 사람을 늘 용서하라는 것이었습니다. 나를 박해하는 사람을 위해 기도하되 누가 내 오른뺨을 치면 왼뺨까지 돌려대라는 것이었습니다. 폭력으로 사람이나 어떤 일의 경로를 변화시키려 하지 말라는 것이었습니다. 만인의 종이 되라는 것, 자기중심적인 사람이 되지 말고 자기를 희생하는 사람이 되라는 것이었습니다. 하나님께 성실히 순종하되 차라리 순교할지언정 복음을 배신하지는 말라는 것이었습니다. 가장 앞에 있는 사람, 가장 중요한 사람뿐만 아니라 맨 뒤에 있는 사람, 별로 중요하지 않은 사람까지도 돕고 치유하고 변화시키라는 것이었습니다. 그분의 말씀은 모든 사람, 모든 종족, 모든 인종을 위한 구원과 구속(Redemption)의 말씀이었습니다. 남자와 여자가 동등하게 제자가 되고 예수를 섬기며 증언하라는 것이었습니다. 남자가 여자에게, 자유민과 주인이 노예에게, 한 인종이 다른 인종에게 군림하는 낡고 타락한 계급 질서를 영원히 이어가라는 가르침이 아니었습니다. 우리는 다 변화가 필요하고 구속이 필요하며, 이 변화와 구속은 우리 주 예수의 은혜에서 나옵니다."

아라비아로 간 바울

베드로는 예수가 세례 받은 일에서부터 죽음과 부활 후 나타나신 일에 이르기까지 몇 시간 동안 이야기를 이어갔다. 정말 예상 외로 예수께서 어떻게 막달라의 미리암을 비롯해 그 외 여인들에게 가장 먼저 나타나셨는지도 이야기해 주었다. "여자들이 우리에게 와서 알려 주었지만 우리는 헛소리라고 생각했지요. 우리 눈으로 예수를 보기 전까지는 말입니다.[4] 예수 생애의 결말 이야기는 여러 면에서 우리 유대인들이 메시아에게 기대했던 것과는 전혀 딴판이었어요. 예를 들어 우리는 이사야서를 그런 식으로 읽지 않았지요."[5]

"그렇습니다." 사울이 끼어들었다. "요즘 제가 가지고 있는 이사야서 두루마리를 공부 중인데, 이제는 예수에 관한 복음 이야기에 비추어 새로운 시각으로 읽고 있습니다. 그 시적이고 당혹스러운 예언이 얼마나 의미가 통하는지 놀라울 정도입니다. 추측건대 예수의 어머니 미리암도 이제는 제자이며 이 예루살렘 공동체의 일원이 아닐까 합니다만?"

"그렇소, 예수의 형제자매와 마찬가지로 그분도 그렇게 되었어요. 주 예수의 옛 제자들과 새 제자들이 흥미롭게 어울려 있다오."

"하지만 아직 이방인 제자는 없지요?"

"맞아요, 바나바에게 들으니 당신은 이방인들을 우리 모임으로 인도할 사람으로 부름 받았다고 여기는 것 같더군요?"

"바로 그렇습니다. 그 사명을 위해 선생님과 야곱이 축복해 주시기를 바라고 있습니다."

"야곱에 대해서까지 내가 말할 수는 없고, 나로 말하자면,

주로 유대인들에게 복음을 전할 자로 부름 받았다고 알고 있어요. 물론 그 외 사람들에게도 언제든 기회만 되면 복음을 전하고자 합니다만."[6]

두 사람의 대화는 만 2주 동안 이어졌고, 사울에게는 예수의 기본적 가르침과 마지막 일주일간의 행적이 상세히 적혀 있는 두루마리들이 주어졌다. 사울은 비유로 말씀하시는 예수의 방식이 어쩌면 그리스-로마 세계의 이방인들에게 접근하는 최선의 방식이 아닐 수도 있다고 일찌감치 깨달았다.[7] 이 밀도 있고 강도 높은 만남이 막바지로 향할 즈음 야곱이 마침내 나타나 사울을 만났다. 체구가 자그마하고 외모가 예수를 그다지 많이 닮지 않은 게 분명했지만, 그래도 사울은 이 사람의 열정과 친절을 금방 알아보았다.

"사울, 그리스도 따름이들 무리에 들어오신 것을 환영합니다." 야곱이 오른손을 내밀어 환영과 동료의식을 드러내며 말했다. "베드로와 요한하고 의논해 봤는데, 우리는 이것이 최선이라고 생각해요. 이곳 당국자들이 지금도 여전히 당신을 잡아 심문하고 옥에 가두려 혈안이고, 또 그리스도 따름이들 중에는 당신에 관한 진실을 아직 알지 못해서 여전히 당신을 두려워하는 이들이 많으니 당신이 지금 당장 여기를 떠나는 게 좋겠다고 말입니다. 우리가 가이사랴 마리티마까지 안전하게 모셔다 드릴 테니 거기서 고향 땅으로 돌아가시기 바랍니다. 다소로 돌아가, 거기서 진짜 이방인들을 상대로 정식으로 사명을 이행하세요. 나바테아 사람들의 고유문화와 언어 때문에 아라비아에서 수고한 일은 그다지 많은 열매를 맺지 못한 것 같더군요.

아라비아로 간 바울

게다가 아레다는 지금도 당신을 잡아서 죄를 물으려 하고 말이 지요. 간단히 말해, 이곳 유대에서도, 그리고 다메섹을 비롯해 그 외 나바테아가 장악한 아라비아 땅 어디에서든 온통 당신을 잡으려는 사람들뿐이고, 또 당신은 어딘가 익숙한 곳에서 새롭게 출발할 필요가 있어요. 최근까지 있던 곳에서 빠져나가서 말입니다."

이는 사울이 예상치 못한 조언이었다. 그래서 그럴 수는 없다고 말하려는 순간 야곱이 이렇게 덧붙였다. "두려워하지 마세요. 다소에 가시면, 일이 어떻게 진척되는지 우리가 다 지켜볼 겁니다. 그리고 적당한 때가 되면 우리 친구 바나바를 보내서 당신을 찾을 겁니다. 일이 잘 돼서 지금보다 상황이 훨씬 좋아지고 차분해지면요. 안전하기를 빕니다. 그리고 여러 나라들 가운데서 일할 때 주님께서 복 주시기를 빌어요."

일이 이렇게 전혀 예상치 않은 방향으로 흘러, 사울은 자신이 태어난 곳으로 돌아갔다. 그러나 예루살렘을 떠나는 순간까지도 사울은 몰랐다. 바나바의 웃는 얼굴을 다시 보기까지 십 년 세월이 더 지나야 하리라는 것을.

길리기아로 돌아가다

사울은 버려진 기분이었다. 내쫓긴 느낌이었다. 사울은 유대
땅 그리스도인들이 느끼는 두려움의 관점에서 방금 벌어진 이
일을 이해하려고 애썼다. 그리고 가이사랴 마리티마로 향하는
배에 오르면서 마침내 결심했다. 자신이 기피 인물임을 인정하
자고, 자신이 예루살렘에 계속 머문다면 그렇지 않아도 연약한
공동체를 위험에 빠뜨린다는 사실을 인정하자고. 게다가 예루
살렘에 더 있다가는 대제사장을 위해서 일하는 성전 수비대에
게 잡혀 옥에 갇힐지도 몰랐다. 사울은 미래를 도모해야 했다.
자신을 보호한다면서 활동을 제한하는 사람들과 더는 연합하
거나 한패가 되거나 관계를 맺지 않는 것도 그 미래의 한 부분
이었다. 사울에게는 하나님께서 정해 주신 일이 있었다. 그는
그 일을 완수해야 했다. 어떤 일이 닥치더라도 그는 해낼 작정
이었다. 그렇게 사울은 다소로 향했다. 하지만 도무지 고향 가

다소에 있는 클레오파트라의 아치

는 기분이 아니었다. 따지고 보면 사울 집안은 다소를 떠나온 지 이미 오래였다.

　다소는 긴 역사를 지닌 도시였다. 심지어 안토니우스와 클레오파트라도 한때 다소에 온 적이 있으며, 이를 기념해 세운 성문으로 이 도시는 유명해졌다.

　친척 중에 아직 다소에 살고 있을 만한 사람이 누구일까 생각하느라 사울은 머릿속이 복잡했다. 따지고 보면 사울은 열 살 무렵에 다소를 떠났고, 그건 벌써 수십 년 전 일이었다. 숙부나 숙모가 아직 다소에 살고 있을 수도 있었지만, 그분들이 자신을 받아들여 주는 것은 차치하고 자신을 알아보기나 할는지도 기대할 수 없었다. 그가 믿는 하나님이 아니라면 이곳에서도 그는 외톨이요, 혼자인 사람이었다. 그리고 다소에는 그 하나님을 받아들인 사람이 아직은 하나도 없었다.

위_ 이는 바울 시대에 예루살렘의 카르도가 어떤 모습이었을지를 재현한 그림이다.
다소의 카르도도 거의 똑같은 모습이었을 것이다.
아래_ 오늘날 다소에 남아 있는 카르도 유적.

아라비아로 간 바울

성문을 지나 도성 안으로 들어가니 처음에는 변한 게 별로 없어 보였다. 다만 황제의 후원으로 이제 도성 한가운데로 카르도 막시무스(*Cardo Maximus*), 즉 중심가가 형성되어 있었다.

거리 양옆으로는 많은 가게가 늘어서 있었고, 거래도 활발하게 이뤄지는 것 같았다. 사울은 회당이 있었던 곳을 기억해 낸 뒤, 그곳에서부터 복음을 전하기 시작하면 되겠다고 생각했다. 따지고 보면 유대인 메시아에 관한 좋은 소식은 먼저 유대인을 위한 것이었고, 이방인은 그다음이었으니 말이다. 전에 아버지의 가죽 공방이 있던 곳을 지나다 보니 그곳은 도자기 공방으로 바뀌어 있었고, 가게 안에는 온갖 암포라와 점토 등잔, 조리용 단지 등이 가득했고, 많은 상품들이 제작 중이었다. 사울은 가죽 작업을 할 만한 곳을 찾아야 했다. 다소 외곽에는 로마 군단이 속주 수리아, 길리기아를 관리하는 주력 부대로서 여전히 진을 치고 있었기에 사울은 이 부대가 천막을 비롯해 가죽 제품을 여전히 필요로 할 것이라고 기대했다.

시내를 한참 걸어 돌아다닌 끝에 사울은 고층의 주택 건물들이 늘어선 수부라(*subura*)[1] 구역으로 접어들었다. 길을 따라 걸으면서 사울은 다소의 역사를 떠올려 보았다. 사울이 태어나기 50여 년 전쯤, 길리기아 해적들을 일망타진한 후 이 도성을 로마에 복속시킨 이는 폼페이우스였다. 이 해적들은 키드누스(Cydnus)강을 오르내리며 해상 교역을 위협하다가 율리우스 카이사르와 폼페이우스 손에 끝장났다. 그전에는 알렉산드로스 대왕이 이 도성을 지나갔는데, 그는 키드누스 강에서 목욕한 뒤 다소에서 거의 죽을 뻔했다. "키드누스 강물을 마시면 반드시 돌아올 것이라고 우리는 말하곤 했다. 그러나 이제는 키드 누스 강물을 마시면 절대 떠나지 못할 것이라고 말한다"는 옛 이야기가 있는데, 이는 1세기에 이 강은 물의 흐름이 막힐 정도로 쓰레기와 해충이 많았다는 것을 가리키는 말이었다.[2]

바사 점령 시대로 거슬러 올라가 보면, 다소는 한때 고레스의 종속왕이 다스리던 주요 도시였다. 아우구스투스(아구스도) 시대 무렵, 다소는 아테네(아덴)처럼 유명한 자체 그리스 아카데미를 갖춘 주요 지식의 중심지가 되었다. 실제로 옥타비아누스(혹은 아우구스투스)를 가르친 첫 교사는 다소 출신의 유명한 철학자 아테노도루스(Athenodorus)였다. 다소에는 오래되고 자랑스러운 지적(知的) 역사가 있었다. 아테노도루스와 아우구스투스의 사제 관계 덕분에 이 도시는 사울의 생애 내내 로마 황제의 후원과 호의적 은혜를 계속 누렸다.

사울은 마침내 전에 살았던 낯익은 건물 앞에 이르렀다. 아직도 거기 사는 친척이 과연 있을까 싶었지만…그래도 한 번 알아보는 건 그다지 어려운 일이 아니었다. 사울이 1층 출입문을 가만히 두드렸더니 백발을 길게 늘어뜨린 아주 나이 많은 할머니가 끼익 소리를 내는 문을 열고는 "누구시오? 무슨 일이예요?"라고 물었다.

"저는 다소 사람 사울이라고 합니다. 고향으로 돌아와서 친척들을 찾고 있어요." 눈이 휘둥그레진 할머니가 문을 활짝 열며 대답했다. "사울, 정말 사울이로구나? 이게 얼마 만이야? 너는 나를 못 알아보겠지만 내가 네 숙모 사라란다! 어서 들어오렴."

그 순간 사울은 사라의 아들인 사촌 마가와 이곳 거리에서 함께 놀던 어린 시절 기억이 생생히 떠올랐다. 사울이 뭐라고 말도 하기 전에 집 안에 있던 친척들이 반갑게 인사하며 그를 맞아 주었다. 사라가 또 말했다. "마가는 저 아래 카르도에 있는 우리 가죽 상점에서 일하고 있단다. 네 아버지가 전에 운영하던 가게는 아니고, 거기서 가깝지. 마가가 널 보면 얼마나 반가워할까. 고향에 온 걸 환영해! 여기서 가까운 곳에 작은 아파트 하나가 비어 있으니 그걸 빌려서 머물면 되겠다. 네가 예루살렘에서 학자가 된 이야기며 다른 식구들은 거기서 어떻게 살고 있는지 이야기를 들어봐야겠구나."

이곳 친척들은 사울이 그리스도 따름이들을 박해하다가 이제 산헤드린의 수배를 받고 있다는 소식을 아무도 모르고, 아라비아로 피신했다가 다메섹으로 다시 돌아간 일은 더더욱 모르는 것이 확실했다. 사울로서는 감사한 일이었다. 이곳 다소에서 정말 새 출발을 할 수 있을 것 같았다.

가족 간의 재회와 근황 이야기는 그날 오후 내내 이어졌다. 사울은 어떻게 해서 페트라까지 가서 천막 만드는 일을 하다가 결혼을 하고 유산으로 아이를 잃고 모종의 전염병 혹은 역병으로 아내까지 잃게 되었는지 일부 털어놓았다. 그리고 이런 말로 이야기를 마쳤다. "그렇게 해서 새 출발을 하려고 고향으로 돌아왔습니다. 부모님은 얼마 전에 우리 조상들 곁으로 가셨고, 누이 하나가 아들하고 아직 예루살렘에 살고 있습니다. 예루살렘은 여전히 어려움이 많은 도성이지요."

"고향으로 돌아와 주니 반갑구나. 축하하는 의미에서 오늘

밤 성대하게 식사 자리라도 마련해야겠다. 너는 이곳 아카데미 교사가 될 수도 있고 회당의 토라 연구반 선생이 될 수도 있을 거야. 물론 가죽 공방 일로 우리를 도울 수도 있고. 그럼 마가에게 매우 믿음직한 일손이 생기겠구나."

사울은 자기 인생이 정말 안성맞춤의 기회를 맞았다고 생각했다. 마침내 말이다. 어쩌면 고향 땅에서 그 어떤 논쟁에도 휘말리지 않고 조용히 좋은 소식을 전할 수 있는 길이 열릴 것 같았다. 이후 몇 년 동안 사울은 마가의 가게에서 열심히 일했고, 이따금 아카데미의 철학자들과 우호적 방식으로 논쟁을 벌이기도 했다. 이 철학자들은 사람이 부활할 수 있다는 개념 자체를 대부분 터무니없다고 여겼다. 사울은 이따금 회당에서 설교하기도 했는데, 그때마다 약속된 메시아와 이사야의 예언을 넌지시 언급했다. 회당 가까이에 있는 토라 연구 건물에서는 토라 교사들과 토론하면서 메시아가 이미 왔을 수도 있다고 이들을 설득하려 했다. 하지만 결실은 전혀 없었고 회심자도 없었다. 덕분에 이상한 생각을 하는 이상한 유대인이라는 딱지만 붙었을 뿐이었다. 이렇게 해서 몇 년이 흘렀다.

사울은 예루살렘에 있는 사도들 소식이 궁금해지기 시작했다. 언제 불려가서 이들을 다시 만날 수는 있을까 하는 생각도 들었다. 사도들은 사울을 그냥 포기한 것일까? 그러던 어느 날 정말 뜻밖에도 사울은 또 한 번 환상을 보았다. 일기를 쓰기 시작한 사울은 나중에 이 환상을 이렇게 반추했다.

"주님께서 보여 주신 환상과 계시 이야기로 넘어가겠습니다. 그리스도를 믿는 사람 하나를 알고 있는데, 이 사람은 14년

아라비아로 간 바울

전에 셋째 하늘로 끌려 올라갔습니다. 그때 이 사람이 몸 안에 있었는지 몸 밖에 있었는지 나는 알지 못하지만 하나님께서는 아십니다. 내가 알기로 이 사람은(몸을 입은 채였는지 몸을 벗어나서였는지는 나는 알지 못하지만 하나님께서는 아십니다) 낙원에 이끌려 올라가서, 말로 표현할 수도 없고 사람이 말해서도 안 되는 말씀을 들었습니다. 나는 이런 사람을 자랑하려고 합니다. 그러나 나 자신에 관해서는 약점밖에는 자랑하지 않겠습니다. 설령 자랑하기로 해도 진실을 말할 터이므로 내가 어리석은 사람은 아닐 것입니다. 하지만 자랑은 삼가겠습니다. 그래야 이 엄청난 계시 때문에 내 행동이나 말이 보증하는 것 이상으로 나를 평가하는 이들이 없을 것입니다. 그러므로 내가 자만하는 것을 막으려고 하나님께서 내 몸에 가시를, 사탄의 사자를 보내셔서 나를 괴롭게 하셨습니다. 이것을 없애 달라고 나는 주님께 세 번이나 간청했습니다. 하지만 주님께서는 내게 이렇게 말씀하셨습니다. '내 은혜가 네게 족하다. 내 능력은 약한 데서 완전하게 된다.' 그러므로 그리스도의 능력이 내게 머무르도록 나는 더욱 기꺼이 내 약점들을 자랑하려고 합니다. 그것이 내가 그리스도를 위해 병약함과 모욕과 역경과 박해와 난관을 기뻐하는 이유입니다. 내가 약한 그때에, 오히려 내가 강하기 때문입니다."[3]

이 환상으로 사울은 하나님이 여전히 자신의 삶을 위한 계획을 갖고 계신다는 것을 확신했지만, 육체의 말뚝 혹은 가시는 세월이 갈수록 악화하는 고질적 문제였다. 다메섹 도상 체험 이후 부분적으로 눈이 안 보이고 통증과 함께 눈물이 나는 증상이 가끔 사울을 괴롭혀 왔다. 눈이 자꾸 문제를 일으키면 바느질을 정확히 하기가 어려웠다. 사울은 친척들에게는 이 환상 이야기를 하지 않았다. 이들과 좋은 관계를 유지하고 싶었기에 묵묵히 일을 계속했다.

아카데미에서 사울은 디도라고 하는 젊은 그리스인을 만나 친구가 되었다. 사울은 하나님을 경외하는 이 사람을 설득해, 성경의 하나님께서 유대인과 이방인 모두를 똑같이 구원하려고 자기 아들 예수를 보내셨다고 믿게 했다. 그렇게 해서 상당 기간 복음으로 디도를 훈련시키고, 모든 사람의 죄를 대신 속죄하고 고난을 겪으신 메시야를 설명하는 데 적절한 예언들을 알려 주는 과정이 시작되었다. 디도는 이십 대였고 아주 명민했다.

디도는 사울이 베푸는 가르침을 스펀지처럼 흡수했으며, 두 사람은 많은 시간을 함께하며 기도와 공부에 힘썼다. 마침내 사울은 자신이 임무를 이행하고 있다는 생각이 들었다.

그러던 어느 날 성경을 상고하여 회당에서 설교해 달라는 요청을 받은 사울은 마침내 조금 더 담대하게 복음을 전할 때가 되었다고 생각했다. 그 안식일, 특별한 손님이 회당에 와서 자신의 설교를 듣게 되리라는 것을 그는 알지 못했다. 그 사람은 바로 구브로 사람 바나바였다.

아라비아로 간 바울

회당 설교

사울은 한껏 용기를 내서 제일 좋은 토가를 차려입은 뒤 자신이 섬기는 예수에 관해 성경이 하는 말을 전하러 갈 준비를 했다. 이 일이 자칫 친척들에게까지 거부당하는 결과를 낳을 수도 있고, 그릇된 가르침을 전한다는 이유로 사십 대에서 한 대모자라는 채찍질까지 당하게 될 수도 있다는 것을 사울은 잘 알고 있었다. 하지만 지금 시점에서는 신경 쓰지 않았다. 자신이 회심시켜서 그리스도를 따르게 만든 사람이 별로 없다는 게 실망스러울 뿐이었다. 이번 안식일에는 사울의 친척들을 포함해 꽤 많은 사람들이 회당에 나왔다. 회당 뒤편에 수염을 길게 기른 남자가 서 있었으나 사울은 알아채지 못했다. 하필이면 이날 눈 상태가 안 좋았기 때문이다. 사울이 미리 요청해 둔 성경 구절을 회당장이 읽고 난 뒤 사울은 일어서서 말없이 한 손을 들어 올려 기도한 뒤 설교를 시작했다.

"이스라엘 동포들과 하나님을 경외하는 이방인들이여, 들으십시오! 이스라엘 백성의 하나님께서는 우리 조상들을 택하셨습니다. 이 백성이 이집트 땅에 머무는 동안 이 백성을 번성시키시고 능력으로 이들을 그 나라에서 인도해 내셨습니다. 광야에서는 사십 년 동안 이들의 행동을 참아 주시고, 가나안 땅의 일곱 족속을 멸하셔서 그 땅을 자기 백성에게 유업으로 주셨습니다. 이 모든 일이 450년에 걸쳐 일어났습니다.

그 후 하나님께서는 예언자 사무엘 시대에 이르기까지 사사들을 보내 주셨습니다. 그때 이들이 왕을 요구하자 하나님께서는 베냐민 지파 기스의 아들 사울을 그들에게 왕으로 주셨고, 사울은 사십 년 동안 다스렸습니다. 사울을 물리치신 뒤에는 다윗을 이들의 왕으로 세우셨습니다. 하나님은 다윗에 관해 증언하시기를 '내가 이새의 아들 다윗을 찾아냈으니, 그는 내 마음에 드는 사람이다. 그는 내가 원하는 일을 다 행할 것이다'라고 하셨습니다.

약속하신 대로 하나님은 다윗의 후손 가운데서 구주를 세워 이스라엘에 보내셨습니다. 이 예수가 오시기 전, 요한이 먼저 회개와 세례를 모든 이스라엘 백성에게 선포했습니다. 요한은 자신의 수고를 다 마치고 '여러분은 나를 누구로 생각합니까? 나는 여러분이 고대하는 이가 아닙니다. 그는 내 뒤에 오실 텐데, 나는 그분의 신발 끈을 풀어드릴 자격도 없는 사람입니다'라고 했습니다.

아브라함의 자손인 동포 여러분, 그리고 하나님을 두려워하는 이방인 여러분, 이 구원의 말씀이 우리에게 주어졌습니

아라비아로 간 바울

다. 그런데 예루살렘 사람들과 그 지도자들은 이 예수를 알아보지 못하고 그분을 정죄함으로써 안식일마다 낭독하는 예언자들의 말을 이루었습니다. 이들은 사형 선고를 내릴 만한 정당한 근거도 없이 빌라도에게 예수를 죽이라고 요구했습니다. 그분에 관해 기록된 것을 다 행한 뒤에 이들은 예수의 시체를 십자가에서 내려 무덤에 두었습니다. 그러나 하나님께서 예수를 죽은 사람 가운데서 살리셨고, 예수는 자기와 함께 갈릴리에서 예루살렘으로 간 사람들에게 여러 날 동안 나타나 보이셨습니다. 이 사람들은 지금 사람들에게 예수의 증인이 되고 있습니다.

우리는 여러분에게 기쁜 소식을 전합니다. 예수를 일으키심으로써 하나님은 우리 조상들에게 약속하신 것을 자기 자녀인 우리를 위해 이루어 주셨습니다. 시편 두 번째 편에

'너는 내 아들이다.

오늘 내가 너를 낳았다'라고 한 것처럼 말입니다.

하나님께서는 그분을 죽은 사람들 가운데서 살리시고 다시는 썩지 않게 하셨습니다.

'다윗에게 약속한 거룩하고 확실한 복을 내가 너희에게 주겠다'고 하신 것처럼 말입니다.

또 다른 시편에서도 이렇게 말합니다.

'주님께서는 주님의 거룩한 분이 썩지 않게 하실 것이다.'

다윗은 자기 세대에서 하나님의 뜻을 섬기다가 잠들었습니다. 그는 조상들 곁에 묻혔고 그의 몸은 썩었습니다. 하지만 하나님께서 죽음에서 일으키신 분은 썩지 않으셨습니다.

그러므로 친구 여러분, 이 예수를 통해 여러분에게 죄 용서가 선포된다는 것을 아시기 바랍니다. 믿는 사람들은 모두 그분을 통해 모든 죄에서 풀려납니다. 모세 율법 아래서는 얻을 수 없었던 의롭다 하심을 얻는 것입니다. 예언자들이 한 말이 여러분에게 일어나지 않도록 조심하십시오.

'보아라, 너희 비웃는 자들아,

놀라고 망하여라.

내가 너희 시대에 한 가지 일을 할 터인데,

그 일을 누가 너희에게 말해 줘도

너희는 도무지 믿지 않을 것이다.'"[1]

사울이 설교를 마치자 회중들이 웅성거렸다. 어떤 이는 아주 강하게 부정적인 반응을 보였다. "이 사람이 무슨 말을 하는 겁니까? 십자가에 달려 죽은 갈릴리 출신의 노동자가 우리의 메시아라는 말입니까? 저 사람이 다시는 저런 말을 하지 못하게 해야 합니다. 사실 저 사람의 일부 발언은 신성모독이 분명해요. 끌어내 채찍질을 해서 회개시켜야 합니다." 무슨 일이 벌어지는 건지 알아차리기도 전에 사울은 정말로 회당 밖으로 끌려 나와 가죽 채찍으로 서른아홉 번을 맞았고, 그동안 친척들과 디도와 바나바는 이 사태 앞에 할 말을 잃고 서 있었다.[2]

채찍질이 끝나고 장로들이 사울을 바닥에 버려두고 가자 친척들이 아니라 바나바와 디도가 그에게 다가갔다. 친척들은 이 상황을 수치스러워했고 사울을 거둠으로써 집안에 수치를 더하고 싶어 하지 않았다. 디도는 근처에 빗물을 받아 두는 곳에서 물을 떠 와 사울에게 먹인 뒤 천을 덮어 주었고, 바나바는 사울의 등에 난 채찍 자국에 기름을 발라 주었다. 아직 의식이 있던 사울은 기름을 발라 주느라 바나바가 자신을 옆으로 돌려 눕히는 사이 시선을 들었다가 바로 코앞에 있는 얼굴을 마침내 알아보았다. "바나바, 바나바입니까?"

"그래요, 사울, 당신의 옛 친구 바나바입니다. 당신에 관해 정보를 모으라고 내가 디도를 보냈습니다. 하나님께서 오론테스강의 안디옥에서 큰일을 이루고 계셔서 당신의 도움이 필요해요. 그곳에서 많은 이방인이 주님께 나왔고, 나는 당신이 임무를 받았다는 것을 잊지 않고 있었지요. 당신이 큰 도움이 될 수 있을 거라 믿어요. 안디옥 시민들은 우리 분파의 성장을 주목했고, 우리에게 '크리스티아노이'(christianoi)라는 이름도 붙여 주었어요. 그리스도의 열렬한 지지자(partisan)라고 말이지요. 난 그 이름이 마음에 들어요. 당신은 여기서는 더 할 일이 없는 게 확실해요. 더 있어봤자 괴로움만 더할 겁니다. 그러니 당신하고 디도 두 사람 모두 나와 같이 안디옥으로 갑시다. 그곳엔 할 일이 많아요!"

사울은 고통스러운 중에도 미소를 지어 보이며 말했다. "여러분 모두가 나를 버렸다고 생각했어요. 오늘 이렇게 찾아와 주셔서 정말 기쁩니다. 그래야지요, 함께 가서 안디옥에서 주님께서 하고 계시는 이 일을 볼 겁니다. 어쩌면 제가 도움이 될 수도 있고요." 가족도 없고 유대교에서는 더 나아갈 곳도 없는 이 사람은 이렇게 해서 또다시 길을 나섰다.

오론테스강의 안디옥

다소처럼 안디옥도 오래되고 중요한 도시였다. 이 도시는 알렉산드로스 대왕의 장군인 셀레우쿠스 1세 니카토르(Nicator)가 건설했다. 도시의 위치가 비단길과 향신료 길, 왕도(Royal Road: 기원전 6세기에 페르시아 제국의 다리우스[다리오] 1세가 건설한 도로. 페르시아 제국의 교통과 통신뿐만 아니라 군사·조세·감찰 활동에서 이용되었다. 지방 간의 거리를 줄여 제국의 무역 활성화에 기여했다 - 옮긴이)가 만나는 지점이어서 거래와 통상 활동의 중심축이 되었다. 한때 지중해 초승달 지역 동쪽 끝에서 가장 큰 도시로서 알렉산드리아와 경쟁할 정도로 번영을 구가했다. 로마는 이곳을 속주 길리기아 정부 소재지로 정했다. 또한 안디옥은 헬라화된 유대교의 중심지가 되었으며, 사울이 자란 다소도 바로 그런 곳이었다. 이곳 회당에서는 칠십인역 성경을 읽었으며, 이는 사울이 가장 잘 아는 번역본이었다. 여기서는 유대인과 이방인이 거리낌 없이 어

아라비아로 간 바울

울렸고, 관용령이 효과가 있어서 유대인과 이방인이 친구가 되는 일도 드물지 않았고 두 인종 집단이 식사를 함께할 수 있을 정도였다.

사울은 안디옥에 가본 적이 없었지만, 평생 그 도시에 대해 많은 이야기를 들었다. 안디옥의 명성은 널리 멀리 퍼져 있었다. 사울이 태어날 당시 안디옥은 인구 250,000명의 도시였고, 로마 제국의 4-5대 도시 중 하나였다. 이 도시에서는 군중 가운데서 길을 잃기 쉬웠다.

다소에서 안디옥으로 가는 길은 힘들었다. 특히 사울이 채찍에 맞은 상처가 아직 다 낫지 않아서 더욱 그랬다. 안디옥까지는 로마식 계산으로 85마일이었는데, 바나바와 디도는 사울을 고려해 천천히 걸을 수밖에 없었다. 게다가 안디옥까지 가려면 길리기아 성문들을 통과해야 했는데, 이 성문들이 높은 산지에 있어서 힘든 산길을 올라가야 했다. 안디옥에 도착했을 때는 일주일이 지나 있었고, 그즈음의 사울은 기진맥진한 상태였다. 며칠 휴식을 취한 뒤 사울은 안디옥의 '크리스티아노이'를 만나 이곳 형편을 알아보기로 했다. 이곳에는 유대인과 이방인 가리지 않고 예수 따름이들이 다양한 가정 모임을 하고 있었는데, 사울은 그 모임들을 다 찾아가 보고 싶었고, 그러려면 시간이 좀 걸릴 터였다. 하지만 사울은 서두르지 않았다. 안디옥에 꽤 오래 머물게 될지도 모르겠다는 생각이 들었고, 게다가 이제는 바나바와 디도의 지원까지 받을 수 있었으니 말이다.[1]

사울에게 명백히 보인 사실은, 안디옥에 있는 그리스도 따

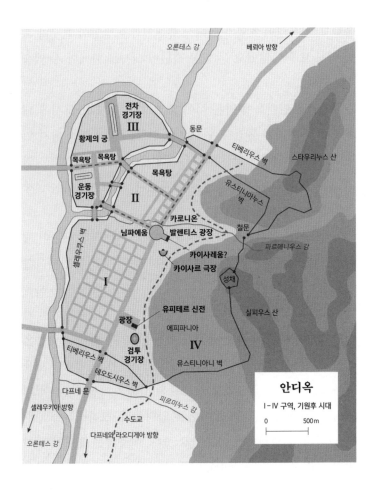

오론테스 강
베뢰아 방향

전차
경기장
III
황제의 궁
목욕탕 목욕탕
운동
경기장
II
목욕탕
동문
티베리우스 벽
스타우리누스 산
유스티니아누스
벽
철문
파르메니우스 강
카로니온
님파에움
발렌티스 광장
카이사레움?
카이사르 극장
성채
실피우스 산
I
유피테르 신전
에피파니아
IV
광장
검투
경기장
티베리우스 벽
테오도시우스 벽
유스티니아니 벽
셀레우쿠스 벽
다프네 문
피르마누스 강
셀레우키아 방향
수도교
다프네와 라오디게아 방향
오론테스 강

안디옥

I-IV 구역, 기원후 시대

0   500m

름이들의 모임에는 중심이 되는 조직이 없다는 점이었다. 아무
계획 없이 되는 대로 모임이 이뤄졌고, 안디옥에 와 달라고 바
나바가 사울에게 그렇게 간절히 청한 이유도 이곳 신자들 무리
를 통일해서 체계 잡는 일을 도와주었으면 해서였다.

안디옥이 헬라화됨으로써 생겨난 한 가지 결실은, 대다수

아라비아로 간 바울

유대인들이 예루살렘이나 다메섹의 경우에 비해 이방인들과의 식탁 교제를 좀 더 편안하게 바라볼 수 있게 되었다는 점이었다. 이들은 정결치 못한 집에 머물면서 심지어 정결치 못한 음식을 먹는 것에 대해 양심에 꺼릴 것이 없으면 이방인과 함께 식사한 후에 언제든 정결례를 행할 수 있다고 생각했다. 비록 이들 대부분은 이방인의 집에서 식사할 때도 돼지고기나 조개류는 정중히 거절했지만 말이다.

안디옥 교회는 자신도 모르는 사이에 유대인과 이방인이 어떻게 자기들 믿음과 타협하지 않고 그리스도 안에서 하나가 될 수 있는지 모범을 보여 주고 있었다. 물론 양측 모두 어느 정도는 양보해야 할 터였지만, 그보다 중요한 것은 이 운동의 일치와 성장이었다. 주의 만찬을 함께 나누는 것은 중요한 일치의 요소였다.

안디옥에서 몇 달을 지내본 사울은 안디옥의 상황은 사실상 신학적 측면에서 생각할 필요가 있다는 것을 깨달았다. 그래서 사울은 새 언약은 순전히 새 언약이어야지 모세 언약의 갱신이거나 단지 하나님과 이웃 사랑에 관한 모세 율법의 핵심을 성취하는 것이어서는 안 된다는 확신에 이르렀다. 사울은 예수의 가르침이 어떤 면에서는 모세 율법을 넘어서서 이를 강화할 뿐만 아니라, 어떤 경우에는 모세 율법이 허용하는 다양한 내용들, 예를 들어 이혼을 허용하고, 맹세하는 것을 허용하고, 문제 해결을 위해 제한적 폭력 사용을 허용하는 관행을 무효로 한다는 것을 깨달았다. 그래서 사울은 이런 일들에 관한 자기 생각을 다음과 같이 기록해 두었다.

사랑은 진실해야 합니다. 악한 것을 미워하십시오. 선한 것을
고수하십시오. 사랑으로 서로에게 헌신하십시오. 자기
자신보다 서로를 높이 여기십시오. 열심이 부족해서는 안
되니 늘 영적 뜨거움으로 주님을 섬기십시오. 소망으로
즐거워하고, 고난 중에 인내하고, 기도에 충실하십시오.
주님의 백성 중에 궁핍한 사람이 있으면 가진 것을
나누십시오. 후한 대접을 실천하십시오.

나를 박해하는 사람에게 복을 빌어 주십시오. 복을 빌어
주고, 저주하지 마십시오. 즐거워하는 사람들과 함께
즐거워하고 애통해하는 사람들과 함께 애통해하십시오. 서로
조화를 이루어 사십시오. 교만하지 말고, 낮은 데 있는
사람들과 기꺼이 연합하십시오. 우쭐해하지 마십시오.

누구에게도 악으로 악을 갚지 마십시오. 모든 사람
앞에서 옳은 일을 행하도록 주의하십시오. 가능하다면 모든
사람과 화목하십시오. 사랑하는 벗들이여, 직접 보복하지
말고 하나님의 진노에 맡기십시오. "원수 갚는 것이 내게
있으니 내가 갚으리라고 주께서 말씀하시니라"라고
기록되어 있으니 말입니다. "네 원수가 주리거든 먹이고
목마르거든 마시게 하라 그리함으로 네가 숯불을 그 머리에
쌓아 놓으리라"고도 했습니다.

악에게 지지 말고 선으로 악을 이기십시오…서로 계속
사랑해야 하는 빚 외에는 어떤 빚도 지지 마십시오. 남을
사랑하는 사람은 율법을 다 이룬 것이니 말입니다. 간음하지
말라, 살인하지 말라, 도둑질하지 말라, 탐내지 말라는

아라비아로 간 바울

계명이 있고 다른 어떤 계명이 있을지라도 이 모든 것은 이웃을 네 자신과 같이 사랑하라는 이 한 가지 계명으로 요약됩니다. 사랑은 이웃에게 해를 끼치지 않습니다. 그러므로 사랑은 율법의 완성입니다.[2]

사울이 계속 깨닫게 된 것은 안식일법, 음식법, 할례 관행은 대부분 유대교의 경계를 규정하고 다양한 방식으로 유대인을 이방인과 분리하는 관습이라는 점이었다. 사울은 새 언약에서는 이런 규칙들이 쓸모없어졌으며, 뿐만 아니라 남자와 여자를 다 포괄하는 새 언약의 표징도 있다고 결론 내렸다. 즉, 할례 대신 세례가 있는 것이다.

결국 사울이 도달한 결론은, 새 언약을 아브라함 언약의 성취로 볼 수 있으며 이는 모세 언약을, 메시아가 와서 시대의 종말론적 변화와 새 언약을 시작하실 때까지의 잠정적 약속으로 보아야 한다는 뜻이었다. 모세 율법은 메시아가 그 율법의 멍에에서 자기 백성을 구속하려고 오는 때가 이르기까지 하나님 백성의 보모 역할을 했다.[3] 그리스도는 모세 율법을 성취하고 종결지었으며, 자신의 죽음과 부활 그리고 성령 주심을 통해, 그리스도 안에서 연합한 유대인과 이방인을 다 포괄하는 새롭고 최종적인 언약을 출발시켰다. 이방인을 유대교로 통합시키는 것만으로는 충분하지 않았다. 이방인과 유대인 모두 같은 조건에서 세례받고 그리스도의 새로운 몸으로 들어갈 필요가 있었다. 그리스도 안에서는 유대인과 이방인의 구별이 있을 수 없었다. 모두가 그분 안에서 하나여야 했다.

그러나 세계 최초로 새로운 믿음 체계의 의미를 논리적으로 끌어내는 사상가가 되는 데에는 어려움이 따른다. 사람들은 이러한 의미를 즉시 깨닫지 못했을 뿐만 아니라, 일부는 이를 거부할 것이 분명했다. 사울이 유감스럽게도 곧 알게 되다시피 말이다. 사울은 이 일을 바나바, 디도와 논의했다. 바나바는 바울이 또박또박 설명하는 말에 설득된 것 같았고 디도는 더 전폭적으로 바울의 견해를 받아들였다.

어느 날 사울은 예루살렘으로 가서 자신이 해석한 복음을 제시할 필요가 있음을 깨달았다. 실제로 어느 날 밤 사울은 예루살렘으로 가라고 하는 환상을 보았고, 이에 사울은 바나바와 디도도 함께 가서 하나님이 안디옥에서 하고 계신 일을 예루살렘 교회의 기둥들에게 말해야 한다고 생각했다.[4]

예루살렘에 와도 좋다고 일단 전갈이 오면, 이 중요한 문제에 관해 기둥들과 개인적으로 만나 의논하는 시간이 있어야 했다. 그러나 예루살렘까지는 로마식으로 300마일이 넘는 길을 가야 했고, 이는 쉬운 여정이 아니었다. 게다가 이는 세 사람이 다메섹을 통과해 가야 하는 여정이었으며, 사울은 그렇게 하는 건 지혜롭지 않다고 생각했다. 그래서 이들은 육로 대신 안디옥에서 배를 타고 오론테스강을 통해 바다로 들어간 뒤 거기서 가이사랴 마리티마로 가는 길을 택했다. 세 사람은 예루살렘까지 남은 길은 걸어서 갔다. 사울은 이번 방문이 지난번 방문처럼 헛일로 끝나지 않기를 바랐다.

아라비아로 간 바울

시온에 두 번째로 돌아오다

예루살렘은 화창한 봄날이었고, 무화과와 올리브 나무에는 싹이 트고 있었다.

시원하게 불어오는 상쾌하고 가벼운 산들바람이 마치 사울을 흐뭇하게 환영하는 것처럼 느껴졌다. 좋아하는 도시로 돌아왔지만 사울은 두렵기도 했다. 바나바는 볼 일이 있다며 조카인 요한 마가와 함께 도성 안으로 들어갔고, 그래서 이 밝은 날 아침 사울은 디도와 함께 누이 집을 찾아가 문을 두드렸다.

"샬롬 알레이헴!" 사울이 인사를 건넸다. "날 알아보겠어요?" 깜짝 놀란 드보라가 손에 들고 있던 작은 토기 등잔을 놓치는 바람에 등잔은 석회석 바닥에 떨어져 산산조각이 났다. "오, 내 동생! 여긴 내가 나중에 치울게. 어서 들어와, 사울, 들어와. 같이 오신 친구분에게 인사도 좀 시켜 주고." 사울이 보니 누이는 그가 페트라에 있을 때 미리암의 가게에서 사서 보내

올리브 나무

준 팔찌를 차고 있었다.

"이분은 내 동역자 디도예요, 다소에서 같이 왔지요. 사람을 좀 만나러 왔기 때문에 여기 오래 있지는 못해요. 그래도 동생의 본분을 소홀히 할 수는 없어서 누이 얼굴을 보러 왔지요." 사울은 그렇게 말하며 누이를 안고 뺨에 거룩한 입맞춤을 했다. "누이는 좋아 보이는군요, 별로 나이도 안 들어 보여요. 나는 이야기가 좀 다르지만."

드보라가 등잔 깨진 것을 치운 뒤 세 사람은 함께 앉아 이야기를 나누었다. 대화는 두 시간 가까이 이어졌고, 그 사이 드보라는 빵과 올리브와 작은 잔에 담긴 포도주를 내왔다. "그래,

262

결혼했었다고? 네가 영영 결혼 못할까 봐 걱정했었어. 그런데 그렇게 끝나 버렸다니 정말 안타깝구나. 마음이 몹시 아팠겠네.”

“많이 아팠지요. 몇 달 사이에 아내와 아이를 다 잃었으니까요. 지금 있는 곳은 안디옥이고, 모든 게 다 잘 되고 있어요. 그래서 당분간은 거기 계속 머물 생각이에요. 누이는 어떻게 지냈어요?”

“짐작했겠지만 대제사장이 바뀌었단다. 안나스 집안의 사람인 건 마찬가지지만. 다행히 이 사람들은 너를 추적하는 건 결국 포기했어. 허구한 날 우리 집 문을 두드리며 네가 나타나지 않았느냐, 네가 어디 있는지 알고 있는 것 아니냐고 물어대서 피곤했지. 물론 나는 네가 어디 있는지 몰랐고, 그래서 거짓말을 할 필요가 없었단다. 내가 너라면 성전 마당에 모습을 드러내는 일 없이 그냥 네가 말한 베다니의 약속 장소로 조용히 갔다가 안디옥으로 돌아갈 것 같아. 그렇게 하는 게 두루 안전할 거야. 나는 지금도 야곱의 도자기 상점에서 일한단다. 물건을 모래로 닦고 유약을 바르고 윤을 내지. 내 생활은 늘 똑같아. 하지만 네 조카 다윗은 너처럼 학자의 길을 가고 있단다. 자랑스럽지 않니?”[1]

“훌륭하군요. 그리고 누이의 조언에 전적으로 동의해요. 누이가 이건 알아주면 좋겠어요. 나는 잘살고 있고 이곳 가족들을 여전히 염려한다는 것을요. 다음번에 올 때는 오래 이야기하며 제대로 회포를 풀 수 있으면 좋겠군요.”

“그날이 곧 오면 좋겠다. 볼 일도 잘 보고 돌아가고. 그 만남이 모두에게 복이 되길."

"그래야죠." 사울이 한숨을 내쉬며 대답했다. "길게 논쟁할
필요가 없었으면 좋겠어요."

"논쟁이라면 네가 좋아하는 거잖니."

"너무 좋아해서 탈이죠. 샬롬 누이, 잘 지내요."

은밀한 회의

사울, 바나바, 디도, 바나바의 사촌 요한 마가 모두가 이 중요한 회의에 왔다. 이 모임에는 게바, 야곱, 요한, 그 외 사울이 잘 모르는 몇 사람도 참석했다. 원래 야곱은 이 사람들의 참석을 만류했으나 이들은 자기들도 참석해야겠다고 야곱과 논쟁한 끝에 결국 회의에 오게 되었다. 이들은 바리새인 예수 따름이들로서, 전에 바리새인이었던 이 논쟁적 인물 사울이 무슨 말을 하는지 듣고 싶어 했다. 회의 장소는 베다니의 마리아, 마르다, 나사로 남매의 집 작은 다락방이었다. 누구의 방해도 받지 않을 만한 곳이었고, 모임이 진행되는 동안 집 주인들은 아래층에만 머물렀다.

　첫인사를 나누고 각자 자기소개를 한 뒤 야곱이 사울에게 발언을 청했다. 사울이 보니 놀랍게도 게바가 아니라 야곱이 이 모임의 지도자이자 주최자인 게 확실했다.

사울은 일어나 방 한가운데로 나가 웅변가가 흔히 그러듯 한 손을 들어 올리고 이야기를 시작했다. "제가 여기 온 것은 최근 몇 년 동안 제가 설교하고 전한 메시지를 우리 운동의 예루살렘 지도자들 앞에 제시하기 위해서입니다. 그래야 제 달음질이 헛일이 되지 않을 테니까요. 저는 제 복음을 그리스도에게서 직접 받았습니다. 그분은 자신의 종, 자신의 사자(messenger)가 되라고 저를 부르신 분이기도 합니다. 그래서 저는 여러분에게 임무를 달라고 요청하지 않습니다. 다만 유대인과 이방인이 함께 이 그리스도 운동에 참여할 수 있다는 기본 원리에 의견을 같이하는 게 중요하다고 생각합니다.

저는 동족인 유대인들에게서까지 육체적 학대를 받는 등 고통스러운 경험을 통해 지금부터 말씀드리려고 하는 입장에 도달했습니다. 하지만 그 모든 고통은, 복음이 이방인에게도 주어지되 모세 율법에 의지해야 한다거나 모세 율법을 다 받아들이기를 강요하는 일 없이 주어져야 한다는 제 확신을 더 강화할 뿐이었습니다. 예수는 새 언약을 시작하려고 오셨으며, 이 새 언약은 단순히 모세 언약을 갱신한 게 아니라 진짜 새로운 언약으로서, 모세 언약의 핵심을 성취할 뿐만 아니라 그리스도의 새로운 가르침을 덧붙이기도 하며, 이 가르침은 많은 경우 모세의 말을 대체하거나 쓸모없게 만듭니다. 바로 우리 마음의 완악함 때문에 말입니다. 예를 들어, 예수는 맹세하지 말라고 하셨고, 헤롯 안디바와 헤로디아의 근친상간 관계에서처럼 두 사람의 관계가 애초에 하나님 보시기에 결혼이 아닌 경우를 제외하고는 이혼하지 말라고 말씀하셨습니다. 가장 중

아라비아로 간 바울

요한 것은 아마, 그리스도께서 우리에게 늘 용서하라고 하신 것, 어떤 이유로도 폭력을 쓰지 말라고 하신 것, 그리고 원수까지 사랑하라고 하신 것이겠지요. 이는 모세를 넘어서는 메시지이고, 어떤 경우에는 우리 마음의 완악함 때문에 모세가 허용한 것을 무효화하는 메시지입니다. 예수는 이런 일들에 대해 말씀하셨습니다. "밖에서 사람에게로 들어가는 것이 아니라 사람의 마음에서 나오는 것이 사람을 더럽게 한다"[1]고까지 말씀하셨습니다.

제가 생각하기에 이 말은, 새 언약은 이방인들에게 할례와 모세 율법의 613개 명령에 순복하기를 요구하지 않는다는 뜻입니다. 그보다 이 말은, 우리 운동이 단순히 유대교의 또 한 분파로 여겨질 수는 없다는 뜻입니다. 유대인과 이방인이 그리스도 안에서 연합하려면 예수와 새로운 언약에 관한 좋은 소식을 토대로 해야지 모세 율법을 토대로 해서는 안 됩니다. 간단히 말해, 예수는 새 언약에 기반을 둔, 최종적으로 종말론적인 형태의 성경적 믿음으로 우리를 부르고 계셨습니다. 처음 구원은 예수의 복음을 믿는 믿음을 통해 은혜로써 얻습니다. 구원은 단순히 하나님께서 출애굽과 시내산 사건에서 우리를 택하셨음을 인식하고 언약적 율법주의(covenantal nomism)와 모세 율법을 충실히 지켜 응답하는 것을 통해 오지 않습니다. 하나님의 새로운 백성은 복음을 믿는 믿음을 통해서 하나가 된 유대인과 이방인입니다. 이 새로운 종말론적 상황이 발생했다는 증거가 바로 여기 여러분 앞에 디도라는 인격체로 서 있습니다. 이 사람은 그리스도에게 구속받았고, 여기 서 있는 누구 못지않게,

성경이 말하는 우리 하나님을 참으로 따르는 사람입니다."

바로 이때, 이 자리에 참석한 바리새파 유대인인 비느아스라는 사람이 벌컥 화를 내며 소리쳤다. "이교도에게 할례를 요구하지 않겠다는 말입니까? 우리는 모세 율법의 규례를 어기고 저 사람과 함께 앉아 있습니다. 저 사람에게 할례를 줘서 영원한 법인 율법을 지키게 합시다. 저 사람이 유대인의 메시아 예수를 참으로 따르는 사람이려면 먼저 유대인이 되어야 합니다!"

사울은 심호흡을 한 뒤 말했다. "우리가 다 은혜를 바탕으로, 우리를 구속하신 그리스도를 믿는 믿음을 통해 이 신앙 체계로 들어오고 있다는 것을 당신은 이해 못 하는군요. 그리고 새 언약의 증표는 세례이지 할례가 아닙니다. 언약의 증표를 바꾼다면 그건 언약을 바꾼 것입니다. 새 언약은 아브라함 언약과 깊이 연결되어 있습니다. '아브라함이 하나님을 믿으매 그것이 그에게 의로 여겨진 바 되었느니라'고 성경이 말하는 것처럼 말입니다. 아브라함은 모세보다 앞서 세상에 왔고, 할례받기도 전에 하나님 앞에 의롭다 여김 받았습니다. 아브라함은 모세 율법의 구조를 알지 못했고, 하나님 앞에 의롭다 여김 받기 위해 그 율법을 다 지키지 않아도 되었습니다. 아브라함은 믿음을 통해 은혜로써 하나님 앞에 의롭다 여겨졌습니다. 우리처럼, 디도처럼 말입니다."

그때 또 다른 바리새인 신자가 강경한 목소리로 물었다. "그렇다면 우리 유대인은 모세에게 배운 전통과 관습을 버려야 한다는 말입니까?"

사울이 대답했다. "제 말은, 그 율법을 계속 지킬 수 있다는 말입니다. 특히 유대인이 유대인에게 율법에 대한 선한 증인이 되는 하나의 방법으로서 말입니다. 하지만 이것이 이제 더는 여러분에게 요구되지 않습니다. 이는 복된 선택일 수 있습니다. 특히 유대인에게 복음을 가지고 다가가고자 할 때 말입니다. 하지만 이는 우리 유대인에게도 절대로 요구되지 않습니다. 이제 문제의 핵심은 우리가 안디옥에서 불리는 것처럼 '크리스티아노이' 즉 그리스도의 열렬한 지지자이기 때문입니다. 그러므로, 내가 유대인에게 유대인이 되어 몇몇 사람을 설득할 수 있지만, 또 한편 음식 문제나 안식일 준수와 할례처럼 우리와 이방인 사이에 경계를 짓고 담을 두르는 일들에서는 내가 이방인이 되어 이방인에게 다가갈 수 있습니다. 우리가 모세 언약을 이방인에게 강요해서는 안 된다는 점에 합의할 수 있다면, 이는 그 방향으로 나가는 첫걸음이 될 겁니다."

열띤 논쟁이 이어지는 것으로 보아 사울이 또 하나의 벌집을 건드린 것이 분명했다. 바리새파 유대인 출신의 그리스도 따름이들은 모세 언약을 위축시키는 것에 관한 사울의 생각에 동의하지 않았다. 야곱도 이 문제에 관해서는 유보하는 태도였지만, 다만 조금 더 생각해 보겠다고 했다. 게바는 환상의 인도를 받아 로마 군인 고넬료의 집에 가서 그에게 복음을 전하고 세례를 베푼 경험이 있는 만큼 사울의 말에 동의하는 쪽으로 기울어졌다. 이어서 게바는 자신이 주로 유대인을 대상으로 하는 사도인 것처럼 사울은 이방인에게 보냄 받은 그리스도의 사도로 부르는 게 합당하다고 강경한 어조로 말했다. 교회의 기

둥들은 이방인을 대상으로 한 사울의 사명과 설교의 합법성을
인정하기로 했다. 예수께서 친히 모든 나라로 제자를 삼으라고
말씀하신 까닭이었다. 야곱이 사울에게 한 가지 조건을 둔 것
은, 예루살렘 성도를 위해 연보를 거두라는 것이었다. 예루살
렘 성도 중에는 가난하게 살면서도 식량 배급을 못 받는 이들
이 많았다. 예수 따름이들은 고아와 과부와 그 외 도움이 필요
한 사람들로 인정을 못 받아 배급 명단에 오르지 못했기 때문
이었다. 게다가 애굽에 간헐적으로 발생하는 기근 때문에 식량
이 부족한 문제도 있었다. 사울은 이방인 사역을 시작하면 이
일을 위해 최선을 다해 기금을 모으겠다고 약속했다. 모임은
참석자들이 사울에게 교제의 오른손을 내밀면서 사울을 진짜
사도로 생각한다고 말해 주는 것으로 끝났다. 하지만 사울에게
맨 처음으로 모험적 선교 사명을 맡기는 교회는 예루살렘 교회
가 아니었다. 그 교회는 바로 안디옥교회였다.

고대 종교

종교는 그리스-로마 세계의 근본적 특징이었다. 그리스-로마
세계에서는 누구나 어느 정도는 종교적이었다. 다신 숭배가 이
유희의 이름이었고, 그래서 누구나 다 한 신 내지 여러 신을 믿
었다. 일부 철학자들, 예를 들어 키케로 같은 사람은 신의 숫자
가 급격히 늘어나는 현상을 보고 "정말로 신이 그렇게 많은
가?"라고 부정적으로 말하기도 했다. 하지만 신들의 존재는 당
연시되었다. 인간의 역사에는 거의 언제나 신적인 존재(들)에

아라비아로 간 바울

대한 믿음이 있었다. 오늘날 같은 계몽된 시대는 보기 드문 예외로서, 인간 역사의 타임라인에 보이는 자그마한 점일 뿐이다. 그리스-로마 세계의 고대인들에게서는 아마 배울 점이 많을 것이다. 이 세계에는 한 사람의 가족, 직업, 행복에서부터 제국 통치자 자체에 이르기까지, 인간 삶의 모든 측면을 관장하는 신이 있었다. 신을 무시했다가는 진노를 살 수도 있었던 만큼 인간은 신에게 관심을 기울여야 했다. 신의 존재와 관련해 가장 잘 알려져 있던 점은, 신은 인간에게 앙심을 품고 달려들어 후려칠 수 있으므로 늘 신들을 기분 좋게 해주기 위해 최선을 다해야 한다는 것이었다. 고대 종교 세계의 좀 더 통속적인 특징은, 신들이 진노한다는 것이었다. 로마서 1장 18절은 고대의 관점에서 볼 때 놀라운 말씀이 아닐 것이다. 정작 놀라운 것은, 인간을 향한 여호와의 은혜롭고 자비로운 모습이다.

종교가 고대인의 현실을 구성하는 하나의 조각이긴 하지만, 모든 신이 동일하게 경배 되지는 않았다. 이 점과 관련해 몇 가지 근본적인 특징이 두드러진다. 고대 세계의 한 "종교"이기 위해서는 신전과 제사장과 제사가 있어야 했다. 여기서 우리는 두 가지 사실을 즉각 알아볼 수 있다. 첫째, 고대 유대교는 이 고대 종교 모델을 고수한다. 둘째, 초기 그리스도인들이 특히 독특한 것은 바로 그 때문이다. 이들은 기독교가 고대 세계에서 하나의 종교로 대접받기를 원하지만, 이들에게는 고대 종교의 전형적 특징이 하나도 없다. 즉, 제사장도 없고 신전도 없고 문자 그대로의 제사도 없다. 기독교를 종교로 여겨 달라는 요청에 고대 로마인들은 혼란스러워 머리를 긁적였을 수도 있다.

그리스와 로마의 신들에게는 집이 있었는데, 우리는 이것을 신전 혹은 신성한 장소(sacred place)라고 부른다. 신전은 신들의 활동 근거지였으며, 신들은 제국 어디에서든 경배받을 수 있었지만, 구체적 위치와 특별한 관계가 있었다. 마치 고대판 스포츠팀처럼 고대의 신들에게는 "홈 경기장"이 있었고, 다른 어느 곳에서보다 이곳에서 더 강한 능력을 발휘한다고 여겨졌다. 예를 들어 사도행전을 보면, 아르테미스(아데미) 숭배는 에베소가 근거지였음을 알 수 있다. 이 신성한 장소에서는 기도와 제사 같은 신성한 활동들이 이뤄졌다. 신전에서 어떤 기도를, 혹은 어떤 행동을 해야 하는지 어떻게 알 수 있었을까? 바로 이 지점이 제사장이나 성직자들이 제 역할을 하는 지점이다. 제사장들은 신전을 운영하고 예배자들의 삶을 지휘할 책임이 있었다. 제사장들은 주로 특정한 용어와 적절한 억양의 목소리로 기도하는 법을 가르칠 책임이 있었다. 마찬가지로 이들은 제사 의례를 진행하고 제물로 바치는 짐승을 도살하는 과정을 돕곤 했다. 고대 로마 종교의 기본 요소들(제사장, 신전, 제사)을 살펴보았으므로 이제 종교 생활의 핵심 구성 요소들을 이야기해 보자.

고대 종교에 관한 대화에서 초점이 되는 두 가지 핵심 용어가 있다. 바로 '피에타스'(pietas)와 '렐리기오'(religio)다. 예배자가 신전에 가면 '피에타스'에 신경을 쓰게 된다. '피에타스'라는 말은 제사장의 지시나 의례를 얼마나 엄밀하게 따르고 신(들)에 대한 의무를 얼마나 면밀히 행하는지를 나타냈다. '피에타스'라는 말은 그리스어로 '유세비아'(eusebia), 또는 우리가 일반적으로 거룩함이라고 부르는 개념과 이어진다. 한 사람의 '피에타스', 또는 세심한 순종은 이 사람의 '렐리기오'와 연관된다. 실제로 우리가 쓰는 종교(religion)라는 말은 로마인들의 '렐리기오' 개념에 바탕을 두고 있다는 것을 알 수 있으며, 이는 신에 대한 건전한 존중이나 경외, 그리고 '피에타스'를 범하거나 버리는 것에 대한 염려를 뜻했다. 고대 유대교와 초기 기독교를 로마 세계와 구별 짓는 한 가지 독특한 특징은 윤리와 도덕 영역에서 찾아볼 수 있었다. 고대 종교가 거의 관여하지 않는 한 가지 영역은 도덕 영역이었다. 오늘날 우리는 종교와 도덕은 같다고 생각하는 게 일반적이지만, 고대 세계에서는 그렇

아라비아로 간 바울

지 않았다. 거칠게 말해, 로마의 신들은 신전의 사방 벽 밖에서 사람들이 어떻게 살든 관심이 없었다. 어떤 사람이 자기 몸을 가지고 어떤 짓을 하든, 이는 아테나 신이나 야누스 신, 아르테미스 신, 마르스 신, 그 외 어떤 신에게도 관심사가 아니었다. 이 신들은 단지 이 사람들이 바치는 기도와 제사에만 관심 있었다. 이런 현실이 낳는 한 가지 결과는, 무엇이 선하고 악한지, 무엇이 옳은지 그른지, 무엇이 좋고 나쁜지를 제사장이 알고 있으리라고 기대하지 않았다는 것이다. 물론 한 가지 예외는 바로 고대 유대교였다. 그 외 사람들은 도덕적 조언이나 지혜를 얻고 싶을 때 제사장이 아니라 고대의 도덕 철학자들을 찾았다. "선한 삶"(the good life)에 관심을 보인 것은 적어도 아리스토텔레스까지 거슬러 올라가는 도덕 철학이었으며, 이 철학에는 본질적으로 선과 악, 옳고 그름이라는 도덕적 범주가 포함되어 있었다. 초기 기독교의 또 한 가지 독특한 점은, 기독교 교사들이 제사장을 그다지 닮지 않았으며, 이들이 하는 말은 오히려 신봉자들에게 삶의 방식을 가르쳐 주는 도덕 철학자들을 훨씬 많이 닮았다는 것이다. 고대 세계로 가서 바울을 만난다면, 종교적인 역할을 하는 사람이라기보다는 순회 철학자로 여기게 될지 모른다. 물론 초기 기독교는 이런 면에서 다른 고대 종교들과 매우 달라 보였으며, 초기 기독교가 형성되어 등장하는 모판이 되어 준 고대 유대교와 유사했다.

사도 바울과 사도 바나바, 안디옥으로부터

예루살렘에서 걸어서 돌아오는 긴 여정, 길 위에는 요한 마가,
디도, 사울, 그리고 바나바가 있었다. 그들은 사울이 얼마나 담
대하게 자기 의견을 이야기했는지에 대해 장황하게 논평했다.

　"나 같으면 이 문제를 그렇게 강경하게 밀어붙이지 못했을
겁니다. 물론 논거 자체가 더 훌륭했지만요. 이방인들이 그리
스도 안에서 우리와 동등하고 부족함 없는 동반자이고 더 나아
가 지도자까지 될 수 있다면, 그리고 사울의 말처럼 이방인들
은 유대교에 통합됨으로써 구원받는 것이 아니라, 모든 사람의
구주이신 예수를 믿는 믿음을 통해 연합하고 새 언약으로 연합
한 유대인과 이방인이라는 이 새 백성이 됨으로써 구원받는 것
이라면, 어떤 의미에서 우리는 모두 그리스도 안에서 새로운
피조물이 되어야 하고 옛것은 버려야 합니다. 또는 예수께서
전에 말씀하신 것처럼 우리는 모두 거듭나야 합니다. 우리의

274　　　　　　　　　　　　　　　　아라비아로 간 바울

과거가 어떻든 위로부터 다시 태어나야 합니다. 물론 토라의 윤리적 내용은 예수께서 다시 확언하셨지요. 간음도 안 되고, 살인도 안 되고, 우상 숭배도 안 된다고요."

"맞습니다." 바울이 대답했다. "하지만 우리가 그런 계명을 지켜야 하는 이유는, 이 계명들이 새 언약으로 이동해 들어갔기 때문입니다. 이 계명들은 이제 모세 율법보다는 그리스도의 율법 혹은 가르침에 속해 있습니다. 물론 토라의 윤리적 가르침과 예수의 윤리적 가르침이 이렇게 겹침으로써 많은 이들이 혼란스러워할 겁니다. 사람들은 모세 언약은 당연히 영원하다고 생각하지, 예수의 죽음으로 새 언약이 확실히 세워질 때까지의 임시방편이라고 생각하지 않으니까요.

"확실한 것은, 바리새파 출신의 그리스도 따름이들은 아직 예수의 복음에 담긴 의미를 완전히 파악하지 못하고 있어요. 내가 보기에 야곱이 그 의미를 완전히 이해했는지도 확실하지 않아요, 하지만 야곱은 계속 생각하고 고민하는 중이고, 디도가 진정으로 그리스도를 믿는 믿음을 가졌다는 것도 부인하지 못하지요. 베드로는 제 생각에 동의하는 것 같더군요. 베드로를 마지막으로 본 게 십일 년 전인데 그간 얼마나 많이 늙었는지 깜짝 놀랐습니다. 물론 야곱도 나이 들어 보였지만 베드로만큼은 아니었습니다. 지난 십 년 동안 베드로는 무슨 일을 하며 지냈습니까?"

"제가 듣기로는" 바나바가 대답했다. "유대 해안 지역을 오르내리며 유대인들을 점차 복음화시켰다고 합니다. 들으셨는지 모르겠지만, 베드로와 요한이 사마리아에 가서 빌립이 복음

전하는 일을 확증해 주고 사마리아 사람들에게 안수했더니 이들이 성령을 받았다고 합니다.

"예루살렘 교회는 그것만으로도 충분히 확신했을 겁니다. 이 운동이 단순히 유대교의 또 한 분파가 되지 않으리라는 것을요." 사울이 말했다.

"네, 무슨 말씀인지 압니다. 하지만 기억하세요, 사마리아인은 이방인이 아니고, 사마리아인을 싫어하는 유대인들도 이들이 적어도 부분적으로는 유대인이라고 생각한다는 사실을요."

"저도 그렇게 생각합니다." 사울이 말했다. "그건 그렇고 안디옥에 돌아가면 이제 어떻게 해야 할까요?"

"우선 예루살렘에서 있었던 일을 자세히 보고하고, 가정 모임을 향해서는 유대인과 이방인이 그리스도 안에서 연합했으므로 계속 함께 모이기를 힘쓰라고 말해야겠지요."

"네… 하지만 제가 생각하기에는 우리가 메시지를 가지고 그리스-로마 세계로 가는 것이 하나님의 의중인 것 같습니다."

"어디로 가시려고요?" 바나바가 물었다.

"저도 모르겠습니다, 제안을 해보시지요."

"제 고향 구브로로 가도 됩니다. 거긴 유대인도 많고 그리스인과 로마인도 많습니다."

"좋습니다, 그다음에는요?"

"거기서 또 다른 데로 가시려고요?"

"네, 예수께서는 메시지를 가지고 나라들과 그 왕들에게 가라고 제게 말씀하셨습니다. 그냥 구브로에서 멈출 수는 없습

아라비아로 간 바울

니다."

그때 요한 마가가 한마디 했다. "바나바 삼촌, 저도 우리가 안디옥에 갔다가 구브로로 가면 좋겠다고 생각했어요. 그럼 친척들도 만날 수 있고요."

"그래, 좋지, 친척들도 만나야지. 하지만 그게 우리 일의 주된 목표는 아니란다. 우리는 그리스도의 복음을 전하는 사람이 되어야 해. 그리고 너는 그 길에서 열심을 가지고 기꺼이 우리를 도와야 하고."

바나바의 말에 마가는 입을 다물었다. 사울은 요한 마가를 데리고 가는 게 실수는 아닐까 하고 진작부터 생각했지만 드러내서 말을 하지는 않았다. 디도는 아무 말 없이 터벅터벅 걷기만 했다. 디도로서는 예루살렘에서의 그 격렬했던 회의를 뒤로 하고 돌아가는 것이 그저 다행이었다. 그 바리새파 예수 따름이들이 디도도 할례받아야 한다고 고집을 피웠을 때 얼마나 오싹했는지. 감사하게도 그 순간은 지나갔다.

사울 일행은 욥바까지 육로로 간 뒤 거기서 작은 배에 올라 안디옥으로 향했다. 바람 때문에 약한 파도가 일자 한 번도 배를 타본 적이 없는 요한 마가는 멀미가 나는지 뱃머리에 서서 구토를 했다. 속을 비우고 나니 그는 기분이 조금 나아지는 듯했다. 바나바는 조카를 사랑했고, 조카가 복음 전하는 사람이 될 거라는 큰 소망을 품고 있었다. 사실 요한 마가는 예수께서 배신당하시던 바로 그 밤에 그 현장에서 모든 것을 다 지켜본 사람이었다.[1] 그에 비하면 바나바 자신도, 사울도, 디도도 예수를 목격했다고 말할 수 없었다.

서기오 바울 비문. 현재는 비시디아 안디옥의 박물관에 있다.

이들이 안디옥에 도착하자 예루살렘 교회가 이방인 선교를 승인해 준 것을 많은 이들이 크게 축하하며 바울을 이방인의 사도라고 불러 주었다. 봄이었고 날씨도 좋았기에 이들은 성벽 바로 밖에서 합동 야외 집회를 했다. 하루 동안 금식하며 즐거운 노래가 끊이지 않는 집회였다. 집회 중에 니게르라 하는 시므온(행 13:1 참조-옮긴이) 예언자가 일어나 성령으로 충만해 이렇게 말했다. "주께서 말씀하시기를, 내가 불러 시키는 일을 위해 바나바와 사울을 따로 세우라고 하십니다." 이에 이들은 두 사람에게 안수한 뒤 구브로로 가는 선교 여정을 위해 재정 지원을 하기로 약속했다. 두 사람은 '크리스티아노이'라는 호칭을 받아들이고 인정한 첫 번째 교회인 안디옥 교회의 파송을

아라비아로 간 바울

받은 "사도"가 되었다. 요한 마가는 이 선교 여행에 따라나서기를 간절히 바란 반면, 디도는 안디옥에 남아 성경을 공부하기로 결정했다. 디도는 사울과 바나바가 그해 내내, 그리고 그 후로도 얼마 동안 안디옥에 돌아오지 못하리라는 것을 알지 못했다.[2] 구브로에 가서야 사울은 복음 전하는 일을 확실히 주도하게 되었다. 사울은 심지어 총독 서기오 바울(Sergius Paulus) 앞에서도 담대히 말씀을 전했다. 총독이 사울에게 그리스어나 라틴어 이름이 뭐냐고 묻자 사울은 주저 없이 파울루스(Paulus)가 자신의 로마식 이름이고, 그리스어로는 파울로스(Paulos)라고 대답했다.[3] 바울은 자신이 로마 시민이라고 서기오 바울 총독에게 말했고, 바울에게 깊이 감명 받은 총독은 소개장을 써주면서 자신의 가족들이 살고 있는 갈라디아 속주 경계의 성읍 비시디아 안디옥에 가서 공개적으로 메시지를 전할 수 있게 해 주었다. 이 덕분에 갈라디아에서 복음을 전할 수 있는 문이 열렸고, 바울은 그 문으로 담대히 걸어 들어가, 이고니움이나 루스드라, 심지어 더베 같은 갈라디아의 다른 도시들로까지 갔다. 하지만 요한 마가는 향수병에 걸려 버가 본토에 이르자 사명을 버리고 떠났다.

안디옥으로 돌아가다

이제 참으로 이방인에게 보냄 받은 선교사가 되었으므로 바울로 불리기를 고집하면서 안디옥으로 돌아온 사울은 안디옥의 그리스도 따름이들을 만나려고 몇 주 동안 그곳에 와 있던 베드로를 만났다. 베드로는 이방인 집에서 식사한 후 '미크바'(mikveh: 정결례를 위한 욕조-옮긴이)를 찾아야 한다는 걱정 없이 즐겁게 이방인들과 어울려 식사를 하기까지 했다. 이것을 본 바울은 베드로가 이제 바울이 생각하는 복음의 본질을 완전히 이해하게 되었다는 의미로 여기고 기뻐했다.

그러나 바울이 안디옥으로 돌아온 지 채 이틀이 지나지 않아, 안디옥 상황을 살피려고 야곱이 보낸 "유대주의자들"(Judaizers)이 나타났다. 유대주의자들은, 모든 분파에게 모세 율법과 언약을 충실히 지키기를 요구하지 않는 복음에 여전히 반대하는 바리새파 유대인 그리스도인들이었다. 이 사람들은 안디옥

아라비아로 간 바울

이든 다른 어느 곳에서든 상황을 정리할 권한을 야곱에게 승인받았다고 생각했지만, 사실 야곱은 이들에게 사실 확인 임무만을 맡겼을 뿐이었다.

이들은 베드로의 뒤를 밟으며 베드로가 이방인의 집에서 이방인들과 어울려 식사하는 것은 잘못이라고 질책하기 시작했고 자신들의 입장을 야곱이 지지한다고 사실과 다른 주장을 했다. 이에 베드로는 이 사람들을 진정시키려고 이방인들과의 식탁 교제를 삼갔다. 베드로의 이런 행동에 이방인들은 말할 것도 없고 바울도 심히 당혹스러웠다! 이어서 이 사람들은 자기들보다 나이가 두 배는 많고 지혜와 경험도 두 배나 많은 바나바를 이 일에 끌어들였고, 이것이 야곱의 뜻이라고 이들이 계속 주장하자 바나바 역시 안디옥에서 이방인들과 식탁 교제 나누기를 삼가게 되었다.

예상치 못한 이 두 가지 사건은 바울을 분노하게 했다. 특히 바나바가 뒷걸음치는 모습에 깊이 상심한 바울은 베드로와 직접 대면해서 이야기해 보기로 했다. 그리하여 한 가정집에서 베드로를 마주한 바울은 베드로의 면전에 대고 공개적으로 망신을 주었다.

"당신은 유대인입니다. 하지만 유대인처럼 살지 않고 이방인처럼 살지요. 그런데 어떻게 이방인들에게 유대인의 풍습을 따르라고 강요합니까?

날 때부터 유대인이요 이방 죄인이 아닌 우리는 사람이 율법의 행위로써가 아니라 예수 그리스도를 믿음으로써 의롭다 여김 받는다는 것을 알고 있습니다. 그래서 우리도 율법의 행위로써가 아니라 그리스도를 믿음으로써 의롭다 여김 받으려고 그리스도 예수를 믿습니다. 율법의 행위로써는 누구도 의롭다 여김 받지 못하니까요.

만일 그리스도 안에서 의롭다 여김 받으려 하다가 우리 유대인 자신도 죄인으로 드러난다면, 그게 그리스도께서 죄를 조장한다는 의미입니까? 절대 그렇지 않습니다! 만일 내가 이미 헐어버린 것을 다시 세운다면, 그거야말로 나를 범법자로 만드는 행위입니다.

나는 율법으로 말미암아 율법에 대해서는 죽었습니다. 그래야 하나님을 위해서 살 수 있을 테니까요. 나는 그리스도와 함께 십자가에 못 박혔고, 그래서 더는 내가 살지 않고 내 안에서 그리스도께서 사십니다. 내가 지금 몸으로 사는 삶은 하나님의 아들을 믿는 믿음으로 사는 삶입니다. 그분은 나를 사랑하시고 나를 위해 자기 자신을 버리셨습니다. 나는 하나님의 은혜를 무시하지 않습니다. 율법을 통해서 의로움을 얻을 수 있다면 그리스도는 헛되이 죽으신 겁니다!"[1]

바울은 대담하게 비난의 포화를 쏟아부었고, 베드로는 아무 반응이 없었다. 이날 바울의 논박으로도 베드로가 다시 거리낌 없이 이방인들과 식사를 하게 만들지는 못했다. 사실 베드로가 한 말은 이것뿐이었다. "야곱에게 이야기해 보는 게 낫겠습니다. 그러고 나서 이 문제에서 정말 야곱의 생각이 무엇인지 알아봐야겠어요. 야곱은 예수의 형제니까요." 이렇게 해서 베드로는 낙심과 죄책감으로 괴로워하며 안디옥을 떠났다. 유대주의자들이 이때 야곱이 맡긴 일의 범위를 넘어서서 월권

아라비아로 간 바울

했다는 것을 나중에 알고서 베드로는 분노했으며, 때가 되고 기회가 오면 자신의 행동을 바로잡겠다고 약속했다.[2]

한편 유대주의자들도 재빨리 안디옥을 떠나 알지 못할 목적지로 향했다. 아주 오랜 후에야 바울은 그 사람들이 길리기아 성문을 통과해, 자신이 갈라디아에 세운 교회들로 가서 자신과 바나바가 그토록 열심히 수고해서 이룬 일을 망쳐 놓으려 했다는 것을 알게 되었다. 이렇게 계속되는 훼방 때문에 바울은 처음으로 편지를 쓰게 되는데, 이는 비시디아 안디옥과 이고니움, 루스드라에 있는 교회들에게 보내는 회람 편지였다.[3]

이 문제는 이듬해 예루살렘에서 세 번째 회의가 열려 야곱이 마침내 바울의 손을 들어주면서 해결되었다. 베드로도 유대주의자들에게 반대하면서, 다만 이방인들은 우상의 신전과 우상 숭배를 피하고 우상의 절기에 참여하지 말라고 요구했다. 이런 잔치에서 사람들은 정결하지 못한 음식을 먹고 부도덕한 행위를 했으며, 이들은 거짓 신들이 이 잔치의 주인이며 이 신들이 그런 식사 자리에 참석한다고들 했다. 바울은 자신이 세운 교회들에서 이 법령의 본질을 강조하겠다고 야곱에게 약속했고, 이렇게 해서 예수 운동에서 이방인과 유대인 사이의 교제가 적어도 부분적으로는 회복되었다.[4]

마지막으로 바울은 바나바와의 관계가 회복되기를 바라며 그를 다시 찾아갔다. 바나바는 구브로로 다시 가면 어떻겠냐고 제안하면서 요한 마가도 데리고 가서 다시 한번 기회를 주자고 했다. 바울은 별로 좋지 않은 생각이라 여겼고, 그래서 안타깝게도 두 사람은 헤어지고 말았다. 바나바는 마가와 함께 구브

로로 갔고, 바울은 육로로 갈라디아로 갔는데, 이번에는 실라
와 함께였다. 실라는 예루살렘에서 야곱의 법령을 받아서 온
사람으로, 바울이 새로 세운, 주로 이방인이 모이는 교회들에
서 이 법령을 낭독하는 임무를 맡고 있었다. 두 사람은 성실한
친구이자 동역자가 되었고, 도중에 루스드라에서 디모데를 발
굴했다. 디모데는 자식이 없는 바울에게 아들과 같은 존재가
되었다. 갈라디아서를 쓰고 이른바 바울의 두 번째 선교 여행
이 이어지면서 이방인의 사도의 '감춰진 시간'은 끝이 났다. 바
울은 이제 안디옥에서 소아시아, 그리스, 그리고 마지막으로
로마에 이르기까지, 십자가에 못 박히시고 부활하신 분 곧 그
리스도를 옹호하는 가장 두드러진 인물이 될 참이었다. 하지만
바울 이야기는 회심으로 시작되어 성공적인 선교 여정으로 곧
장 이어지지 않는다. 그 이야기는 최소한 14년 동안의 시행착
오, 두려움과 공포, 개인적 비극과 두들겨 맞기와 함께 시작된
다. 훗날 바울은 고린도의 회심자들에게 이 모든 세월을 다음
과 같이 유려하게 요약해서 들려준다.

"그러므로 우리는 하나님의 자비를 힘입어서 이 직분을 맡
고 있으니, 낙심하지 않습니다. 우리는 부끄러워서 드러내지
못할 일들을 버렸습니다. 우리는 속임수를 쓰지 않고, 하나님
의 말씀을 왜곡하지도 않습니다. 우리는 진리를 환히 드러냄으
로써, 하나님 앞에서 모든 사람의 양심에 우리 자신을 떳떳하
게 내세웁니다. 우리의 복음이 가려 있다면, 그것은 멸망하는
자들에게 가려 있는 것입니다. 이 세상의 신이 믿지 않는 자들
의 마음을 어둡게 하여서, 하나님의 형상이신 그리스도의 영광

아라비아로 간 바울

을 드러내는 복음의 빛을 보지 못하게 한 것입니다. 우리가 전하는 것은 우리 자신이 아니라, 예수 그리스도가 주님이라는 것이며 우리는 예수로 말미암아 우리 자신을 여러분의 종으로 내세웁니다. '어둠 속에 빛이 비처라' 하고 말씀하신 하나님께서, 우리의 마음에 빛을 비추서서, 예수 그리스도의 얼굴에 나타난 하나님의 영광을 아는 지식의 빛을 우리에게 주셨습니다.

우리는 이 보물을 질그릇에 간직하고 있습니다. 이 엄청난 능력은 하나님에게서 나는 것이지, 우리에게서 나는 것이 아닙니다. 우리는 사방으로 죄어들어도 움츠러들지 않으며, 답답한 일을 당해도 낙심하지 않으며, 박해를 당해도 버림받지 않으며, 거꾸러뜨림을 당해도 망하지 않습니다. 우리는 언제나 예수의 죽임 당하심을 우리 몸에 짊어지고 다닙니다. 그것은 예수의 생명도 또한 우리 몸에 나타나게 하기 위함입니다. 우리는 살아 있으나, 예수로 말미암아 늘 몸을 죽음에 내어 맡깁니다. 그것은 예수의 생명도 또한 우리의 죽을 육신에 나타나게 하기 위함입니다. 그리하여 죽음은 우리에게서 작용하고, 생명은 여러분에게서 작용합니다.

성경에 기록하기를, '나는 믿었다. 그러므로 나는 말하였다' 하였습니다. 우리는 그와 똑같은 믿음의 영을 가지고 있으므로, 우리도 믿으며, 그러므로 말합니다. 주 예수를 살리신 분이 예수와 함께 우리도 살리시고, 여러분과 함께 세워주시리라는 것을 우리는 알고 있습니다. 이 모든 일은 다 여러분을 위한 것입니다. 그리하여 하나님의 은혜가 점점 더 많은 사람에게 펴져서, 감사하는 마음이 넘치게 하고, 하나님께 영광을 돌리게 하려는 것입니다.

　그러므로 우리는 낙심하지 않습니다. 우리의 겉사람은 낡아가나, 우리의 속사람은 날로 새로워집니다. 지금 우리가 겪는 일시적인 가벼운 고난은, 비교할 수 없을 정도로 영원하고 크나큰 영광을 우리에게 이루어 줍니다. 우리는 보이는 것을 바라보는 것이 아니라, 보이지 않는 것을 바라봅니다. 보이는 것은 잠깐이지만, 보이지 않는 것은 영원하기 때문입니다"(고후 4장).

아라비아로 간 바울

후기

사울 또는 바울의 감춰진 시간 이야기는 참으로 격동적인 이야 기다. 이는 그의 회심 이후 만 14년 혹은 그 이상의 세월을 말하 며, 이 시간이 지나서야 비로소 바울에게는 회심자가 생겨서 그 사람에 관해 편지를 쓰거나 그 사람에게 편지를 써 보낼 수 있었으며, 그리하여 자신의 임무를 이행하는 데 어느 정도 성 공했다. 주로 바울이 전한 복음의 빛이 그리스-로마 세계의 무 지의 구름을 뚫고 들어오기까지 많은 시련과 비극이 있었다. 기원후 1세기 중반에는 바울과 그의 복음이 단지 예수 운동을 변화시키는 데 그치지 않고 말 그대로 세상을 변화시키고 바로 오늘날까지도 계속 그렇게 해 오리라는 사실을 아무도 알 수 없었을 것이다.

모든 것이 즉각적인 시대에는 그리스도의 대의를 위해 행 한 많은 중요한 일들이 즉각 회심자를 낳거나, 성공이나 명성

을 안겨 주거나, 현대 사회에서 의미 있는 성취라고 여길 만한
여러 가지 선물들을 안겨 주지 않는다는 것을 깨닫는 게 중요
하다. 바울은 하룻밤 사이에 평판을 얻거나 성공한 사람이 아
니었다. 바라기는, 역사에 기초를 둔 이 소설이 오늘날 교회에
서 종종 듣게 되는 그릇된 승리주의(triumphalism)에 제동을 걸
어 주었으면 한다. 심지어 어떤 이들은 무모하게도 "원하는 대
로 구하고 얻으라"는 식으로 신앙에 접근하고, 실패나 비극은
항상 믿음이 부족한 결과라고 말하기까지 한다. 그러나 신대륙
에 정착한 최초의 퀘이커교도 가운데 한 사람인 윌리엄 펜의
좌우명으로 돌아가는 게 차라리 더 나을 것이다. "고통 없이는
영광도 없고, 가시의 아픔 없이는 왕좌도 없고, 쓰라림 없이는
영광도 없고, 십자가 없이는 왕관도 없다." 예수와 바울의 경우
가 그러했다면, 우리는 다를 거라고 기대할 이유가 무엇인가?
문제는, 우리가 예수와 바울처럼 모든 시련과 환난을 겪으면서
도 고린도후서 4장에서 말하는 흔들림 없는 믿음과 불굴의 정
신을 유지하겠느냐는 것 아닌가?

아라비아로 간 바울

1. 사막 폭풍

1. 오늘날 영미식 1마일은 5,280피트지만 로마식 1마일은 5,000피트(약 150m-편집자)였다.
2. 예를 들어 사도행전 13장 10-11절을 보라.
3. 사도행전 7장 58절을 보면 스데반이 예루살렘에서 돌에 맞아 죽을 때 사울은 '네아니아스'(*neanias*, 청년)였다. 이는 그가 삼십 대 초반을 넘지 않았다는 의미일 법하지만, 그보다 더 젊다는 의미일 수도 있다. 네아니아스는 어린아이는 아니지만 대개 아직 결혼하지 않은 청년을 가리킨다. 그리스도께서 십자가에 못 박히신 날짜를 언제로 보느냐에 따라 다르겠지만(나는 기원후 30년 4월에 이 사건이 있었다는 입장을 지지하지만, 그보다 늦게 기원후 33년 4월의 일이었을 수도 있다), 대략 기원후 32-35년경 어간에 다메섹 도상 체험을 할 당시 사울은 많아야 30대 초반이었을 거라고 추측할 수 있다.
4. 다메섹에서의 설교에 관해서는 사도행전 9장 19-21절을 보라.
5. 기본적으로 셈족인 이 사람들의 하부문화는 상당히 혼합되어 있었다. 헤롯 대왕 본인도 부분적으로는 이두매족(에돔 족속)의 후손이었고, 아레다 4세의 딸은 헤롯 대왕의 아들인 헤롯 안디바의 첫 번째 아내였다.
6. 기원후 36년, 로마가 안디바를 위해 개입하려는 계획을 세웠으나, 기원후

37년 디베료(티베리우스) 황제가 갑자기 죽는 바람에 이 계획은 무위로 돌아
갔다.

7. 실제로, 비교적 최근까지도 로마 시대 아라비아는 로마 연구에서 도외시되
   는 영역이었지만, 최근 몇십 년 사이 진지하게 탐구됐다. Isaac, "Inscrip-
   tions," 334-41을 보라.

8. Bowersock, *Roman Arabia*, 1.

9. Millar, *Roman Near East*, 402-3. 이 문제의 난점과 개연성 부족에 관한 그
   의 논의를 보라.

10. Millar, *Roman Near East*, 402-3. 참조. Isaac, "Inscriptions," in *Near East
    Under Roman Rule*, 334-41.

11. Bowersock, *Roman Arabia*, 14.

12. Bryce, *Ancient Syria*, 242.

13. Bowersock, *Roman Arabia*, 41. 참조. Plutarch, *Ant.*, 36.2.

14. Bowersock, *Roman Arabia*, 59.

15. Bryce, *Ancient Syria*, 241.

16. Bryce, *Ancient Syria*, 241.

17. Millar, *Roman Near East*, 406.

18. Bowersock, *Roman Arabia*, 61.

19. Bryce, *Ancient Syria*, 243.

2. 유목 생활을 하는 나바테아인

1. Josephus, *J. W.* 5.4.3; *Ant.* 18.5.1.을 보라

2. 기원전 1세기와 기원후 7세기 사이에 이곳은 향료 길(Incense Route)에서
   페트라 다음으로 중요한 도시였다. 기원전 3세기에 세워져서 나바테아 사람
   들과 로마 사람들, 비잔틴 사람들이 거주했다. 아브다트는 기원전 3세기에
   서 2세기 후반에 걸쳐 페트라-가자 도로(다르브 에스-술탄)를 따라 오가는
   나바테아 대상(caravan)들이 계절에 따라 야영하는 곳이었다. 도시의 원래
   이름은 나바테아 왕 오보다스 1세에게 경의를 표하기 위해 아브다트로 바뀌
   었으며, 전하는 말에 따르면 오보다스는 신으로 숭배되다가 이 도시에 장사
   되었다고 한다.

3. *OCD*, 1547.

4. Ferguson, *Backgrounds*, 86-87. 『초대 교회 배경사』(은성).

5. *OCD*, 1400.

6. *OCD*, 1185.

7. *OCD*, 1320.

8. Ferguson, *Backgrounds*, 88.

9. *OCD*, 1320.

3. 외인과 동맹, 노예와 도적

1. 즉, 10월 중순

2. 나바테아가 기원전 312년의 역사 기록에 처음 언급된 것은 안티고누스의 이 습격 사건과 연관되어 있다. 기원후 2세기 초, 대략 107년 무렵이 되어서야 나바테아 왕국은 아라비아 페트라에아(Arabia Petraea: 로마의 아라비아 속 주를 말하며 그냥 아라비아라고도 한다. 옛 나바테아 왕국, 남부 레반트, 시나이 반도 그리고 북서쪽 아라비아반도로 구성되었다-옮긴이)라는 이름의 속주로 로마 제국에 합병된다. 나바테아 왕들은 바울 시대에도 로마의 종속왕이 아 니었을 뿐만 아니라, 동쪽의 파르티아인들과 마찬가지로 로마에게 두려움을 느끼지도 않았다.

3. Judge, *Social Distinctives of the Christians*, 1-56; Meeks, *First Urban Christians*, 51-73. 『1세기 기독교와 도시 문화』(IVP).

4. Joshel, *Slavery in the Roman World*, 8. Garnsey and Saller, *Roman Empire*, 83-85도 보라.

5. Aristotle, *Pol.* 1.1253b.

6. Harrill, "Paul and Slavery," 576.

7. Plutarch, *Caes.* 15.3, Harrill, "Paul and Slavery," 579에서 재인용.

8. Harris, "Child-Exposure in the Roman Empire"; Tate, "Christianity and the Legal Status of Abandoned Children," 123-41.

9. Joshel, *Slavery in the Roman World*, 38.

10. Joshel, *Slavery in the Roman World*, 42.

11. Harrill, "Paul and Slavery," 580.

12. Hermann-Otto, "Slaves and Freedmen," 69.

13. Harrill, "Paul and Slavery," 583.

4. 장미 도시에 도착하다

1. 사도행전 23장 16절

2. 페트라에서 시작하는 통상로에 대해서는 36-45쪽을 보라.

5. 외톨이 사울

1. 이 맥락에서 이 말은 "주"(lord)라고 번역될 수도 있지만, 보통은 존경을 나타내는 말로, 영어의 "선생님"(sir)에 더 가깝다.
2. 바울 서신은 법정 용어가 아니라 상거래 용어로 가득한데, 이 사실은 거의 강조되지 않고 있다. 예를 들어 로마서 4장 13-25절에서 바울은 하나님을 믿는 아브라함의 믿음이 의로 여겨졌다고 말한다. 이는 차변과 대변을 계산하는 상거래 용어이지 재판관과 법정 용어가 아니다. 바울은 법률가가 아니었다. 그는 가죽 노동자이자 상인이었다.

6. 노동을 사랑하다

1. Plutarch, *Per.* 2.1.을 보라. 당시의 묘비명을 보면 상인들은 자기 일을 대개 자랑스러워 했으며 그래서 자기 묘비에도 그렇게 적었다는 것을 알 수 있다.
2. 로마서 9장 20-21절에서 바울이 하나님을 토기장이로 비유하는 것을 보라.
3. 예수의 직업을 나타내는 말로 쓰인 그리스어는 '테크톤'(tekton)으로, 석재나 목재를 가지고 작업하는 사람을 가리키며, 꼭 목수만이 아니라 육체노동자를 말한다.
4. 예레미야 31장 31-33절.
5. 오늘날까지도 이런 일이 일어난다. "Jordan rains and floods kill 12, force tourists to flee Petra": https://www.youtube.com/watch?v=IVwQtF-Wo1gE&vl=en.을 보라.
6. 사울 시대에 미리암은 가장 대중적인 여성 이름이었을 것이며, 사실 신약성경에 나오는 "마리아"(Mary)는 대부분 여예언자이자 모세의 누이 이름을 따서 지은 미리암(Miryam)이었을 것이다. 물론 그중에는 마리아(Maria)도 있었을 것이다.
7. *OCD*, 809
8. *OCD*, 1441.
9. Kehoe, "Law and Social Formation," 149.

7. 유대에서 들려온 소식

1. 사도행전 4-7장을 보라. 우리가 알다시피 이런 일은 50년대에 들어서서도 계속 문제가 되며, 그런 이유로 바울은 현존하는 최초의 서신 갈라디아서에서, 예루살렘의 성도들 중 가난한 이들을 기억하겠다고 야고보에게 약속했다(참조. 갈 2장; 고후 8-9장; 롬 15장). 이 일은 기원후 50년 무렵부터 기원후 60년 무렵 로마로 잡혀갈 때까지 바울 사역의 중심이 된다.
2. 이사야 52-53장은 십자가형을 언급하지 않는다. Witherington, *Isaiah Old and New*를 보라.
3. 신명기 21장 22-23절은 사실 사울 왕에게 일어난 일, 즉 시체가 나무에 달린 일처럼 공개적으로 수치를 당하는 것을 가리킨다.
4. Sanders, *Paul and Palestinian Judaism*, 『바울과 팔레스타인 유대교』(알맹e).
5. Wright, *NTPG*, 224-32. 『신약성서와 하나님의 백성』(크리스챤다이제스트).
6. Scott, *Exile*에서 이 주제를 다룬 최근의 탁월한 연구를 보라.
7. Ferguson, *Backgrounds*.
8. Grabbe, *Judaism*, 501. 『제2성전기 유대교』(컨콜디아사).
9. Grabbe, *Judaism*, 499-500.

8. 시온 신자들의 고난

1. 신약성경에서 언급되는 모든 야고보(James)는 사실 야곱(Jacob)으로, 족장 야곱의 이름을 따서 붙인 이름이다.
2. 빌립보서 3장 6절—바울이 그리스도인들의 모임을 박해하려는 자신의 열심을 율법 앞에서 흠 없음과 어떻게 나란히 놓고 있는지 주목하라. 이전과 이후의 편지들에서는 자신이 스데반을 비롯해 그 외 사람들에게 저지른 짓에 대한 후회가 곳곳에서 분명히 드러난다(고전 15:9—"나는 하나님의 교회를 박해하였으므로 사도라 칭함 받기를 감당하지 못할 자니라"; 갈 1:13; 딤전 1:15-16).
3. 유대인들은 로마가 일단 합병한 유대 땅에서는 사형을 집행할 권리가 없었다. 이들은 이 권리가 총독에게만 있는 것으로 보았다. 그래서 스데반에게 한 짓은 단순히 총독의 허가를 받지 않은 행동이 아니라 로마법을 어기는 행동이었다.
4. 사도행전 8장 1-3절.
5. Reiss, "Roman Bandit," 149에 도움이 될 만한 글이 실려 있다.

6. *OCD*, 1278.

7. Wansink, "Roman Law and Legal System," 986.

8. Ferguson, *Backgrounds*, 64-65.

9. *OCD*, 1279.

10. *OCD*, 1279.

9. 신의 축일

1. 냉장 설비가 없던 시절, 제사 때 쓴 고기는 바로 요리해서 먹어야 했다. 지중해 지역의 모든 주요 도시에는 육류 시장이 있었지만, 평범한 사람은 보통이 아타르가티스 제전 같은 절기 때에나 육류를 맛볼 수 있었다. '트리클리니움'(*triclinium*)이란 단어는 한가운데 음식용 탁자가 있는 사각형의 개방형 공간에 정찬용 긴 안락의자가 세 개 배치된 데서 나온 단어다.

2. '콘비비움'(*convivium*)은 소규모의 비공식 정찬 파티로서, '데프나'(*depna*)와 대조된다. 데프나는 중요한 연회를 가리키는 말로, 대개 종교적인 성격이 있었다.

3. *OCD*, 1494.

4. Weiss, "Theaters, Hippodromes," 623.

5. Ferguson, *Backgrounds*, 99.

6. Coleman, "Public Entertainments," 339.

7. *OCD*, 207.

8. *OCD*, 637. *Res Gesta* 22.1.도 보라

9. *OCD*, 638.

10. *OCD*, 891.

11. *OCD*, 593.

10. 페트라의 보석

1. 잠언 31장을 보라.

2. 가룸은 정어리 같은 생선을 절인 것이다. 정어리보다 큰 생선은 다져서 상당 시간 절인다. 최근에 갈릴리 바다 옆 막달라에서 발견된 대형 생선 절임 시설에서 알 수 있듯이 지중해 전역에서 매우 인기가 높았다.

12. 각성

1. '타베르나'에서 영어 단어 tavern이 나왔으며, 고대의 식당이자 때로 보통 사람들, 특히 여행자들을 위한 숙박소 역할을 했다.
2. 갈라디아서 1장에서 바울이 자신의 과거에 관해 뭐라고 말하는지를 보라.
3. *OCD*, 469.
4. Witherington, *Conflict and Community*, 191.
5. *OCD*, 603-4.

13. 아엘라 가는 길

1. 이는 복음서에서 예수의 발에 기름이 부어진 이야기에 언급된 향유다. 오늘날의 샤넬 No. 5만큼 값비싸고 아주 인기 높은 향유였다.

14. 첩자

1. 가야바는 기원후 37년경까지 대제사장이었으며, 그의 봉안당일 듯한 유적이 발견되었다. 가야바는 37-38년에 사망했을 듯하며, 새로운 대제사장이 선정된 것은 그래서이다.
2. 고린도전서 8장 6절을 보라.

15. 결혼식 날 수염을 말끔히 밀다

1. 호세아 2장 19-20절.
2. Dixon, *Roman Family*, 62-63.
3. Dixon, *Roman Family*, 64.
4. Yarbrough, "Paul, Marriage, and Divorce," 409.
5. *OCD*, 928.
6. *OCD*, 928.
7. Galinsky, *Augustan Culture*, 130; *CAH* 10:888. Rawson, "Marriages, Families, Households," 93-109도 보라.
8. Dixon, *Roman Family*, 92.
9. Rawson, "Marriages, Families, Households," 97.
10. Matthews, "Family, Children," 404.

11. Instone-Brewer, "Marriage and Divorce," 916.

12. Instone-Brewer, "Marriage and Divorce," 917.

13. Instone-Brewer, "Marriage and Divorce," 917.

17. 제벨 무사에 갈 계획을 세우다

1. 요세푸스는 시내산(시나이산)이 아라비아 페트라에아의 아라비아 본토와 이집트 '사이'에 있다고 말하는 것으로 보아 시내산이 시나이반도에 있다고 꽤 확신하는 듯하다. *Ant.* 2.7.1; 3.5.1.을 보라.

2. 위키피디아에서 훌륭한 일반적 정보를 제공해 준다: "시나이반도에 위치한 전통적 시내산은 사실상 제벨 무사(Jebel Musa: 모세의 산이라는 뜻 - 옮긴이), 캐서린산(Mount Catherine), 라스 수프사페(Ras Sufsafeh)로 구성된 거룩한 산(Holy Mountain)의 봉우리라고도 하는 봉우리들의 이름이다. 에테리아(Etheria)는 (기원후 4세기 무렵) 이렇게 기록했다. '산 전체 모양은 하나의 봉우리처럼 보이지만, 산으로 들어가 보면 산이 하나가 아니다(라는 것을 알 수 있다).' 가장 높은 봉우리는 캐서린 산으로 해발 2,610미터(8,550 피트)이며, 자매 봉우리인 제벨 무사(2,285미터[7,497피트])는 높이가 그다지 뒤지지는 않지만, '에르 라하'(넓은 곳)라고 하는 탁 트인 평야 때문에 좀 더 뚜렷이 보인다. 캐서린 산과 제벨 무사는 시나이 사막이나 미디안 땅 전역의 어느 산보다도 높다. 티(Tih) 사막에서 북쪽으로 가장 높은 봉우리들도 1,200미터(4,000피트)를 넘지 못한다. 엘라스(Elath) 동쪽 미디안 땅의 산들은 높이가 불과 1,300미터(4,200 피트) 정도다. 시나이에서 서쪽으로 30킬로미터(20마일) 떨어진 제벨 세르발(Jebel Serbal)도 가장 높은 봉우리가 해발 2,050미터(6,730피트)에 불과하다(https://en.wikipedia.org/wiki/Biblical_Mount_Sinai).

18. 와피가 길 안내를 하다

1. 이에 관한 에티오피아의 정통적 전설은 중세 초기로 거슬러 올라간다. https://en.wikipedia.org/wiki/Ark_of_the_Covenant.를 보라.

2. 사도행전 8장 26-40과 비교해 보라.

아라비아로 간 바울

20. 밤으로 가는 긴 하루 여정

1. 창세기 25장 9절. 참조. 이 이야기의 초반부는 창세기 16장과 비교해 보라. 창세기 25장 17절에서는 이스마엘이 137세까지 살았다고 말한다.

22. 바다로 돌아가다

1. 실제로 바울은 고린도전서 10장에서 이 유사성에 대해 깊이 생각하고 있다.

23. 다복한 가정을 이룰 수 있을까?

1. 사도행전 13장에서 바울이 바로 이 점을 주장하는 모습으로 그려지고 있음에 주목하라. "그러므로 형제들아 너희가 알 것은 이 사람을 힘입어 죄 사함을 너희에게 전하는 이것이며 또 모세의 율법으로 너희가 의롭다 하심을 얻지 못하던 모든 일에도 이 사람을 힘입어 믿는 자마다 의롭다 하심을 얻는 이것이라."
2. Dixon, *Roman Family*, 2.
3. Rawson, "Marriages, Families, Households," 101.
4. Cohick, "Women, Children, and Families," 180.
5. Dixon, *Roman Family*, 77.
6. *OCD*, 1623.
7. Neils, "Women in Rome," 7:250-51.
8. Laes, *Children in the Roman Empire*, 26.

24. 두려운 날

1. 바울을 비롯해 초기 그리스도인들이 주님 오시기를 청할 때 사용한 아람어 문구로, 주로 재림과 관련해서 쓰였다. 고린도전서 16장 22절을 보라.
2. *OCD*, 433-34가 이 장의 근거를 이룬다.
3. 이러한 통찰은 Collins, "Death and Afterlife," 524-46에서 얻었다.
4. Hachili, "Burial Practices," 448-52에서 가져옴.

25. 질병과 불만의 겨울철

1. 로마력에는 우리가 말하는 12월까지 해서 열 달밖에 없었으며 12월에 라틴
   어의 마지막 숫자 10이 포함된다. 10월에 숫자 8이 포함되고 11월에 숫자 9
   가 포함된다는 것을 주의하라.
2. *OCD*, 945.
3. *OCD*, 949.
4. *OCD*, 946.
5. Keener, *Acts*, 1:418-19에서 재인용. 주 자료는 Pliny the Elder, *Nat*. 29.
   37.115; 32.48.138이다.
6. Ferguson, *Backgrounds*, 224.
7. *OCD*, 946.
8. Suetonius, *Jul*. 42.1 Keener, *Acts*, 1:420에서 재인용.
9. *OCD*, 946.

26. 다시 다메섹으로

1. 사울은 나중에 이렇게 말했다. "다메섹에서 아레다 왕의 고관이 나를 잡으려
   고 다메섹 성을 지켰으나 나는 광주리를 타고 들창문으로 성벽을 내려가 그
   손에서 벗어났노라"(고후 11:32-33).
2. 사도행전 9장 25절도 보라.

27. "반석"이 암벽 도시에서 온 사람을 만나다

1. 고린도전서 15장 8절을 보라 - 조산으로 태어난 사람, 낙태나 유산.
2. 즉, 야고보(James).
3. 요한복음 7장 5절.
4. 누가복음 24장을 보라.
5. 그러나 베드로전서가 보여 주다시피, 베드로는 이사야서를 그런 식으로 읽
   게 되었다.
6. 사도행전 10장에 기록된 베드로와 고넬료 이야기는 이를 바탕으로 읽으라.
   문제는, 어떤 토대 위에서 이방인들을 받아들이느냐였다. 베드로는 고넬료
   를 찾아가는 일에 관한 환상을 보고 난 후에야 이 문제를 정리했다. 그러나
   그 전에 이미 빌립이 사마리아인들에게 복음을 전했는데, 사마리아인은 온

아라비아로 간 바울

전한 유대인으로 여겨지지 않던 사람들이었다.

7. 실제로 바울의 서신에는 비유라 할 만한 것이 없으며, 아마 가장 초기 서신일 갈라디아서 4장에 역사적 이야기를 풍유적으로 표현한 것이 유일하게 등장한다.

28. 길리기아로 돌아가다

1. '수부라'(*subura*)는 로마 빈민 지역의 고층 아파트 구조물을 가리키는 말로 처음 쓰였다. 영어 단어 교외(suburb)는 이 말에서 나왔다. 나중에 제국 주요 도시의 고층 아파트 건물은 다 수부라라고 불렸다.

2. 사실 무엇보다도 이 속담은 오염된 나일강을 가리키는 말로 쓰였다.

3. 고린도후서 12장 1-10절. 이 환상 사건은 "감춰진 시간" 중에 일어난 것이 확실하다. 고린도후서가 기록된 시기를 50년대 초반에서 중반으로 추정한다면 이 환상은 바울의 첫 번째 선교 여행 전인 40년대 초에 있었던 일이다.

29. 회당 설교

1. 이 부분은 바울이 비시디아 안디옥 회당에서 설교한 내용을 누가가 요약한 것으로, 사도행전 13장에 기록되어 있다. 만약 다소의 회당에서 설교해 달라는 요청을 받았다면 이와 아주 비슷한 설교를 했을 것이다.

2. 바울은 고린도후서 11장 24-25절에서 이렇게 말한다. "유대인들에게 사십에서 하나 감한 매를 다섯 번 맞았으며 세 번 태장으로 맞고 한 번 돌로 맞고 세 번 파선하고 일 주야를 깊은 바다에서 지냈으며." 이 중에는 이 책에서 다루는 감춰진 시간 중에 일어난 일도 분명 있었을 것이다. 또한 바나바가 찾아오기 전 오랜 기간 길리기아에 머물렀으므로, 회당에서 설교하는 동안 이런 일이 적어도 한 번은 있었을 가능성이 높으며, 이렇게 해서 바울은 예수께서 고향인 나사렛 회당에서 설교했을 때 겪은 일과 비슷한 경험을 했다.

30. 오론테스 강의 안디옥

1. 사도행전의 큰 신비 한 가지는, 디도가 왜 한 번도 등장하지 않느냐는 것이다. 이 때문에 디도가 사도행전을 기록한 게 아니냐고 추측하는 이들도 있지만, 증거로 볼 때는 "사랑을 받는 의사 누가"가 사도행전 저자일 가능성이 크다.

2. 로마서 12-13장에서 발췌.
3. 이는 바로 바울의 가장 초기 서신인 갈라디아서 4장에서 볼 수 있는 논증이
   다.
4. 갈라디아서 2장 1-2절—"십사 년 후에 내가 바나바와 함께 디도를 데리고
   다시 예루살렘에 올라갔나니 계시를 따라 올라가."

31. 시온에 두 번째로 돌아오다

1. 여러 해 뒤 바울이 예루살렘 성전 마당에서 설교하다가 거의 폭동에 가까운
   소란을 초래했을 때 바울을 구하러 온 사람이 바로 이 조카였다. 사도행전
   23장 16-17절을 보라.

32. 은밀한 회의

1. 마가복음 7장 15절을 보라.

33. 사도 바울과 사도 바나바, 안디옥으로부터

1. 마가복음 14장 51-52절을 보라.
2. 이른바 바울의 첫 번째 선교 여행 이야기는 사도행전 13-14장에서 누가가
   아주 생생히 들려주고 있으므로 여기서 반복하지는 않겠다.
3. 사도행전에서 사울이 서기오 바울에게 말씀을 전하고 나서야 사울이라는
   이름이 바울로 바뀐다는 점에 주목하라—사도행전 13장 9절

34. 안디옥으로 돌아가다

1. 갈라디아서 2장 14-21절.
2. 이 부분은 사도행전 15장에서 볼 수 있는 베드로의 발언을 바탕으로 했다.
3. 갈라디아서.
4. 사도행전 15장과 거기 기록된 법령을 고린도전서 8-10장에서 바울이 회심
   자들에게 우상과 우상의 절기를 멀리하라고 역설한 말과 비교해 보라.

참고문헌

Bowersock, G. W. *Roman Arabia*. Cambridge: Harvard University Press, 1983.

Bowman, Alan, et al., eds. *The Cambridge Ancient History*, Vol 10 : *The Augustan Empire: 43 B.C.-A.D. 69*. 2nd ed. New York: Cambridge University Press, 1996.

Bryce, Trevor. *Ancient Syria: A Three Thousand Year History*. New York: Oxford University Press, 2014.

Cohick, Lynn. "Women, Children, and Families in the Greco-Roman World." In *The World of the New Testament*, edited by Joel B. Green and Lee Martin McDonald, 179-87. Grand Rapids: Baker, 2013.

Coleman, Kathleen M. "Public Entertainments." In *The Oxford Handbook of Social Relations in the Roman World*, edited by Michael Peachin, 335-58. New York: Oxford University Press, 2011.

Collins, John J. "Death and Afterlife." In *The Eerdmans Dictionary of Early Judaism*, edited by John J. Collins and Daniel C. Harlow, 524-26. Grand Rapids: Eerdmans, 2010.

Dixon, Suzanne. *The Roman Family*. Baltimore: Johns Hopkins University Press, 1992.

Ferguson, Everett. *Backgrounds of Early Christianity*. Grand Rapids: Eerdmans,

2003.『초대 교회 배경사』, 박경범 옮김(서울: 은성, 1993).

Galinsky, Karl. *Augustan Culture*. Princeton: Princeton University Press, 1996.

Garnsey, Peter and Saller, Richard. *The Roman Empire: Economy Society, and Culture*. Berkeley: University of California Press, 1987.

Grabbe, Lester L. *Judaism from Cyrus to Hadrian Vol 2: The Roman Period*. Minneapolis: Fortress, 1992.

Hachili, Rachel. "Burial Practices." In *The Eerdmans Dictionary of Early Judaism*, edited by John J. Collins and Daniel C. Harlow, 448-52. Grand Rapids: Eerdmans, 2003.

Harrill, J. Albert. "Paul and Slavery." In P*aul in the Greco-Roman World: A Handbook*, edited by J. Paul Sampley, 575-607. Harrisburg: Trinity, 2003.

Harris, W. V. "Child-Exposure in the Roman Empire." JRS 84 (1994) 1-22.

Hermann-Otto, Elisabeth. "Slaves and Freedmen." In *The Cambridge Companion to Ancient Rome*, edited by Paul Erdkamp, 60-76. New York: Cambridge University Press, 2013.

Hornblower, Simon, and Antony Spawforth, eds. *The Oxford Classical Dictionary*. New York: Oxford University Press, 1999.

Instone-Brewer, David. "Marriage and Divorce." In *The Eerdmans Dictionary of Second Temple Judaism*, edited by John J. Collins and Daniel C. Harlow, 916-17. Grand Rapids: Eerdmans, 2010.

Isaac, Benjamin. *The Near East Under Roman Rule: Selected Papers*. Leiden: Brill, 1998.

Joshel, Sandra. *Slavery in the Roman World*. New York: Cambridge University Press, 2010.

Judge, E. A. *Social Distinctives of the Christians in the First Century*. Peabody, MA: Hendrickson, 2008.

Keener, Craig. *Acts: An Exegetical Commentary*. Grand Rapids: Baker, 2012.

Kehoe, Dennis P. "Law and Social Formation in the Roman Empire." In *The Oxford Handbook of Social Relations in the Roman World*, edited by Michael Peachin, 144-66. New York: Oxford University Press, 2011.

Laes, Christian. *Children in the Roman Empire: Outsiders Within*. New York: Cambridge University Press, 2011.

Matthews, Victor. "Family, Children, and Inheritance in the Biblical World."

아라비아로 간 바울

In *Behind the Scenes of the Old Testament: Cultural, Social, and Historical Contexts*, edited by Jonathan S. Greer et al., 403-10. Grand Rapids: Baker, 2018.

Millar, Fergus. *The Roman Near East: 31 BC-AD 337*. Cambridge: Harvard University Press, 1993.

Neils, Jennifer. "Women in Rome." In *The Oxford Encyclopedia of Ancient Greece and Rome*, edited by Michael Gagarin et al., 7:250-51. New York: Oxford University Press, 2010.

Meeks, Wayne. *The First Urban Christians*. New Haven, CT: Yale University Press, 2003. 『1세기 기독교와 도시 문화』, 박규태 옮김(서울: IVP, 2021).

Rawson, Beryl. "Marriages, Families, Households." In *The Cambridge Companion to Ancient Rome*, edited by Paul Erdkamp, 93-109. New York: Cambridge University Press, 2013.

Reiss, Werner. "The Roman Bandit (Latro) as Criminal and Outsider." In *The Oxford Handbook of Social Relations in the Roman World*, edited by Michael Peachin, 693-714. New York: Oxford University Press, 2011.

Sanders, E. P. *Paul and Palestinian Judaism*. Philadelphia: Fortress, 1977. 『바울과 팔레스타인 유대교』, 박규태 옮김(서울: 알맹e, 2018).

Scott, James M., ed. *Exile: A Conversation with N. T. Wright*. Downers Grove, IL: InterVarsity, 2017.

Tate, Joshua C. "Christianity and the Legal Status of Abandoned Children in the Later Roman Empire." *Journal of Law and Religion* (2008) 123-41.

Treggiari, Susan. "Social Status and Social Legislation." In *The Cambridge Ancient History, Vol 10*, edited by Alan Bowman et al., 873-904. New York: Cambridge University Press, 1996.

Yarbrough, O. Larry. "Paul, Marriage, and Divorce." In *Paul in the Greco-Roman World: A Handbook*, edited by. J. Paul Sampley, 404-28. Harrisburg: Trinity, 2003.

Wansink, Craig. "Roman Law and Legal System." In *The Dictionary of New Testament Background*, edited by Craig A. Evans and Stanley J. Porter, 986-87. Downers Grove, IL: InterVarsity, 2000.

Weiss, Zeiv. "Theatres, Hippodromes, Amphitheaters, and Perfomances." in *The Oxford Handbook of Jewish Daily Life in Roman Palestine*, edited by Catherine Hezser, 623-40 . New York: Oxford University Press, 2010.

Witherington, Ben, III. *Conflict and Community in Corinth: A Socio-Rhetorical Commentary on 1 and 2 Corinthians*. Grand Rapids: Eerdmans, 1995.

———. *The Acts of the Apostles: A Socio-Rhetorical Commentary*. Grand Rapids: Eerdmans, 1998.

———. *Isaiah Old and New*. Minneapolis: Fortress, 2017.

Wright, N. T. *The New Testament and the People of God*. Christian Origins and the Question of God, vol. 1. Minneapolis: Fortress, 1992. 『신약성서와 하나님의 백성』, 박문재 옮김(고양: 크리스챤다이제스트, 2003).

아라비아로 간 바울